Christian Stamov Roßnagel

Mythos: „alter" Mitarbeiter

CW01512000

Christian Stamov Roßnagel

Mythos: „alter" Mitarbeiter

Lernkompetenz jenseits der 40?!

Anschrift des Autors:

Prof. Dr. Christian Stamov Roßnagel
Jacobs Center on Lifelong Learning
and Institutional Development
Jacobs University Bremen gGmbH
Campus Ring 1
D-28759 Bremen
E-Mail: c.rossnagel@jacobs-university.de

1. Auflage 2008

© Beltz Verlag, Weinheim, Basel 2008
Programm PVU Psychologie Verlags Union
http://www.beltz.de

Lektorat: Gisa Windhüfel, Monika Radecki
Herstellung: Julia Lütge
Umschlaggestaltung: Federico Luci, Odenthal
Umschlagbild: Getty Images, München
Satz und Bindung: Druckhaus „Thomas Müntzer", Bad Langensalza
Druck: Druck Partner Rübelmann, Hemsbach

Printed in Germany

ISBN 978-3-621-27652-8

Für Ilijana, Elja, Lena, Emma, Brigitte und Karl

Inhalt

Teil II Werkzeuge zur Förderung der Lernkompetenz Älterer

Was Sie in diesem Buch erwartet

Die Themen „Demographischer Wandel" und „Lebenslanges Lernen" stehen schon seit längerer Zeit auf der Tagesordnung zahlreicher politischer Initiativen, Unternehmen – und auch der empirischen Forschung. Einigkeit scheint zu bestehen, dass mit der Alterung der Belegschaften der Bedarf an beruflicher Weiterbildung auch für Beschäftigte über 40 steigt. Bislang gehörten diese praktisch nicht zur Zielgruppe von Personalentwicklung und Weiterbildung. Weit weniger Einigkeit besteht darüber, wie der Bedarf an Weiterbildung älterer Beschäftigter angemessen zu decken sei. Vielfach kursieren unscharfe und teilweise auch falsche Vorstellungen über altersabhängige Veränderungen berufsbezogenen Lernens. Worin unterscheiden sich Personalentwicklung und Weiterbildung für Ältere von der für jüngere Beschäftigte? Ab welchem Alter lässt die Lernfähigkeit nach? Wie sieht eine „alternsgerechte" Didaktik aus?

Antworten auf diese Fragen sind nur vereinzelt in populär- und fachwissenschaftlichen Veröffentlichungen zu finden. Die kognitive Alternsforschung zeichnet mittlerweile ein differenziertes Bild davon, welche intellektuellen Fähigkeiten auf welche Weise nachlassen. Arbeiten zur Personalentwicklung für Ältere befassen sich mit der besonderen motivationalen Situation älterer Beschäftigter. Untersuchungen zum selbstregulierten Lernen zeigen, wie der Erwerb komplexen Wissens mit so genannten Kontrollstrategien gefördert werden kann. Allerdings schlägt die kognitive Alternsforschung kaum Brücken zum Lernen komplexer Sachverhalte, wie es in der beruflichen Weiterbildung gefordert ist. Die Forschung zur Weiterbildung für Ältere hat die benötigten Lernstrategien kaum im Blick, während die Untersuchungen zum selbstregulierten Lernen sich praktisch ausschließlich mit Fragen zum Lernen von Schülern und jungen Erwachsenen beschäftigen. Integrative Betrachtungen dieser drei Forschungsstränge fehlen bislang fast gänzlich. Vor diesem Hintergrund habe ich mir für dieses Buch drei Ziele gesetzt:

(1) Mythen zur Lernfähigkeit Älterer durch Information ersetzen: Das Alter ist keine Phase unumschränkter Weisheit, genauso wenig, wie Menschen im Alter die Fähigkeit zum Lernen verlieren. Eine Abstimmung auf die Lernbedürfnisse und Lernmöglichkeiten älterer Beschäftigter ist nur möglich, wenn man altersabhängige Veränderungen der Lernfähigkeit kennt und in Rechnung stellt.

(2) Die zur Weiterbildung nötige Lernkompetenz skizzieren: Die Lernfähigkeit mag erhalten bleiben, die Lernbereitschaft tut es nicht unbedingt. Das Ler-

nen im Rahmen der Weiterbildung – insbesondere das informelle Lernen – bedarf einer spezifischen Lernkompetenz, die auch motivationale Teilkompetenzen umfasst. Diese verändern sich mit dem Alter durchaus. Die Kenntnis dieser Veränderungen ist eine Grundvoraussetzung für die Förderung und den Erhalt der Lernkompetenz.

(3) Werkzeuge zur Förderung der Lernkompetenz aufzeigen: Wie jede Kompetenz lässt sich auch die Lernkompetenz trainieren. Dies setzt voraus, dass man die Kompetenzlücken systematisch ermittelt und ihre Ursachen kennt. Ausgehend von dieser Bestandsaufnahme lassen sich dann indirekte und direkte Förderstrategien entwickeln.

Erfolgreiche Weiterbildung für ältere Beschäftigte hängt nicht alleine von der richtigen Motivation ab oder von ausgeklügelten Lerntechniken. Vielmehr müssen beide Ebenen zusammenspielen, um erfolgreiches Lernen zu ermöglichen. Die Systematik dieses Zusammenspiels ist Gegenstand der empirischen Forschung und lässt sich als Instrument der Personalentwicklung nutzen. Die Betrachtung der individuellen Lernkompetenz ermöglicht einen umfassenden Blick auf das Lernen im Rahmen der Weiterbildung und auf Ansatzpunkte, dieses Lernen erfolgreicher zu gestalten. Dieses Buch kann und soll Ihnen eine Hilfe sein, um

▶ die Entstehung von Kompetenzlücken unter die Lupe zu nehmen,

▶ davon ausgehend die Ihnen zur Verfügung stehenden Mittel auf die Kompetenzförderung abzustimmen und

▶ bei Bedarf neue Werkzeuge anhand der hier aufgezeigten Leitlinien zu entwickeln.

Außerdem finden Sie Argumente, mit denen Sie Skeptiker (und dazu zählen nicht zuletzt ältere Beschäftigte selbst) davon überzeugen können, dass ältere Beschäftigte sehr wohl lernfähig und vor allem lern*bereit* sind, wenn das Umfeld stimmt. Die Abbildung am Ende des Kapitels stellt Ihnen die Leitfragen dieses Buchs im Überblick vor.

Dieses Buch ist keine programmatische Veröffentlichung. Seine Kernaussagen beruhen auf empirischer Forschung. Gleichwohl weiche ich im Sinne einer eingängigen Darstellung von der Form der Fachliteratur bewusst ab. Im Haupttext beschränke ich mich auf die Nennung von Basisliteratur und der Quellen von Zitaten oder Definitionen. Kernbegriffe verwende ich direkt in ihrer aktuellen oder für dieses Buch relevanten Fassung, ohne auf die Begriffsgeschichte umfassend einzugehen. Auch kann und soll dieses Buch kein „Kochbuch" sein, dem Sie fertige Rezepte entnehmen können. Dazu sind die Motivlagen älterer Beschäftigter, ihre Lerngeschichte und vor allem das betriebliche Umfeld viel zu verschieden. Es wird Ihnen aber wichtige Anstöße liefern, berufliche Weiterbildung für ältere Beschäftigte angemessen zu gestalten und Ihren spezifischen Erfahrungshintergrund als Personalverantwortliche(r), Trainer(in), Therapeut(in) oder Berater(in) gezielt einzubringen. Ab hier werde ich übrigens zu Gunsten der Lesbarkeit bei allen Personen- und Berufsbezeichnungen männliche oder Pluralformen verwenden.

Ein herzliches Dankeschön geht an Frau Melanie Schulz und Herrn Jan Pries für ihre Unterstützung sowohl in meiner Forschung als auch bei diesem Buch. Vielen Dank auch an Frau Gisa Windhüfel für ihr sorgfältiges und hilfreiches Lektorat und an Frau Monika Radecki vom Beltz-Verlag für die überaus angenehme, professionelle Zusammenarbeit. Zu guter Letzt gebührt mein Dank der Dekanin des Jacobs Centers on Lifelong Learning, Frau Prof. Dr. Ursula M. Staudinger, von deren genereller Unterstützung dieses Buch sehr profitiert hat.

Bremen, Januar 2008   Christian Stamov Roßnagel

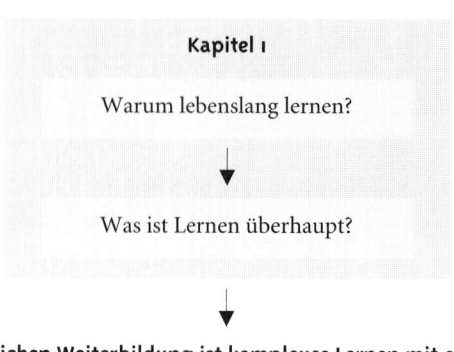

Kapitel 1

Warum lebenslang lernen?

↓

Was ist Lernen überhaupt?

↓

Lernen in der beruflichen Weiterbildung ist komplexes Lernen mit einem hohen Grad an Selbststeuerung. Es setzt Lernfähigkeit und Lernkompetenz voraus.

↓ ↓

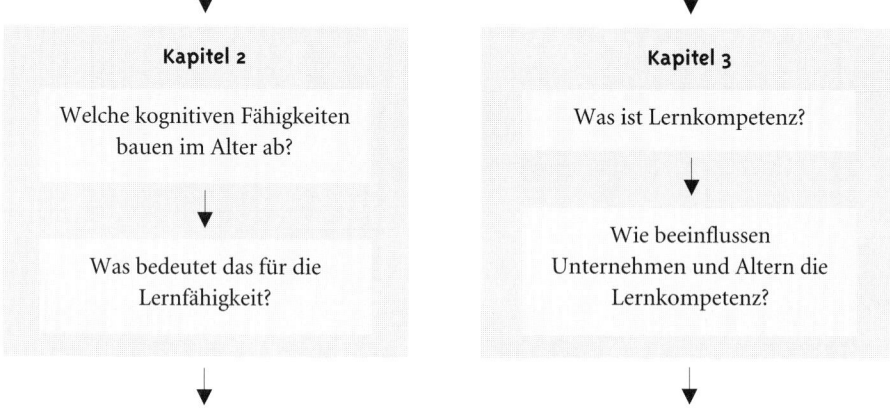

Kapitel 2

Welche kognitiven Fähigkeiten bauen im Alter ab?

↓

Was bedeutet das für die Lernfähigkeit?

Kapitel 3

Was ist Lernkompetenz?

↓

Wie beeinflussen Unternehmen und Altern die Lernkompetenz?

↓ ↓

Die Lernfähigkeit älterer Beschäftigter bleibt meist erhalten – die Lernkompetenz hingegen wird oft durch altersbezogene und unternehmensseitige Einflüsse gefährdet.

↓ ↓

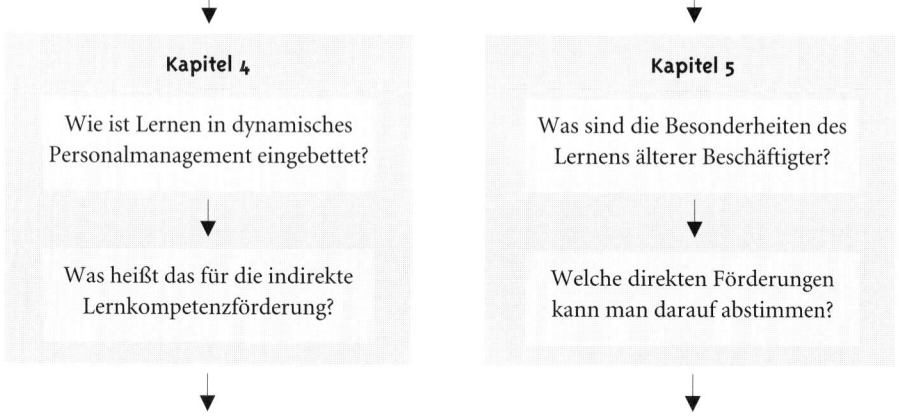

Kapitel 4

Wie ist Lernen in dynamisches Personalmanagement eingebettet?

↓

Was heißt das für die indirekte Lernkompetenzförderung?

Kapitel 5

Was sind die Besonderheiten des Lernens älterer Beschäftigter?

↓

Welche direkten Förderungen kann man darauf abstimmen?

↓ ↓

Die Lernkompetenz älterer Beschäftigter kann indirekt und direkt gefördert werden. Beide Strategien müssen aufeinander abgestimmt werden, wenn nachhaltige Erfolge erzielt werden sollen.

Teil I Grundlagen

Formen der Weiterbildung
und ihre Lernanforderungen

Kapitelüberblick

Das Zusammenspiel von demographischem Wandel und von globalisierungs-bedingten Veränderungen der Arbeitswelt schafft den Bedarf an lebenslangem Lernen. Die Erhöhung der Weiterbildungsbeteiligung älterer Beschäftigter ist eine der Strategien, die Forderung nach lebenslangem Lernen praktisch um-zusetzen. Erfolgreiche Weiterbildungteilnahme lässt sich jedoch nicht ver-ordnen. Sie bedarf vielmehr einer Gestaltung, die im Einklang stehen sollte mit den Lernvoraussetzungen Älterer.

Welche Lernanforderungen stellt erfolgreiche berufliche Weiterbildung an die Teilnehmer? Dies ist die Leitfrage des ersten Kapitels. Gegenstand des ersten Kapitels sind das Konzept des lebenslangen Lernens und aktuelle Über-legungen zu seiner Umsetzung. Im Mittelpunkt steht darüber hinaus die psy-chologische Analyse der mit lebenslangem Lernen verbundenen Weiterbil-dungsformen und des mit ihnen einhergehenden Selbststeuerungsbedarfs.

Das Konzept des lebenslangen Lernens erfährt seit einigen Jahren zunehmende Aufmerksamkeit von Politikern und Arbeitgebern. Schon 1972 betonte der Faure-Bericht der UNESCO die Bedeutung einer lernenden Gesellschaft, die zur „Lernressource für jeden Einzelnen" (Cropley, 1979, S. 105) werden könne. Für diese umfassende Konzeption, die berufsbezogenes und nicht-berufsbezogenes Lernen gleichermaßen umfasst, wird gelegentlich der Begriff lebensweites Lernen verwendet (z. B. BLK, 2004), um zu verdeutlichen, dass lebenslanges Lernen nicht alleine ökonomisch relevant ist. Zur Vermeidung negativer Beiklänge des Begriffs lebenslang sprechen manche Autoren auch vom *lebensbegleitenden* Ler-nen (z. B. Frieling et al., 2005).

Speziell im Hinblick auf die Arbeitswelt wird lebenslanges Lernen als eine der zentralen Strategien angesehen, die sich beschleunigenden Veränderungen der Arbeitswelt und den demographischen Wandel zu bewältigen. 2001 rief die EU-Kommission zur Schaffung eines „Europäischen Raums des lebenslangen Lernens" auf (EU-Kommission, 2001), im gleichen Jahr schuf das Bundes-ministerium für Bildung und Forschung das Aktionsprogramm „Lebensbe-gleitendes Lernen für Alle" (BMBF, 2001, http://www.bmbf.de/pub/aktions programm_lebensbegleitendes_lernen_fuer_alle.pdf, Stand 11. 1. 2008), in dem

Handlungsfelder zur Umsetzung des Konzepts benannt wurden. 2004 schließlich verabschiedete die Bund-Länder-Kommission eine „Strategie für das lebenslange Lernen in der Bundesrepublik Deutschland" (BLK, 2004), mit der die Schaffung eines zukunftsfähigen Bildungssystems, einer wettbewerbsfähigen Wissensgesellschaft und die (Wieder-)Eingliederung älterer Beschäftigter in dieses Bildungssystem unterstützt werden soll. In diesem Umfeld entstand eine Vielzahl von Forschungsinitiativen und Praxiskooperationen, die sich den vielfältigen Facetten und Querbezügen dieser Themen widmen. Im Anhang „Vertiefungsmöglichkeiten" finden Sie eine Auswahl von Forschungsinstitutionen und Praxisinitiativen, die sich mit Veränderungen der Arbeitswelt und demographischem Wandel beschäftigen.

Im Folgenden fasse ich wichtige Entwicklungen zusammen, die das Umfeld von Forderungen nach Entwicklung beruflicher Weiterbildung für Ältere bilden. Leitlinie der Betrachtung sind die individuellen Anforderungen, die mit dem berufsbezogenen Lernen verbunden sind. Eine Analyse dieser Anforderungen ist das Hauptziel dieses ersten Kapitels. Sie bildet den Ausgangspunkt für das Konzept der Lernkompetenz, das im zweiten Kapitel entwickelt wird.

1.1   Warum lebenslang lernen?

Die Notwendigkeit für lebenslanges Lernen entsteht im Wesentlichen aus dem Zusammenspiel zweier Entwicklungen: dem demographischen Wandel und der Globalisierung der Wirtschaft.

1.1.1   Demographischer Wandel und alternde Belegschaften

Der demographische Wandel wird in erster Linie durch sinkende Geburtenraten verursacht, die in fast allen westlichen Ländern seit Mitte der 1960er Jahre zu beobachten sind. Mitte der 1970er Jahre sank in Deutschland die Geburtenrate erstmals unter das Erneuerungsniveau, also die Zahl von 21 Kindern pro 100 Frauen, die zum Erhalt einer gegebenen Bevölkerungsgröße notwendig wäre. Mangels Nachwuchs erhöht sich seitdem das Durchschnittsalter der Bevölkerung, laut den aktuellen Zahlen des Statistischen Bundesamtes (2005) liegt es in Deutschland bei 42,3 Jahren und nimmt pro Jahr um knapp ein Vierteljahr zu. Hinzu kommt die steigende Lebenserwartung. Für die heute 65-Jährigen liegt sie bei 85,1 Jahren (Frauen) und 81,9 Jahren (Männer). In der Summe führt dies dazu, dass der Anteil älterer Menschen jenseits 65 Jahren einer schwindenden Zahl junger Menschen unter 20 Jahren gegenübersteht. Dieser vom Statistischen

Bundesamt so genannte „Altenquotient" wird – je nach den Modellrechnungen zugrunde gelegten Größen für Bevölkerungswanderung und Sterblichkeitsentwicklung – von zurzeit etwa 20 % auf deutlich über 30 % im Jahre 2050 ansteigen. Im gleichen Zeitraum wird der Anteil junger Menschen auf 15 % oder darunter fallen.

Parallel zu dieser allgemeinen Bevölkerungsentwicklung verändern sich wichtige Kenngrößen des Arbeitsmarkts. Das Durchschnittsalter für den Austritt aus dem Erwerbsleben steigt seit den 1990er Jahren an und liegt in Deutschland gegenwärtig bei 61,6 Jahren. Zugleich nehmen die Beschäftigungsquoten der 55- bis 64-Jährigen in der gesamten EU zu, in Deutschland stieg die Quote zwischen 1995 und 2006 um fast 30 % auf 48,6 %. Buck und Schletz (2002) sprechen von der „demographischen Zange", wenn der Anteil von Beschäftigten über 50 Jahren auf über 35 % steigen wird, während Jüngere unter 30 Jahren weniger als 20 % der Belegschaften ausmachen werden.

Der demographische Wandel fällt mit einer zweiten grundlegenden Entwicklung zusammen. Die schon vor längerer Zeit beschriebene gesellschaftliche Wandlung zur Wissensgesellschaft (Frühwald, 1996) mit wachsender Bedeutung von Wissen als Wettbewerbsvorteil (z. B. Sveiby, 1997) beschleunigt sich in Folge von Globalisierung und technischem Fortschritt immer weiter. Wachsende Konkurrenz erhöht den Innovationsdruck, die Entwicklungszyklen für neue Produkte werden kürzer, ebenso die Halbwertszeit beruflichen Wissens. Die Bedeutung neuer Arbeitsformen, wie z. B. Telearbeit und virtuelle Teams, die durchaus weltweit verteilt sein können, nimmt zu. Wachsender Wettbewerb führt darüber hinaus zu stärkerer Kundenorientierung mit entsprechend steigendem Bedarf an gut ausgebildeten Fachkräften in Vertrieb und Service. Dementsprechend nimmt der Anteil höher und höchstqualifizierter Wissensarbeiter zu, der Anteil körperlicher und gering qualifizierter Tätigkeit dagegen sinkt. In einer aktuellen Umfrage des Bundesinstituts für Berufsbildung berichten – je nach Branche – bis zu 69 % der Befragten von bedeutsamen Veränderungen an ihrem Arbeitsplatz innerhalb der vorhergehenden beiden Jahre. Solche Veränderungen schließen z. B. die Einführung neuer Software, Werkstoffe oder Maschinen ein, aber auch die Erbringung neuer Dienstleistungen oder Umstrukturierungen (BIBB, 2006).

1.1.2 Handlungsbedarf in der Personalentwicklung

Zahlenmäßig sind diese Entwicklungen gut kalkulierbar. Offen sind hingegen wesentliche Fragen zu den Auswirkungen dieser Entwicklungen auf künftiges Personalmanagement, wenngleich erste Ansätze des Alternsmanagements (oder: Ageing Workforce Management) vorliegen (z. B. Hedge et al., 2006; Schemme,

2006; Staudinger et al., 2008). Am deutlichsten sichtbar scheint der Handlungsbedarf in der Personalplanung. Technologieintensive Branchen haben schon heute Schwierigkeiten, Fach- und Führungskräftenachwuchs zu rekrutieren. Gegenwärtig weisen Frauen und Ältere unterdurchschnittliche Erwerbsquoten auf. Die verstärkte Einstellung dieser beiden Gruppen ist ein Weg, Nachwuchsmangel zu vermindern. Vaupel und Loichinger (2006) weisen darauf hin, dass sich prinzipiell die Verringerung der individuellen Wochenarbeitszeit als Instrument zur Erhöhung der Erwerbsquote und zur Erhöhung der Geburtenraten einsetzen lässt.

Generell wird der Bedarf an altersdifferenzierter Personalentwicklung zunehmen. Die Dauer des individuellen Erwerbslebens wird deutlich ansteigen, deshalb werden zunehmend Ältere zur Zielgruppe von Personalentwicklung. Bislang wurden Ältere in der Personalarbeit eher vernachlässigt (vgl. Laschalt & Möller, 2005). Es gibt bisher nur wenige Erfahrungen mit der Personalarbeit für Ältere. Beispielsweise liegen bislang kaum Erkenntnisse über altersabhängige Veränderungen der Arbeitsmotivation vor (Kanfer & Ackerman, 2004; Warr, 2001). Untersuchungen zur Veränderung arbeitsbezogener Werte und Interessen (z. B. Roßnagel et al., 2007) zeigen deutliche Verschiebungen individueller Motivlagen, die auf die Bedeutung altersdifferenzierter Personalentwicklung hindeuten.

In diesem Arbeitsumfeld sich beschleunigender Veränderungen steigt die Notwendigkeit, stets auf dem Laufenden zu sein – mit anderen Worten: Der Lern- und Weiterbildungsbedarf nimmt für alle Beschäftigten zu. Da der Anteil Älterer wächst und diese zudem länger im Arbeitsleben bleiben als bisher, wird sich der Weiterbildungsbedarf künftig auch auf Zielgruppen erstrecken, die bislang nicht zur klassischen Klientel zählten. Zugleich erhöht sich der Bedarf an Vermittlung tätigkeitsübergreifender Schlüsselqualifikationen, weil sich traditionelle Karrierewege zunehmend auflösen und Fertigkeiten der Karriereflexbilisierung an Bedeutung gewinnen. Hinzu kommt, dass ehemals jugendzentrierte Teams immer mehr zu altersgemischten Teams werden. Damit steigt der Bedarf an Sozialkompetenz.

Lernbedarf durch Karriereflexibilisierung. Ein höherer Anteil Älterer bedeutet, dass klassische Karrierewege („Kaminkarrieren") zunehmend versperrt werden. Bislang sorgte das relativ frühe Ausscheiden älterer Fach- und Führungskräfte für regelmäßigen Ersatzbedarf in höheren Positionen. Künftig werden diese Stellen wegen des längeren Verbleibs ihrer Inhaber verstärkt blockiert sein, das Verhältnis von Kandidaten und freien höheren Positionen verschiebt sich. Zugleich lösen sich klassische Berufsbilder mit lange vorab planbaren Karriereschritten auf. Angesichts dieser Entwicklung rücken erweiterte Karriere-Modelle in den Vordergrund, die neben den traditionellen vertikalen auch horizontale Stellenwechsel vorsehen. Karriere bedeutet also nicht unbedingt den Aufstieg in höhere Positionen innerhalb der betrieblichen Hierarchie. Im Zuge einer horizontalen Karriere ist auch der Wechsel auf Stellen möglich, die hinsichtlich Führungsspanne und Budgetverantwortung der früheren Position entsprechen, aber in einem anderen inhaltlichen Bereich angesiedelt sind. Manche Unternehmen stellen sich dieser Entwicklung durch die Definition so genannter Job-Familien. In ihnen werden Tätigkeiten zusammengefasst, die ähnliche Kompetenzen erfordern (vgl. Volkswagen, 2006). Stellt man Beschäftigte für eine Job-Familie ein, statt für eine spezifische Stelle, bahnt man damit spätere Wechsel innerhalb der Job-Familie an. Solche Wechsel verlangen natürlich dann ein Umlernen, wenn sich der Bedarf an Fertigkeiten und Wissen zwischen bisheriger und neuer Tätigkeit nicht überlappt.

Lernbedarf durch altersgemischte Teams. Eine zweite wichtige Entwicklung in Folge des größeren Anteils Älterer wird die stärkere Altersmischung von Belegschaften sein. Diese wird vielfach positiv gesehen, weil sie beispielsweise die Möglichkeit altersgemischter Teams bietet. Solchen Teams stehen potenziell größere Wissensressourcen zur Verfügung, weil sich das bewährte Erfahrungswissen langjähriger Mitarbeiter mit neuen Lösungsansätzen und Strategien verbindet, die Jüngere ins Team einbringen. Allerdings bergen altersgemischte Teams auch das Risiko intergenerationaler Spannungen, die möglichen Wissensvorteilen entgegenstehen (vgl. Mannix & Neale, 2005; van Knippenberg et al., 2004). Lernbedarf besteht hier vor allem im Bereich der Wissensvermittlung. Das Erfahrungswissen Älterer soll als Teamressource allen Mitgliedern zur Verfügung stehen. Dies setzt voraus, dass Ältere ihr Wissen an Jüngere weitergeben, was mitunter das Erlernen angemessener Kommunikationsstrategien erfordert. Lernbedarf kann zudem dadurch entstehen, dass sich in altersgemischten Teams althergebrachte und neuere Arbeitsweisen mischen können, beispielsweise bei der Nutzung von Informationssystemen für das Projektmanagement.

Unter dem Strich

Der demographische Wandel verlängert das Arbeitsleben fast aller Beschäftigten, weil der Nachwuchs an Arbeitskräften abnimmt. Zugleich schaffen technischer Wandel und Globalisierung einen Bedarf an beständiger Weiterbildung. Berufliches Lernen wird für den Einzelnen so zum lebenslangen Lernen.

1.1.3 Konzepte zur Umsetzung lebenslangen Lernens

Die obigen Beispiele verdeutlichen den grundsätzlichen Bedarf an lebenslangem Lernen. Weit weniger Klarheit herrscht hinsichtlich der Umsetzung. Es besteht Nachholbedarf an konkreten Anstößen für die Entwicklung lebenslanger Weiterbildung. Das Bundesministerium für Bildung und Forschung (BMBF, 2006) bezeichnet in Anlehnung an Casale et al. (2004) lebenslanges Lernen als ein „bildungspolitisches Programm" und weist darauf hin, dass es „derzeit keine eindeutigen definitorischen, theoretischen oder konzeptionellen Vorgaben zur Darstellung oder empirischen Erfassung des lebenslangen Lernens" gebe (BMBF, 2006, S. 216).

Definition

Lernen. „Alles formale, nicht-formale und informelle Lernen an verschiedenen Lernorten von der frühen Kindheit bis einschließlich der Phase des Ruhestands. Dabei wird ‚Lernen' verstanden als konstruktives Verarbeiten von Informationen und Erfahrungen zu Kenntnissen, Einsichten und Kompetenzen." (BLK, 2004, S. 13)

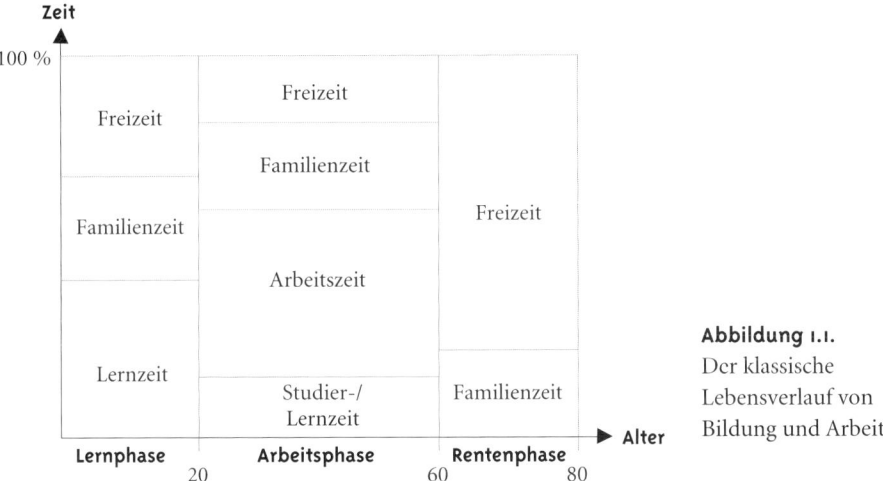

Abbildung 1.1.
Der klassische Lebensverlauf von Bildung und Arbeit

Umfassendes Lernen findet nur statt, wenn Bildungs-, Erwerbs- und Lebensverläufe darauf abgestimmt werden und zugleich Prävention an die Stelle von Reparatur tritt (Allmendinger & Ebner, 2006). Abbildung 1.1 zeigt die althergebrachten und gegenwärtig dominierenden Verläufe von Bildung und Arbeit. Vorberufliche, berufliche und nachberufliche Phase sind klar voneinander abgegrenzte Lebensabschnitte, die verhältnismäßig abrupt enden. In der vorberuflichen Phase wird „auf Vorrat gelernt", Ziel ist der Erwerb des überwiegenden Anteils an Wissen, das für die berufliche Phase benötigt wird. Der Schulbesuch einschließlich Hausaufgaben nimmt in Deutschland die Hälfte des Tages ein, in anderen Ländern sogar noch mehr, die vorberufliche Zeit ist also Lernzeit. In der Berufsphase fällt der Anteil des Lernens deutlich ab zu Gunsten der Anwendung früher gelernten Wissens. Mit einer durchschnittlichen Wochenarbeitszeit von 36 Stunden nimmt die Arbeit den Großteil des Tages ein und tritt an die Stelle des Lernens in der Vorberufsphase. Der Eintritt in die Nachberufsphase ist von einem weiteren radikalen Schritt gekennzeichnet. Arbeits- und Lernzeit fallen auf Null, der Tag ist mit Familien- und Freizeit ausgefüllt.

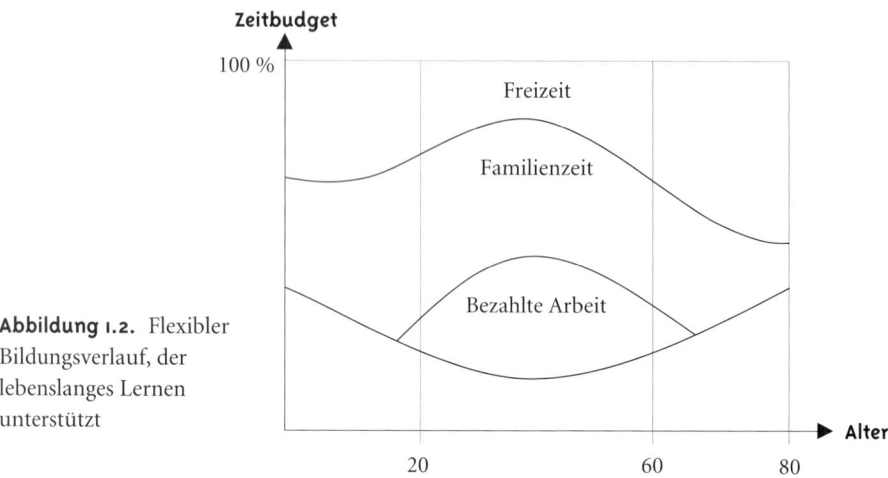

Abbildung 1.2. Flexibler Bildungsverlauf, der lebenslanges Lernen unterstützt

Lebenslanges Lernen setzt alternative Bildungs- und Berufsverläufe voraus, die gegenwärtig von politischer und Arbeitgeberseite nur wenig unterstützt werden. Abbildung 1.2 zeigt diese alternativen Verläufe, denen die Forderung nach einer Umverteilung der Arbeit zugrunde liegt, wie sie Vaupel und Loichinger (2006) vertreten. Ihre Überlegung ist, dass bei einer Erhöhung der Erwerbsquote die Arbeitszeit pro Beschäftigtem gesenkt werden kann. Dies könnte den Einzelnen ermöglichen, die Anteile von Arbeit, Bildung, Freizeit und Kindererziehung auf die unterschiedlichen Erfordernisse verschiedener Lebensphasen abzustimmen. Dadurch würde zugleich die gegenwärtige Gewichtung verändert, nach der sich Beschäftigte just in der Phase ihres Lebens auf die Arbeit konzentrieren, in der sie Kinder bekommen und in der diese Kinder die Zeit ihrer Eltern am stärksten beanspruchen. Umgekehrt verlagert sich mit der Verrentung – die überdies vielfach in einem Alter erfolgt, in dem Menschen noch produktiv arbeiten könnten – der Lebensmittelpunkt vollständig auf Freizeit und Familie. Und dies, obwohl Menschen dieses Alters weder Kinder bekommen können noch ihre Kinder der Betreuung bedürfen, wie zu Zeiten der Konzentration auf die Arbeit.

Eine solche Umverteilung von Arbeit und die Flexibilisierung von Berufsverläufen können jedoch nur ein erster, wenngleich wichtiger Schritt zum lebenslangen Lernen sein. Zur Sicherung hoher Weiterbildungsbeteiligung sind weitere Schritte nötig. Wilkens (2005) merkt an, dass sich kontinuierliche Weiterbildung zwar fordern lasse. Diese Forderung werde aber nur erfüllt, wenn die Motivation des Einzelnen die Barrieren einer Teilnahme übersteigt. Mittlerweile existiert eine ganze Reihe von Werkzeugen, die die Motivation fördert und Barrieren abbaut, z. B. durch flexiblere Arbeitszeitmodelle, Lernzeitkonten etc. Diese Werkzeuge tragen dazu bei, lernförderliche Bedingungen zu schaffen. Auf entsprechende Strategien gehe ich im vierten Kapitel ausführlich ein. Die EU-Kommission (2006) geht davon aus, dass lebenslanges Lernen nur dann installiert werden kann, wenn u. a. die Qualität der Bildung sichergestellt wird. Für die Erwachsenen- und berufliche Weiterbildung bedeute das vor allem, Lerninhalte und Lernunterstützung anzubieten, die den tatsächlichen Bedürfnissen und Anforderungen entsprechen. Hohes Gewicht komme der Didaktik zu. Lehrmethoden und -materialien sollten auf die Art und Weise abgestimmt werden, wie Erwachsene lernen. Außerdem müssten Ressourcen zur Verfügung stehen, die beim Lernen unterstützen, z. B. die Vermittlung von Lerntechniken (EU-Kommission, 2006, S. 7). Wichtig sei darüber hinaus die Beseitigung von Zugangsschranken zur Bildung. Neben politischen und institutionellen Schranken gebe es auch Schranken, die auf die Lernenden selbst zurückgingen, wie z. B. negative Bildungserfahrungen.

An exakt diesen Überlegungen setzt dieses Buch an, es soll einen Beitrag leisten zur Entwicklung altersgerechter und altersdifferenzierter beruflicher Weiterbildung. Dabei vertrete ich die Position, dass erfolgreiches Lernen in jedem Alter möglich ist. Allerdings bedarf es dazu einer spezifischen Lernkompetenz. Insofern es sich beim Lernen im Rahmen der Weiterbildung um komplexes Lernen handelt, kann diese Lernkompetenz nicht automatisch als gegeben unterstellt werden. Außerdem kann sie speziell bei älteren Beschäftigten durch soziale und individuelle, altersabhängige Einflüsse vermindert werden. Im folgenden Abschnitt stelle ich die Lernanforderungen durch berufliche Weiterbildung dar, aus denen im zweiten Kapitel das Konzept der Lernkompetenz hergeleitet wird.

Unter dem Strich

Die Forderung nach lebenslangem beruflichem Lernen ist von politischer und von Arbeitgeberseite wohlbegründet. Damit diese Forderung umgesetzt werden kann, muss lebenslanges Lernen sowohl institutionell (z. B. durch Beseitigung von Zugangshindernissen zu Bildung) als auch individuell (z. B. durch Vermittlung von Lernkompetenz) gefördert werden. Lernkompetenz ist nicht „automatisch" vorhanden, sie hängt von vielfältigen individuellen und betrieblichen Einflüssen ab.

1.2 Lernkonzeptionen unter der Lupe

Bislang habe ich vereinfachend von beruflicher Weiterbildung ganz allgemein gesprochen. Diese umfasst recht unterschiedliche Weiterbildungsformate, denen Teilnehmer mit vielfältigen Lernformen begegnen können.

> **Definition**
>
> **Weiterbildung** ist die Fortsetzung oder Wiederaufnahme organisierten Lernens nach Abschluss einer unterschiedlich ausgedehnten ersten Ausbildungsphase. Das Ende der ersten Bildungsphase und damit der Beginn möglicher Weiterbildung ist in der Regel durch den Eintritt in die volle Erwerbstätigkeit gekennzeichnet (BMBF, 2006). „Das kurzfristige Anlernen oder Einarbeiten am Arbeitsplatz gehört nicht in den Rahmen der Weiterbildung" (Deutscher Bildungsrat, 1970, S. 197).

In welcher Form Weiterbildung konkret stattfindet, also welcher Stellenwert z. B. eher innovativen Lernformen wie Problemlösegruppen oder Qualitätszirkeln (vgl. Kap. 1.2.1) zukommt, hängt maßgeblich von der so genannten Lernkonzeption ab. In der Lernkonzeption sind die Vorstellungen von Unternehmen oder von einzelnen Beschäftigten darüber gebündelt, wie Lernen „funktioniert", welche Bedeutung Lernen hat und auf welchem Weg am besten gelernt wird. Auf der Seite der Betriebe übt die Lernkonzeption dreierlei Einfluss aus:

(1) auf die Lernerwartungen, die ein Betrieb an seine Mitarbeiter stellt,
(2) auf die explizite Lernförderung durch die Bereitstellung angemessener Lernressourcen und
(3) auf die implizite Lernförderung über mittelbare soziale Prozesse, wie z. B. Anerkennung.

Individuelle Lernkonzeption. Auf der Seite der Weiterbildungsteilnehmer prägt die individuelle Lernkonzeption ganz wesentlich die Herangehensweise ans Lernen. Konkret sind dies vor allem die Lernziele und das Engagement zur Erreichung dieser Ziele. Die individuelle Lernkonzeption wird nicht alleine von der Organisation beeinflusst, sondern zu einem großen Teil während der Schullaufbahn erworben. Dennoch kann eine Organisation, die lernförderliche Bedingungen bereitstellt, die individuelle Lernkonzeption günstig beeinflussen. Umgekehrt kann eine in dieser Beziehung restriktive Organisation die Lernkonzeption des Einzelnen negativ beeinflussen (vgl. Fuller & Unwin, 2003).

So klar der Begriff Lernen in der Alltagssprache sein mag, so wenig gibt es in der Fachliteratur eine allgemein gültige Definition. Lernen ist ein wichtiges Thema innerhalb der Biologie, der Pädagogik und der Psychologie. Einigkeit über den Lernbegriff herrscht indessen weder innerhalb dieser Wissenschaften, geschweige denn zwischen ihnen (vgl. Nuissl, 2006). Eine in der Arbeitspsychologie gängige Definition von Lernen geben Hacker und Skell (1993).

Definition

Lernen bezeichnet „informationsverarbeitende Vorgänge, die verhaltensregulierenden Gedächtnisbesitz aufbauen, welcher eine effiziente Auseinandersetzung mit Anforderungen ermöglicht" (Hacker & Skell, 1993, S. 17).

Lernen wird weiter verstanden als „individuelle Aneignung gesellschaftlichen Wissens und Könnens" (Hacker & Skell, 1993, S. 18), wobei die Entwicklung der Persönlichkeit des Lernenden und nicht lediglich die Aneignung isolierter Wissens- und Könnenselemente angestrebt wird. Selbständigkeit und Eigenverantwortlichkeit sollen entwickelt werden. Hacker und Skell (1993, S. 18) formulieren entsprechend als Ziel von Lernprozessen die Fähigkeit zum effektiven „Bewältigen ganzer Klassen von Tätigkeiten unter wechselnden Umständen". Hier sind Transfer und Flexibilisierung von Wissen angesprochen, also die Übertragung von Gelerntem in neue Situationen und auf neue Anforderungsbereiche. Diese eher abstrakte Definition zeigt, dass das Lernen im Rahmen der Weiterbildung eine Mischform von affektivem, kognitivem und psychomotorischem Lernen ist (vgl. Bloom, 1984):

▶ Affektives Lernen bezieht sich auf die emotionale Bewertung von Ereignissen und Zuständen sowie den Erwerb von Einstellungen, Motivationen, Werten.

▶ Psychomotorisches Lernen betrifft vor allem den Erwerb manueller Fertigkeiten.

▶ Kognitives Lernen hat den Erwerb von Wissen und von mentalen Fertigkeiten zum Ziel.

Innerhalb dieser drei Lernbereiche lassen sich Lernprozesse unterschiedlicher Komplexität unterscheiden. Ein Beispiel für elementares psychomotorisches Lernen ist die Abstimmung von Handlungen auf die Wahrnehmung, z. B. im Rahmen der Auge-Hand-Koordination, wie sie Kinder erlernen, wenn sie die Fertigkeit erwerben, einen Ball zu fangen. Ein Beispiel komplexen psychomotorischen Lernens ist das Autofahren, bei dem die Abstimmung vielfältiger Bewegungsabläufe (Schalten, Bremsen, Lenken) auf sich fortlaufend verändernde Gegebenheiten in der Umwelt (Straßensituation, andere Fahrer, Verkehrszeichen) gelernt wird. Psychomotorisches Lernen findet im Rahmen der beruflichen Weiterbildung vor allem beim Erlernen neuer Arbeitsabläufe statt, beispielsweise bei der Einarbeitung an einer neuen Maschine.

Kognitives Lernen bildet den Schwerpunkt der beruflichen Weiterbildung, und auch hier lassen sich verschiedene Komplexitätsgrade unterscheiden. Verdeutlichen lassen sie sich an einer Analyse, die Marton et al. (1993) vorstellten. Sie befragten Studierende nach ihrer Auffassung von Lernen. Dabei kristallisierten sich folgende vier Lernkonzeptionen als die wesentlichen heraus.

Einprägen und wiedergeben. Für Befragte, die Lernen als Einprägen und Wiedergeben von Wissen auffassten, standen die „Anhäufung einer Menge von Fakten" (S. 286) und deren Wiedergabe in Prüfungen im Vordergrund. Die klassische Lernmethode ist das „Einpauken", also das fast mechanische Wiederholen von Informationen. Solches Lernen kommt zum Einsatz, wenn Schüler Vokabeln lernen, Medizinstudenten Anatomiekurse besuchen oder Juristen sich mit dem Steuerrecht beschäftigen. Derlei Einprägen und Wiedergeben scheint ein Musterbeispiel für elementares Lernen zu sein (vgl. weiter unten „Einblick: Elementares Lernen"), aber solches Lernen ist nur einer von mehreren Bausteinen des Lernens im Rahmen beruflicher Weiterbildung. Seine Reichweite ist auf eine unmittelbar bevorstehende Prüfung begrenzt. Wer auf diese Weise lernt, betrachtet das erworbene Wissen nicht selten als entbehrlich, als etwas, dessen man sich nach der Prüfung „entledigen kann" (Marton et al., 1993, S. 286).

Anwenden. Auf Anwendung ausgerichtetes Lernen geht über den Horizont einer Prüfung hinaus. Es zielt insofern auf eine gewisse Nachhaltigkeit ab, als das erlernte Wissen dem Lernenden unmittelbar zu Gute kommen soll. Bezogen auf die Arbeitswelt bedeutet dies, dass das Wissen Arbeitstätigkeiten unmittelbar erleichtert. Als Lernmethode treten zum „Einpauken" die Reflexion über die Anwendbarkeit des Gelernten und die Einbindung in das eigene Vorwissen hinzu, mit der die Nachhaltigkeit des Behaltens gefördert werden soll.

Verstehen. Diese dritte Lernart unterscheidet sich grundlegend von den oben dargestellten Auffassungen. In jenen wird Wissen als ein Gegenstand betrachtet, als etwas, das unabhängig vom Lernenden existiert. Man kann diesen Gegenstand ins Gedächtnis transportieren und ihn hinterher von dort auch genauso gut wieder entfernen. Soll Lernen aber dem Verständnis dienen, dann genügen mechanisches Einprägen und Wiedergeben nicht mehr. Manche Befragte der oben genannten Untersuchung gaben an, auf neue Ideen kommen zu wollen. Dazu bedienten sie sich über das Einprägen hinaus auch der Methode des Vergleichs von neuem mit bekanntem Wissen, des „Herumspielens mit Ideen", um „neue Einsichten" (S. 288) gewinnen zu können. Die Wissensaufnahme der ersten beiden Konzeptionen von Lernen lässt sich als passiv umschreiben, das am Verständnis orientierte Lernen dagegen erfordert auf jeden Fall aktive Wissenskonstruktion.

Eine neue Perspektive einnehmen. Aktive Wissenskonstruktion ist bei einem auf Lernen zurückgehenden Perspektivwechsel noch stärker gefragt als beim verstehenden Lernen. Über das Verständnis für einen bestimmten Sachverhalt hinaus wird früher erworbenes Wissen umstrukturiert, wenn das neue Wissen umfassend in die bestehende Wissensstruktur integriert wird. Solches Lernen ist mitunter nicht rein kognitiv, ein Perspektivwechsel mag auch die Veränderung von Einstellungen und Werten mit sich bringen. In diesem Sinn ist Lernen als Wissenserzeugung zu betrachten, bei dem nicht nur Wissen aufgenommen und auf die Wissensstruktur des Lernenden adaptiert wird, sondern sogar neues Wissen entsteht.

Einblick: Elementares Lernen
Elementares Lernen war der Schwerpunkt von Ebbinghaus' (1885) Arbeit. Er lernte in tagelangen Sitzungen umfängliche Listen so genannter „sinnloser Silben" auswendig. Diese Silben (z. B. NAR) entwarf Ebbinghaus unter der Maßgabe, dass alle „Wörter" die gleiche Länge aufweisen sollten. Zugleich sollte ihre „Sinnlosigkeit" den Einsatz von Merkhilfen minimieren und die Erforschung unverfälschter Gedächtnisprozesse ermöglichen. Ebbinghaus entdeckte grundlegende Eigenschaften des Gedächtnisses, die heute zum Standardwissen der Gedächtnispsychologie gehören, z. B. dass die am Anfang und am Ende einer Lernliste stehenden Silben besser gelernt werden als Silben in der Mitte der Liste. Derartige Untersuchungen waren für die Entwicklung der experimentellen Gedächtnisforschung von großer Bedeutung; gleichwohl ist elementares Lernen nur eine von zahlreichen Spielarten des Lernens.

Es existieren zahlreiche ähnliche Ansätze, die Komplexität von Lernformen einzuteilen (z. B. Ellström, 2001; Sfard, 1998; Skule, 2004). Im Sinne Sfards (1998) liegt den Taxonomien als kleinster gemeinsamer Nenner die Trennung danach zugrunde, ob Lernen lediglich auf den Erwerb (Acquisition) von Wissen abzielt, oder ob mit dem Lernen auch Verständnis und Perspektivwechsel verbunden sind, die Teilnahme (Participation) im Sinne der Aneignung bezeichnet (vgl. dazu auch Illeris, 2003). Das oben geschilderte Einprägungs- und Anwendungslernen wäre demnach als Erwerbslernen zu sehen. Laut Sfard ist es diejenige Lernkonzeption, die in der schulischen und akademischen Bildung dominiert. Hager (2004) kommt für das berufsbezogene Lernen zu einem ähnlichen Schluss. Er spricht vom Standardparadigma, das für das traditionelle, eher passive Lernen steht, in dem Wissen wie ein Produkt betrachtet wird, das unabhängig vom Lernenden existiert. Diese Standard-Lernkonzeption ist gegenwärtig vorherrschend.

Diese Einschätzung spiegelt sich in den Befunden von Pillay et al. (2003), die Beschäftigte zweier Altersgruppen (18 bis 39 Jahre und 40+ Jahre) zu ihren

Lernkonzeptionen befragten. Die Mehrzahl der Befragten vertrat Auffassungen, die sich dem Erwerbs- und Anwendungslernen zuordnen lassen. Etwa ein Drittel der Befragten sah das berufsbezogene Lernen als „beobachten und erfahren", knapp 40 % betrachteten das Lernen als „Besuch formaler Kurse" (S. 435). Im Wesentlichen reagierten die Befragten mit ihrem Lernen auf die von ihnen permanent empfundene Anforderung, ihre Fertigkeiten und Kenntnisse zu aktualisieren und anzupassen, um ihre Arbeit zu behalten. Nur etwa ein Viertel fasste berufliches Lernen als „beständigen lebenslangen Prozess" (S. 437) auf, in dessen Verlauf Lernen auch außerhalb des Arbeitsplatzes und formaler Kurse stattfindet und bei dem auch eigene Anstrengungen unternommen werden, das berufliche Wissen zu erweitern.

Die Dominanz einer klassischen Lernkonzeption, die von eher passiven Lernenden ausgeht, zeigt sich auch in der Ausrichtung wissenschaftlicher Arbeiten. Tynjälä (2007) kommt in ihrer Literaturanalyse zu dem Ergebnis, dass 53 % der zwischen 2000 und 2007 veröffentlichten Facharbeiten zum berufsbezogenen Lernen eine Konzeption des Erwerbslernens zur Grundlage haben, während nur 3 % sich mit den Aspekten der Wissensentstehung befassen.

Unter dem Strich
Lernen ist nicht gleich Lernen. Berufliches Lernen ist – anders als vielfach in der Schule – *kein* Lernen „auf Vorrat" und *nicht* in erster Linie Auswendiglernen von Begriffen und Formeln. In praktischer Hinsicht bedeutet das, dass berufliches Lernen andere und besondere Anforderungen an Lernende stellt.

1.2.1   Formelle und informelle Weiterbildung

Immerhin scheint sich sowohl in der schulischen als auch in der beruflichen Bildung ein Paradigmenwechsel anzubahnen (Hager, 2004; Sfard, 1998). In aktuellen Lernkonzeptionen wird Lernen als aktives Geschehen begriffen, bei dem neues Wissen entstehen kann (vgl. Hager, 2004). Im Zuge dieses Paradigmenwechsels nimmt die Bedeutung formalisierter Weiterbildung ab, während informelle Weiterbildung an Gewicht gewinnt (vgl. BMBF, 2006; Cross, 2007; Streumer, 2004). Unter formalisierter Weiterbildung sind dabei formales und nicht-formales Lernen zu sehen, denen die informelle Weiterbildung gegenübersteht (vgl. Bretschneider, 2007).

Formale und nicht-formale Weiterbildung sind institutionalisierte Lernarten, die in der Regel von den Unternehmen oder externen Bildungsträgern organisiert werden. Typische Formate sind Seminare, Trainings und Lehrgänge. Einziger Unterschied zwischen formaler und nicht-formaler Weiterbildung: Letztere führt nicht zu einem staatlich anerkannten Zertifikat (z. B. Diplom, berufliches Abschlusszeugnis oder Sprachzertifikat). Im Gegensatz dazu wird **informelle Weiterbildung** größenteils vom Lernenden selbst organisiert. Lernorte, Lernzeiten und Lerninhalte sind frei wählbar.

Informelles Lernen geht fließend ins arbeitsintegrierte Lernen über, das auch als Lernen am Arbeitsplatz, Lernen in der Arbeit, arbeitsprozessorientiertes Lernen, dezentrales Lernen oder arbeitsplatznahes Lernen bezeichnet wird (vgl. Dehnbostel, 2002). Verschiedene Lernformen des arbeitsintegrierten Lernens stellen Grünewald und Moraal (1996) vor. Sie unterscheiden konventionelle Formen des Lernens, wie z. B. Unterweisung durch Vorgesetzte, Einarbeitung bei technischen oder organisatorischen Umstellungen und Einarbeitung neuer Mitarbeiter, von neueren Lernformen, wie z. B. Austauschprogramme, Job-Rotation, Lernstatt, Qualitätszirkel und selbstgesteuertes Lernen:

▶ Unterweisung durch Vorgesetzte oder Spezialisten am Arbeitsplatz: Bei dieser Lernform ist die Unterscheidung einer Unterweisung von einer kurzfristigen und spontanen Information oder Belehrung durch einen Vorgesetzten von Bedeutung. Als differenzierende Merkmale zur zufälligen Belehrung ist die vorherige Planung heranzuziehen. Häufig ist die Unterweisung in den Arbeitsprozess integriert. Gelernt wird über Beobachtung der Arbeitsabläufe und durch Erläuterungen des Tätigkeitsausführenden.

▶ Einarbeitung bei technisch-organisatorischen Veränderungen: Die Bezeichnung verweist schon darauf, dass der Ursprung des Lernens in Verbesserungen der Arbeitsorganisation und nicht in einer geplanten Weiterbildungspraxis zu sehen ist. Konsequenz hieraus ist die jeweilige Situationsbedingtheit. Dieser Lernform kommt strategische Bedeutung bei der Anpassungsqualifizierung zu.

▶ Einarbeitung neuer Mitarbeiter: Diese Lernform erfolgt größenteils während der Arbeit in individueller Form mit medialer und personaler Unterstützung. In der tatsächlichen Umsetzung zeigt sie sich oft kombiniert mit Unterweisung durch Vorgesetzte oder Spezialisten.

▶ Job-Rotation: Im Zuge der Job-Rotation wechseln Beschäftigte planmäßig ihre Tätigkeit innerhalb ihres Betriebs. Arbeiten ist hier ebenfalls der dominierende Aspekt gegenüber dem Lernen. Einzelpersonen werden oftmals bei dieser Lernform durch Medien oder andere Personen unterstützt.

- ► Gruppenarbeit: Es können verschiedene Formen der Gruppenarbeit, z. B. Qualitätszirkel, Projektgruppe oder teilautonome Arbeitsgruppe, differenziert werden. Im Rahmen der Gruppenarbeit steht die Nutzung vermehrter Lernmöglichkeiten in der Arbeit im Vordergrund. Durch Aufgabenintegration soll die Komplexität der Tätigkeit erhöht werden.
- ► Projektgruppen: Einmalige Aufgaben, die in der regulären Organisationsstruktur nicht hinlänglich lösbar sind, werden durch ausgewählte Personen bearbeitet, die aus den beteiligten Organisationseinheiten zusammengeführt werden. Diese zeitlich limitierte Arbeitsgruppe erhält begrenzt Weisungsbefugnis. Grundlegende Ausrichtung ist die effiziente Auftragsbearbeitung. Wie viel Entscheidungsfreiheit und Handlungsspielraum diesen Gruppen zukommt, variiert.
- ► Qualitätszirkel: Es existieren vielfältige Varianten von Qualitätszirkeln, in der Fachliteratur werden folgende Gemeinsamkeiten beschrieben: Diese Lernform ist moderiert, Qualitätszirkel bestehen aus wenigen Mitarbeitern, jene bilden sich auf freiwilliger Basis, die Zirkel dienen der Bearbeitung von Schwierigkeiten aus dem eigenen Tätigkeitsbereich. Ziel ist die Erhöhung der betrieblichen Leistungsfähigkeit durch größere Einbindung der Mitarbeiter.

In Deutschland beteiligten sich 2003 rund 61 % der Erwerbstätigen an einer oder mehreren Arten informeller Weiterbildung. Am häufigsten genutzt werden das Beobachten und Ausprobieren am Arbeitsplatz und die Lektüre von Fachliteratur. An dritter und vierter Stelle folgen die Unterweisung am Arbeitsplatz durch Kollegen und durch Vorgesetzte. Die Teilnahmequote an informeller Weiterbildung liegt sehr viel höher als die an formaler und nicht-formaler Weiterbildung (BMBF, 2006), wofür es mehrere Gründe gibt. Erstens gibt es für informelle Weiterbildung niedrigere Zugangsschwellen. Insbesondere die fast völlig vom Lernenden gesteuerten Lernformen des systematischen Ausprobierens neuer Arbeitsformen oder der Lektüre von Fachliteratur stehen praktisch allen offen. Zweitens wird informellem Lernen höhere Effektivität zugeschrieben. Clarke (2004) bezeichnet die Hinwendung zum informellen Lernen als einen der wichtigsten neueren Trends der Personalentwicklung, der vor dem Hintergrund der Beschränkungen formalisierter Weiterbildung zu sehen sei. Da sich institutionalisierte Weiterbildung nur an bestehenden und bekannten Anforderungen orientiere, stoße sie in der modernen Arbeitswelt mit dynamischen und komplexeren Entwicklungen immer stärker an ihre Grenzen. (Nicht-)formale Weiterbildung ist zu wenig auf die Erfordernisse der Tätigkeit und des Arbeitsplatzes abgestimmt, Lernbedürfnisse werden zu wenig berücksichtigt, der Transfer von Lernergebnissen in die tägliche Arbeit ist gering (vgl. Bryans & Smith, 2000; Raelin, 2000). Umgekehrt kann informelles Lernen den Aufbau von Wissen fördern, das auf Erfahrungen basiert und dem Arbeitskontext angemessen ist. Dementsprechend fördern viele Firmen informelles Lernen (Tjepkema et al., 2002). Ein dritter Grund für die Attraktivität informellen Lernens mag aus Firmensicht in geringeren Kosten liegen. Eine EU-Befragung von 10.000 Betrieben im EU-25-Raum zu ihrem Weiterbildungsengagement zeigte, dass 2005 nur noch 54 % der befragten Firmen formalisierte Weiterbildung (Kurse, Seminare, Trainings etc.) anboten, gegenüber 67 % im Jahre 1999.

Unter dem Strich
Berufliche Weiterbildung kommt in zwei grundlegend verschiedenen Formaten vor. Formelle Weiterbildung findet fern des Arbeitsplatzes statt und umfasst traditionelle Formate, wie z. B. Seminare, Kurse und Trainings. Informelle Weiterbildung ist häufig in die Arbeit integriert, kann aber auch auf eigene Initiative zu Hause stattfinden. Sie umfasst so unterschiedliche Formate, wie z. B. computerbasiertes Selbstlernen, die Teilnahme an Qualitätszirkeln oder das systematische und eigenständige Ausprobieren neuer Arbeitstechniken („Learning by doing").

1.2.2 Informelle Weiterbildung und der Bedarf an selbstgesteuertem Lernen

Auch wenn eine allgemein anerkannte Definition informellen Lernens noch aussteht (Clarke, 2004), so lassen sich folgende Kernpunkte festhalten: Informelles Lernen stützt sich auf die Reflexion eigener Arbeitserfahrungen, baut dadurch auf die Lösung konkreter arbeitsrelevanter Probleme auf und ist in einen spezifischen sozialen Kontext eingebettet (vgl. Eraut, 2000; Evans et al., 2002; Raelin, 2000). Im Sinne der oben eingeführten Unterscheidung verschiedener Lernformen geht informelles Lernen über das reine Erwerbslernen hinaus. Letztere Lernform ist eher elementar und funktioniert bei ausreichender Zahl von Lerndurchgängen sozusagen „automatisch".

Beim informellen Lernen lässt sich Wissen nicht wie ein Gegenstand zum Lernenden transportieren. Es ist als ein vom Lernenden gesteuerter Prozess zu sehen, der eine aktive Wissenskonstruktion erfordert. Diese Begriffsbeschreibung überlappt sich mit der weiter oben genannten Weiterbildungsdefinition, in der Weiterbildung als organisiertes Lernen aufgefasst wird. Wichtig ist an beiden Definitionen zunächst einmal, dass sie sich auf organisiertes oder selbstgesteuertes Lernen beziehen. Beide Begriffe stehen für gezieltes und bewusstes Lernen. Informelles Lernen ist nicht zu verwechseln mit beiläufigem und mit implizitem Lernen. Beiläufiges Lernen findet sich z. B. in Form von „Aha-Erlebnissen", also spontanen Einsichten, die sich während der Arbeitstätigkeit einstellen können. Solches Lernen läuft also durchaus bewusst ab, wird vom Lernenden aber nicht geplant. Implizites Lernen dagegen ist nicht nur ungeplant, sondern dazu noch „unbewusst". Seine Bedeutung wird vielfach überschätzt.

Einblick: Implizites Lernen

Spätestens seit Freud glaubt man zu wissen, dass Menschen „unbewusst" lernen können. Eines der gut etablierten Themen innerhalb der Forschung zum Unbewussten ist das implizite Lernen. Den Startschuss für diese Forschungsrichtung gab Reber (1967) mit seiner Arbeit über den Erwerb künstlicher Grammatiken. Reber ließ seine Versuchsteilnehmer Buchstabenketten unterschiedlicher Länge (z. B. TKKPTQ) lernen, die nach einer „Grammatik" aufgebaut waren. In der Testphase des Versuchs konnten die Teilnehmer „ungrammatische" von „grammatischen" Ketten unterscheiden, obwohl sie nicht in der Lage waren, die Regeln der Grammatik zu benennen. Auch konnten grammatische Ketten auch dann identifiziert werden, wenn zwischen Lern- und Testphase die Buchstaben ausgetauscht, aber die Regeln beibehalten wurden (Reber, 1969). Solch implizites Regellernen fand man auch bei der Steuerung von Maschinensystemen oder den Zusammenhang von Aussehen und Persönlichkeitsmerkmalen (vgl. zusammenfassend Stadler & Frensch, 1998). Die neuere Forschung entmystifizierte jedoch das implizite Lernen (vgl. Roßnagel, 2001). Die Lerneffekte fallen in fast allen Versuchen ziemlich klein aus. Außerdem unterscheiden sich implizites und explizites Lernen lediglich in der Tiefe, mit der Informationen verarbeitet werden (z. B. Whittlesea & Dorken, 1993). Implizites Lernen ist demnach lediglich eine „schwache" Form elementaren Lernens (vgl. weiter oben „Einblick: Elementares Lernen").

Beiläufiges und implizites Lernen im Rahmen der Weiterbildung nicht zu betrachten heißt nicht, dass solches Lernen nicht stattfände. Allerdings sind beide Lernformen schwieriger zu erfassen als organisiertes Lernen. Hinzu kommt, dass sie eben wegen ihrer Ungeplantheit – und ihrer wahrscheinlichen Unplanbarkeit – kaum als Instrument der Personalentwicklung in Betracht kommen, wenngleich lernförderliche Bedingungen, die ich im vierten Kapitel beschreibe, die Wahrscheinlichkeit beiläufigen Lernens erhöhen dürften. Im Sinne Reinmann-Rothmeier und Mandls (1998) ist selbstgesteuertes, informelles Lernen als ein aktiver, selbstgesteuerter, konstruktiver, situativer und sozialer Prozess zu verstehen:

▶ Lernen als aktiver Prozess: Lernen ist nur über eine aktive Beteiligung des Lernenden möglich. Für diese Aktivität brauchen Lernende Lernmotivation und Interesse am Prozess oder am Gegenstand des Lernens.

- Lernen als selbstgesteuerter Prozess: Lernen erfordert immer eine Beteiligung des Selbst. Das Ausmaß der Selbststeuerung und der Kontrolle des eigenen Lernprozesses hängt von der Lernsituation und -umgebung ab; Wissenserwerb ohne Selbststeuerungsanteil ist allerdings nicht denkbar.
- Lernen als konstruktiver Prozess: Wissen ist immer konstruiert. Neues Wissen kann nur erworben und genutzt werden, wenn es in die vorhandenen Wissensstrukturen eingebaut und auf der Basis individueller Erfahrungen interpretiert wird.
- Lernen als situativer Prozess: Die Wissenskonstruktion erfolgt in bestimmten Kontexten und ist mit diesen verbunden; Lernen ist daher situativ. Eine Loslösung des Wissens vom Kontext (Dekontextualisierung), die die Wissensanwendung in anderen Zusammenhängen ermöglicht, ist nicht selbstverständlich, sondern muss gezielt unterstützt werden.
- Lernen als sozialer Prozess: Der Erwerb von Wissen ist nicht nur ein individueller Konstruktionsprozess. Lernen findet außerdem vor dem Hintergrund soziokultureller Bedingungen und häufig in einem sozialen Rahmen statt. Lernen ist also auch ein sozialer Prozess.

Selbstgesteuertes Lernen. Lernen ist als aktiv-konstruktiver Prozess ohne ein Minimum an Selbststeuerung nicht möglich (Reinmann-Rothmeier & Mandl, 1998). Mit zunehmendem Alter und zunehmender Bildung sind Lernende außerdem immer mehr gefordert, Entscheidungen bezüglich Zielsetzung und Strategiewahl selbst zu treffen (Wild et al., 1992), die Bedeutung von Selbststeuerungsfähigkeiten nimmt also im Erwachsenenalter zu. Was ist unter selbstgesteuertem Lernen zu verstehen? Nach Weinert (1982) ist Lernen dann selbstgesteuert, wenn „der Handelnde die wesentlichen Entscheidungen, ob, was, wann, wie und woraufhin er lernt, gravierend und folgenreich beeinflussen kann" (S. 102). Was macht selbstgesteuertes Lernen aus? Nach Simons (1992) müssen Lernende hierfür in der Lage sein, das Lernen vorzubereiten, die Lernhandlung durchzuführen, das Lernen zu regulieren, z. B. mit Hilfe von Kontrollstrategien, die Lernleistung zu bewerten und Motivation und Konzentration aufrechtzuerhalten. Selbstgesteuertes Lernen erfordert also vor allem so genannte metakognitive Fähigkeiten (vgl. Kap. 3), ist aber auch abhängig von motivationalen Faktoren:

- Das Lernen vorbereiten: Die Planung und Vorbereitung des eigenen Lernprozesses erfordert verschiedene Strategien. Der Lernende muss Lernziele formulieren und diese Lernziele in Zwischenziele unterteilen. Weiterhin gilt es, Lernzeiten realistisch zu planen, hierbei Prioritäten zu setzen sowie Pausen und wechselnde Arbeitsformen einzuplanen. Außerdem müssen Lernende ihre Aufmerksamkeit aktivieren sowie sich auf frühere Lernprozesse und ihr Vorwissen rückbesinnen.

- Die Lernhandlung durchführen: Für die Durchführung brauchen Lernende Strategien zur Verarbeitung relevanter Informationen zu Wissen. Sie müssen in der Lage sein, Informationen zu elaborieren, d. h. sie mit ihrem Vorwissen und Erfahrungshintergrund zu verknüpfen und damit in individuelles Wissen umzuwandeln. Weiterhin müssen sie ihr neu erworbenes Wissen auf das Wesentliche reduzieren und sinnvoll strukturieren können.
- Das Lernen regulieren: Beim selbstgesteuerten Lernen gilt es, den eigenen Lernprozess zu überwachen, sich selbst beim Lernen über die Schulter zu blicken. Lernende müssen ihre Aufmerksamkeit kontrollieren, geeignete Lernstrategien auswählen, Fehler erkennen und berichtigen, Schwierigkeiten und ihre Ursachen diagnostizieren und die Lernaktivitäten entsprechend anpassen. Für selbstgesteuertes Lernen sind also metakognitive Kontrollstrategien sowie Reflexionsfähigkeit vonnöten.
- Die Lernleistung bewerten: Für die Bewertung ihres Lernerfolgs müssen Lernende in der Lage sein, ihre Leistung mit ihren Lernzielen zu vergleichen, sich also selbst Rückmeldung über Lernprozess und -ergebnisse zu geben (Simons, 1992).
- Motivation und Konzentration aufrechterhalten: Neben kognitiven und metakognitiven Fähigkeiten spielt die Lernmotivation eine zentrale Rolle beim selbstgesteuerten Lernen. Um diese aufrechtzuerhalten, müssen Lernende in der Lage sein, ihre Gefühle zu kontrollieren, Erfolge und Misserfolge auf angemessene Ursachen zurückzuführen sowie außerhalb des Lernvorgangs liegende Wünsche und Bedürfnisse aufzuschieben.

Selbstgesteuertes Lernen ist also großenteils die Fähigkeit, sich selbständig und damit möglichst unabhängig von einer Lehrperson weiterbilden zu können. Angesichts des oben skizzierten raschen technischen und wirtschaftlichen Wandels ist selbstgesteuertes informelles Lernen ein wichtiges Werkzeug, um auf sich beständig ändernde Anforderungen der beruflichen Umwelt flexibel und adäquat zu reagieren. Entsprechend hat das Thema „Selbststeuerung in Lernprozessen" in der bildungspolitischen Diskussion allgemein und insbesondere im Bereich der Weiterbildung weiter stark an Aufmerksamkeit gewonnen. Die Bildung der Zukunft wird von einem deutlichen Ausbau der Elemente der Selbststeuerung gekennzeichnet sein (Kuwan & Waschbüsch, 1998).

Unter dem Strich
Berufliche Weiterbildung ganz allgemein und das informelle Lernen im Besonderen stellen erhöhte Anforderungen an die Selbststeuerung des Lernens. Lernende müssen ihren Lernbedarf feststellen können, geeignete Lerntechniken zur Deckung ihres Lernbedarfs beherrschen und ihr Lernen im Hinblick auf die Erreichung der Lernziele kontrollieren können.

An der Notwendigkeit lebenslanger beruflicher Weiterbildung kann kein Zweifel bestehen. Zwei Faktoren spielen zusammen: der Wandel der Arbeitswelt mit Globalisierung, technischem Wandel und Innovationsdruck einerseits; der demographische Wandel mit längerem Erwerbsleben des Einzelnen, weniger Nachwuchskräften und steigendem Durchschnittsalter der Belegschaften andererseits. In diesem Umfeld werden Beschäftigte künftig in einem Alter zur Zielgruppe beruflicher Weiterbildung, in dem sie sich bislang noch gedanklich oft schon auf die Rente einstellen. Zugleich wandelt sich die Weiterbildung selbst. Neben die herkömmlichen Formate der vor allem von Dozenten gesteuerten formalen und nicht-formalen Weiterbildung tritt zunehmend das informelle Lernen. Es umfasst vielfältige Lernformen, denen gemeinsam ist, dass sie vor allem vom Lernenden gesteuert werden und weniger vom Dozenten. Informelles Lernen ist komplexes Lernen, bei dem Anwenden und Verstehen im Vordergrund stehen. Komplexes, vom Lernenden gesteuertes Lernen stellt erhöhte Anforderungen an die Selbststeuerung: Lernende müssen ihren Lernbedarf feststellen, Lernziele setzen und ihr Lernen im Hinblick auf die Erreichung dieser Ziele überwachen.

2 Mythen und Fakten zur Lernfähigkeit Älterer

Kapitelüberblick

In der Arbeitswelt sind negative Altersstereotype noch weit verbreitet. Älteren Beschäftigten wird von vielen Arbeitgebern geringe Lernbereitschaft, Flexibilität und Innovationskapazität zugeschrieben. Was ist dran an diesen Stereotypen? Lernen ältere Beschäftigte tatsächlich schlechter als jüngere? Oder lernen sie anders und wenn ja, wie? Dies sind die Leitfragen des zweiten Kapitels.

Zeigen werde ich, warum die Forschung in der Entwicklungspsychologie und Intelligenztestung dieses negative Altersbild nur scheinbar stützt. Auch werde ich verdeutlichen, warum die Annahme, dass die Lernfähigkeit bei älteren Beschäftigten nachlasse, in dieser Pauschalität nicht haltbar ist.

Vorurteile gegenüber Älteren generell und älteren Beschäftigten im Besonderen sind in Europa und Nordamerika gleichermaßen weit verbreitet (z. B. Nelson, 2002). Ältere gelten gemeinhin als gesundheitlich beeinträchtigt, senil, von geringer Vitalität, mürrisch und unfähig, Neues zu lernen oder sich zu verändern (Thornton, 2002). Solche Bewertungen und Meinungen über Ältere im Vergleich zu Jüngeren werden als Altersstereotype bezeichnet. Sie spiegeln die Eigenschaften wider, die der Gruppe der Älteren zugeschrieben werden. Die in diesen Altersstereotypen ausgedrückte Sichtweise scheint zu den Befunden von Kubeck et al. (1996) zu passen. Sie ermittelten den Zusammenhang zwischen Alter und der Leistung in arbeitsbezogenen Trainings aus einer zusammenfassenden Auswertung von früheren 32 Untersuchungen (Metaanalyse). Dabei zeigte sich, dass Ältere im Schnitt geringeren Lernerfolg aufwiesen und mehr Zeit für das Lernen benötigten.

Selbst wenn diese Befunde ohne Einschränkungen und für alle Lernformen gälten (was sie nicht tun!), beantworteten sie dennoch nicht die Frage, ob der negative Zusammenhang zwischen Alter und Lernerfolg in der Weiterbildung unweigerlich auftritt. Gemäß dem Grundgedanken dieses Buchs bestimmt sich der Lernerfolg aus dem Zusammenwirken von Lernfähigkeit und Lernbereitschaft. Eine meiner wesentlichen Annahmen ist, dass die Lernfähigkeit trotz altersbezogenen Abbaus in manchen kognitiven Funktionen über das gesamte Berufsleben erhalten bleibt. Für die Lernbereitschaft gilt das nicht in gleichem Maß, sie ist aber trainierbar und damit als Instrument der Personalentwicklung nutzbar. In diesem zweiten Kapitel lege ich dar, inwiefern die Ergebnisse der kognitiven Alternsforschung zur Ansicht passen, dass die Lernfähigkeit auch im Alter erhalten bleibt.

2.1   Altersstereotype und ihre Folgen

Die oben umrissenen Altersstereotype sind sozial eher akzeptiert als andere Stereotype: Während sich die meisten Arbeitgeber der Meinung anschließen, dass sich die Eignung für eine Stelle nicht anhand von Religionszugehörigkeit oder Geschlecht beurteilen lasse, hat die Abkehr von negativen Altersbildern gerade erst begonnen (Hedge et al., 2006). Unangemessene Auffassungen über Verhalten und Leistungsfähigkeit Älterer finden sich auch in zahlreichen Unternehmenskulturen und daraus abgeleiteten Arbeitsplatzbestimmungen und Verfahrensrichtlinien. Hansson et al. (1997) stellten fest, dass zwar 86 % der 2000 größten Firmen der USA angeben, sie „schätzten" ältere Beschäftigte sehr, zugleich aber sehen die Beschäftigungsregelungen nur bei 23 % dieser Firmen die Einstellung Älterer vor. Rix (2001) wertete die vom amerikanischen Verband der Ruheständler (AARP, American Association of Retired Persons) seit 1985 regelmäßig durchgeführten Unternehmensbefragungen zur Einstellung von Arbeitgebern gegenüber älteren Arbeitnehmern zusammenfassend aus. Er stellte fest, dass Ältere hoch eingeschätzt werden auf Ebenen wie Loyalität, Zuverlässigkeit, Erfahrung und Umgang mit Kunden. Hinsichtlich Flexibilität, Anpassungsfähigkeit und technologischer Kompetenz hingegen würden sie schlechter bewertet als jüngere Kollegen. Deutsche Umfragen zeichnen ein ähnliches Bild. In einer Befragung des Bundesinstituts für Berufsbildung (BIBB, 2005) gaben 43 % der befragten Unternehmen an, der demographische Wandel stelle für sie kein besonderes Problem dar. Diese Firmen begegnen dem steigenden Altersdurchschnitt ihrer Belegschaften mit der vermehrten Einstellung jüngerer Beschäftigter. In einer Umfrage unter kleinen und mittelständischen Unternehmen (Roßnagel & Schulz, 2007) sprachen über 45 % der Betriebe davon, dass bei vielen älteren Beschäftigten die Weiterbildungsbereitschaft abnehme. In der vergleichenden Bewertung jüngerer und älterer Beschäftigter wurden zwar Eigenschaften wie Loyalität, Expertise und Zuverlässigkeit von bis zu 40 % der Betriebe als eher auf ältere Beschäftigte zutreffend bezeichnet. Zugleich aber wurden Innovationsbereitschaft, Flexibilität und Lernbereitschaft von bis zu 60 % der Befragten mit jüngeren Mitarbeiten in Verbindung gebracht. Besonders negative Altersstereotype finden sich für den Bereich der Weiterbildung: Demnach lernen Ältere zu langsam, weisen schlechte Computer-Kompetenzen auf und schneiden in Weiterbildungs-Seminaren schlecht ab (Simon, 1996).

Ungünstige Altersbilder beeinflussen nicht nur Vorgesetzte bei der Einschätzung von Mitarbeitern, auch Mitarbeiter untereinander hegen mitunter negative Einstellungen. Die Metaanalyse von Finkelstein et al. (1995) von Untersuchungen zu Altersstereotypen und Altersdiskriminierung ergab, dass jüngere Beschäftigte ihre Altersgenossen als qualifizierter einstuften und ihnen größeres Entwicklungspotenzial zutrauten als älteren Kollegen. Im Gegensatz dazu hielten Ältere jüngere und ältere Beschäftigte für gleich gut qualifiziert.

Gründe für negative Altersstereotype. Die Ursachen für weitverbreitete, eher negative Altersstereotype sind vielfältig. Ganz allgemein scheinen gesellschaftlich geteilte Vorstellungen darüber zu bestehen, welche Tätigkeiten sich für jüngere Beschäftigte eignen und welche „typisch für Ältere" sind. Gordon und Arvey (1986) legten ihren Versuchsteilnehmern 59 Berufe vor und ließen das Durchschnittsalter der Beschäftigten in diesem Beruf schätzen. Es zeigte sich, dass die Schätzungen das tatsächliche Durchschnittsalter recht genau wiedergaben. Ähnliche Altersnormen existieren für Karriereverläufe: Lawrence (1996) diskutiert gesellschaftlich verbreitete Ansichten, welche Karrierestufe in welchem Alter zu erreichen sei. So würde z. B. von Beschäftigten im Alter von Mitte bis Ende 50 erwartet, dass sie bestimmte Führungspositionen (z. B. Abteilungs- oder Bereichsleiter) erklommen haben; Stellen „niedereren" Niveaus (z. B. Projektleiter) gelten für Beschäftigte in diesem Alter als Versagen. Neben der gesellschaftlichen Verbreitung ist die kognitive Funktion von Stereotypen ein wichtiger Grund für ihre Aufrechterhaltung: Stereotype machen das Denken einfacher. Sie lenken die Wahrnehmung, indem Information, die zum Stereotyp passt, schneller wahrgenommen und besser gemerkt wird als vom Stereotyp abweichende Information. Auf diese Weise bestätigen sich Stereotype selbst, auch dann, wenn keine oder eine nur unzureichende objektive Informationsgrundlage besteht. Freilich sind negative Altersstereotype mehr als nur ein kosmetischer Makel. Sie beeinflussen das Verhalten, insofern sie ohne bewusstes Zutun und unwillkürlich aktiviert werden und unreflektiertes Verhalten fördern, das zum Stereotyp passt (Wentura & Rothermund, 2005).

Beispiel

Altenpflegerinnen begegnen täglich überwiegend stark pflegebedürftigen Alten und haben entsprechend ein einseitig verzerrtes Altersbild, das von der Hilfebedürftigkeit Älterer geprägt ist. Dementsprechend leisteten die Altenpflegerinnen vielfach Hilfe, z. B. beim Essen oder Waschen, auch wenn diese von den Älteren gar nicht benötigt oder gewünscht wurde. Solche „Überpflege" kann zu einer Abnahme der Autonomie Älterer und erhöhter Hilfebedürftigkeit führen – wodurch das Stereotyp bestätigt und verstärkt wird (Ryan et al., 1995).

Folgen für Personalentscheider. Einflüsse der Stereotypisierung auf Personalentscheidungen zeigten Rosen und Jerdee (1976). Sie legten ihren Teilnehmern fiktive Personalakten vor, aufgrund derer unterschiedliche Entscheidungen gefällt werden sollten. Beispielsweise hatten einige der in den Personalakten darge-stellten Mitarbeiter die Teilnahme an einer Weiterbildung beantragt, für andere waren Beschwerden registriert worden und es musste über Disziplinarmaßnah-men entschieden werden. Die Personalakten waren für alle Teilnehmer identisch – bis auf das Alter der dargestellten Mitarbeiter: Eine Teilnehmergruppe sah Akten mit jüngeren Mitarbeitern (im Schnitt 30 Jahre alt), in der anderen Gruppe stellten die Akten Ältere dar (im Schnitt 58 Jahre). Für ältere Mitarbeiter wurden signifikant negativere Entscheidungen getroffen: Dem 58-jährigen Com-puterprogrammierer gestanden weniger Entscheider die Weiterbildung zu als dem 33-jährigen – obwohl beide dieselbe Ausbildung und denselben Erfah-rungshintergrund besaßen. Im Fall eines 30-jährigen Kundendienstmitarbeiters, über den sich Kunden beschwert hatten, schien den Entscheidern deutlich häu-figer ein Gespräch ausreichend, verbunden mit der Bitte, das zur Beschwerde führende Verhalten künftig zu unterlassen. Dem Mittfünfziger wurde hingegen von wesentlich mehr Entscheidern ein Ultimatum gestellt und mit Kündigung gedroht.

Weiss und Maurer (2004) konnten Rosen und Jerdees (1976) Befunde nicht bestätigen. Dies scheint daran zu liegen, dass Altersdiskriminierung heutzutage eher versteckt stattfindet. Wir (Roßnagel & Kordonowska, 2007) replizierten Rosen und Jerdees (1976) Studie, ließen dabei aber – im Unterschied zu Rosen und Jerdee – eine Gruppe der Teilnehmer die Entscheidungen unter Zeitdruck fällen. Der zentrale Befund: Teilnehmer ohne Zeitdruck fällten tatsächlich für jüngere und ältere Mitarbeiter vergleichbare Entscheidungen. Unter Zeitdruck hingegen bestätigte sich die schon von Rosen und Jerdee gefundene Tendenz zu negativeren Entscheidungen gegenüber Älteren. Offenbar unterdrückten die Versuchsteilnehmer in der Bedingung ohne Zeitdruck ihre Tendenz zur Alters-diskriminierung. Diese Selbstkontrolle fiel unter Zeitdruck weg und die „wahre" Einstellung trat zutage.

Folgen für ältere Arbeitnehmer. Eine zweite wichtige, negative Folge von Alters-stereotypen zeigt sich bei den Betroffenen selbst: Hassell und Perrewe (1993) fanden heraus, dass ältere Beschäftigte, die in ihrem Unternehmen negative Al-tersstereotype wahrnahmen, über ein niedrigeres Selbstwertgefühl berichteten und ihre Entwicklungs- und Karrieremöglichkeiten ungünstig beurteilten. In Firmen, in denen nach Einschätzung der Befragten die Überzeugung herrschte, dass die Arbeitsleistung mit dem Alter abbaue und jüngere Arbeitnehmer durch Führungskräfte bevorzugt würden, berichteten die Befragten über eine geringere Einbindung in ihre Tätigkeit und eine größere Entfremdung von der eigenen Arbeit.

2.2 Längst überholt: Das Defizitmodell des Alterns

Die gerade beschriebenen negativen Stereotype über das Alter haben vielfältige Ursachen. Sie scheinen insofern der Realität zu entsprechen, als die „Best
Agers", die auch im höheren Alter noch vital und leistungsfähig sind, bis weit ins
20. Jahrhundert hinein in der Minderzahl gewesen sein dürften. Erst seit kurzem
schaffen bessere Gesundheitsvorsorge und Gesundheitsbewusstsein sowie der
immer geringer werdende Anteil schwerer körperlicher Arbeit die Voraussetzungen dafür, dass Ältere erfolgreich altern können. Die „Alten von morgen" haben
gute Voraussetzungen, andere Alte zu sein als die heutige alte Generation, was
das öffentliche Altersbild verschieben dürfte. Noch ist das allerdings Zukunfts-
musik.

2.2.1 Äpfel und Birnen verglichen: Forschung der ersten Generation

In der öffentlichen Diskussion und in der Arbeitswelt ist die negative Sicht auf
das Alter noch weit verbreitet. Einer gängigen Annahme zufolge setzt im jungen
Erwachsenenalter ein sich beschleunigender, linearer Abbau der meisten kognitiven Fähigkeiten ein (Schaie, 2005). Diese Sichtweise ist zu einem nicht uner-
heblichen Teil frühen psychologischen Studien geschuldet, die zur Entwicklung
des Defizitmodells des Alterns führten. In diesen Studien wurden Dimensionen
der Leistungsfähigkeit von Teilnehmern unterschiedlichen Alters miteinander
verglichen. Beispielsweise erhob Terman (1916) die Intelligenztestwerte für Kinder und junge Erwachsene verschiedener Altersgruppen. Yerkes (1921) unter-
suchte die Intelligenz von über einer Million Rekruten der US-Armee unterschiedlicher Jahrgänge. Jones und Conrad (1933) testeten die Intelligenz von fast
1.200 Teilnehmern zwischen 10 und 60 Jahren.

In der öffentlichen Wahrnehmung setzte sich eine Fehlinterpretation fest. Sie
bestand darin, dass Jones und Conrad ihre Daten als Entwicklungskurve auffass-

ten, die lineares Wachstum bis zum Alter von etwa 16 Jahren beschreibe. Es folge ein Abbau, der weit gradueller sei als die Wachstumskurve, der aber bis zum Alter von 55 Jahren einen Rückgang auf das Niveau mit 14 Jahren mit sich bringe. Diese Beschreibung passt im Wesentlichen auch auf die Interpretation von Yerkes' und Termans Befunden.

> Die inzwischen revidierte These früherer psychologischer Studien besagt, dass die intellektuelle Leistungsfähigkeit bis in die Adoleszenz zunimmt, ihren Höhepunkt im frühen Erwachsenenalter erreicht und danach stetig abfällt.

Auch im Hinblick auf die soziale Entwicklung im Alter zeichnete die frühere Psychologie kein allzu positives Bild. Cumming und Henry (1961) postulierten die Rückzugstheorie (Disengagement Theory), in der der soziale Rückzug älterer Menschen gesehen wurde als „unvermeidlicher Prozess, in dem viele der Beziehungen zwischen einem Menschen und anderen Mitgliedern der Gesellschaft getrennt werden" (S. 210). Der Rückzug führe zu einem generellen Rückgang an Aktivität.

Unter dem Strich wurde durch diese und ähnliche Forschung das Alter als Phase des Abbaus, nachlassender Fähigkeiten und sozialen Rückzugs dargestellt – mithin als eine Ansammlung von Defiziten Älterer im Vergleich zu jungen Menschen. Tornstam (1992) sprach von der „Elends-Sicht" auf das Alter. Zur hohen Bekanntheit dieser Befunde auch in der öffentlichen Wahrnehmung und damit der Hartnäckigkeit, mit der sich das Defizitmodell des Alters hält, dürfte die Tatsache wesentlich beigetragen haben, dass die Untersuchungen in der Öffentlichkeit stattfanden. Tests an einer großen Zahl von Armeerekruten wie bei Yerkes und Tausenden von Bürgern mehrerer Städte wie bei Jones und Conrad sorgen für mehr Aufsehen als Laboruntersuchungen mit einer relativ kleinen Zahl von Versuchsteilnehmern.

2.2.2 Probleme des Defizitmodells

Kritik an der Defizit-Sichtweise regte sich indessen schon relativ früh. Zeitgleich mit Cumming und Henrys Theorie des sozialen Rückzugs veröffentlichte Tartler (1961) die Aktivitätstheorie. Ihr liegt die Annahme zugrunde, dass Menschen Aktivität, Leistung und die Notwendigkeit, gebraucht zu werden, benötigen, um Zufriedenheit und Glück zu erleben. Im Umkehrschluss sind Menschen, welche keine gesellschaftliche Funktion mehr innehaben und von niemandem gebraucht werden, eher unglücklich und unzufrieden. Auch wurde die Rückzugstheorie selbst kritisiert. Maddox (1965) wies darauf hin, dass es viele Arten von Rückzug gebe, die mit unterschiedlichen Geschwindigkeiten verliefen, außerdem unterschieden sich Menschen hierin. Darüber hinaus zeigten Untersuchungen, dass sich der Rückzug aus familiären Bindungen und aus dem Freundeskreis gegenläufig verhielt. Wer sich aus der Familie zurückzog, intensivierte außerfamiliäre Freundschaften und umgekehrt. Zudem wurde deutlich, dass Rückzug keine direkte Folge des Alters ist, sondern von körperlichem und sozialem Stress – die beide tendenziell mit dem Alter ansteigen und so eine Beziehung zwischen Alter und Rückzug nahelegen (vgl. zusammenfassend Lehr, 2003). Eine internationale Vergleichsstudie (Havighurst et al., 1969) zeigte eine hohe Korrelation zwischen hoher Aktivität und einem großen Maß an Zufriedenheit. Umgekehrt fand sich ein Zusammenhang zwischen geringer Rollenaktivität und stärkerer Unzufriedenheit. Diese Ergebnisse stehen in klarem Widerspruch zur Rückzugstheorie (Lehr, 2003).

Kritik an Untersuchungsmethoden. Auch die frühen Intelligenzuntersuchungen wurden schon bald wegen ihrer Methodik kritisiert. Verglichen worden waren in ihnen nämlich zum selben Zeitpunkt Personen unterschiedlicher Altersgruppen, was als Querschnittsuntersuchung bezeichnet wird. Die Extrapolation der Testwerte unterschiedlicher Altersgruppen zu einer scheinbar personengebundenen „Entwicklungskurve" ist auf der Grundlage solcher Daten nicht zulässig. Unter den Tisch fallen in dieser Betrachtungsweise nämlich so genannte Kohorteneffekte. Im konkreten Fall sind dies unterschiedliche Leistungsvoraussetzungen als Folge unterschiedlicher Lebenserfahrungen. Zentral sind in diesem Zusammenhang Beschulungseffekte, die sich auch bei heutigen Querschnittsstudien finden würden: Heute 60-Jährige haben eine quantitativ und qualitativ ganz andere Schullaufbahn hinter sich als heutzutage 20-Jährige. Intellektuelle Leistungsunterschiede zwischen den beiden Altersgruppen können demnach zurückgehen auf das Alter, auf unterschiedliche Beschulung (der Kohorteneffekt) – oder sind eine Kombination beider Einflüsse. Der Schluss, dass die Intelligenz zwischen 20 und 60 linear abbaue, lässt sich aufgrund solcher Befunde jedenfalls kaum halten. Darüber hinaus wies schon Wechsler (1944) darauf hin, dass sich altersabhängiger Abbau nicht für alle Bereiche der Intelligenz gleichermaßen finde und dieser Abbau mit unterschiedlichen Geschwindigkeiten verlaufe. So zeigte sich kaum ein altersabhängiger Abbau in Tests wie Informationsverständnis, Bilderergänzung oder Wortschatz.

Folge dieser Kritik war eine stärkere Konzentration auf Längsschnittuntersuchungen. In den 1950er Jahren erschienen die ersten Untersuchungen mit Teilnehmern, die als Kinder oder junge Erwachsene erstmals untersucht worden waren und zu jener Zeit das mittlere Erwachsenenalter erreicht hatten (z. B. Bayley & Oden, 1955). Diese Studien lieferten starke Belege dafür, dass die meisten kognitiven Fähigkeiten bis ins mittlere Erwachsenenalter ohne nennenswerten Abbau erhalten bleiben, einige sogar bis ins höhere Erwachsenenalter. Diese Befunde standen im klaren Gegensatz zu Befunden der querschnittlichen Forschung. Schon 1970 stellte Botwinick in seiner Literaturübersicht eine „allgemeine Unzufriedenheit" (S. 240) mit der Querschnitts-Methodik fest. Da Querschnittsuntersuchungen den Entwicklungsverlauf über das Alter nur bei einer vollkommen stabilen und für alle Teilnehmer vergleichbaren Umwelt und nur in Abwesenheit von Kohorteneffekten modellieren könnten (Schaie, 1965), wurde schnell klar, dass Längsschnitt-Studien in den meisten Fällen der Vorzug zu geben sei (vgl. Baltes & Nesselroade, 1979).

Unter dem Strich

Die in Unternehmen weit verbreitete Überzeugung, dass die intellektuelle Leistungsfähigkeit schon früh (mit Mitte 20, Anfang 30) nachlasse, ist falsch! Sie beruht auf fehlerhaften Interpretationen der frühen Intelligenzforschung, die wegen ihrer Öffentlichkeitswirkung immer noch in der allgemeinen Wahrnehmung präsent sind.

2.3   Wie verloren, so gewonnen?

Beurteilte man die Lernfähigkeit älterer Beschäftigter auf der Grundlage der im letzten Abschnitt geschilderten Befunde, so käme man leicht zu dem Schluss, dass Altern unabdingbar zu einem Abbau der Lernfähigkeit führt. Spätestens ab dem mittleren Erwachsenenalter fallen die Kurven aller Testleistungen ab. Insofern diese Tests mit der Intelligenz eine zentrale Komponente der Lernfähigkeit erfassen, belegen sie, dass die Lernfähigkeit zurückgeht. Die zeitgenössische Forschung zeichnet ein wesentlich differenzierteres Bild altersabhängiger Veränderungen kognitiver Funktionen; sie zeigt, dass dieser Schluss voreilig wäre. In der modernen Forschung ist Alter nicht mehr gleich Alter, und dies in mehrfacher Hinsicht.

Ab wann gelten Arbeitnehmer als „alt"? Erstens sprechen Forscher längst nicht mehr von den Alten, sondern von „jungen Alten"(ca. 65–75 Jahre), „mittleren Alten" (ca. 76–85 Jahre) und „alten Alten" (jenseits der 85). Was die Arbeitswelt angeht, so ist gar nicht klar, ab wann Beschäftigte eigentlich als „älter" gelten. Naegele (1992) verweist darauf, dass in Branchen mit harten Arbeitsbedingungen (z. B. der Metall- oder Bauindustrie) Beschäftigte schon mit 40 Jahren als „älter" gelten. Dazu scheint das Arbeitsmarktrisiko als Indikator zu passen. Jenseits der 40 sinken die Chancen, nach einer Entlassung eine neue Stelle zu finden, deutlich ab. Die Bundesarbeitsagentur spricht meist ab 45 Jahren von älteren Arbeitnehmern, während sich viele der politischen Initiativen auf die „Generation 50+" ausrichten und dies als Altersgrenze sehen. Für die USA nennen Borman et al. (2006) sogar die Grenze von 55 Jahren.

Neuropathologie und Nicht-Gebrauch kognitiver Funktionen. In der Forschung werden zwei Quellen altersbezogener Veränderungen unterschieden, nämlich Neuropathologie und Nicht-Gebrauch. Neuropathologisches Altern geht auf Veränderungen im Umfang des Nervengewebes verschiedener Gehirnstrukturen zurück; jene treten auch bei gesunden Erwachsenen mit fortschreitendem Alter unweigerlich auf (Gunning-Dixon & Raz, 2003). Mit diesen organischen Veränderungen gehen in der Regel auch Veränderungen der kognitiven Funktionen einher. Der Nicht-Gebrauch kognitiver Funktionen kann zu den gleichen Erscheinungen führen wie neuropathologisches Altern, also beispielsweise zu geringeren Testleistungen. Im Gegensatz zum organischen Abbau aber sind die Einbußen durch Nicht-Gebrauch durch kognitives Training umkehrbar. Eine Variante des Nicht-Gebrauchs ist die Obsoleszenz, die besonders im Arbeitskontext eine Rolle spielt. Dort veralten in früheren Abschnitten des Arbeitslebens erworbene Fertigkeiten angesichts technologischen Wandels mitunter rasch (Charness & Schaie, 2003; Pew & Van Hemel, 2004) und machen das Erlernen neuer Fertigkeiten erforderlich. Manche Beschäftigte aber vermeiden genau die Tätigkeiten, die neu erlernte Fertigkeiten voraussetzen. Verstärkt wird diese Vermeidungstendenz durch die Neigung von Vorgesetzten, jüngere Beschäftigte beim Zugang zu entsprechendem Training zu bevorzugen (vgl. Czaja, 2001; Schaie & Schooler, 1998). Solche Beschäftigte scheinen dann altersbedingten Abbau zu zeigen, der aber mit primärem, organisch bedingtem Altern nichts zu tun hat.

Fluide und kristalline Intelligenz. Altersabhängige Veränderungen der Intelligenz werden auf zwei Ebenen betrachtet, nämlich auf jener der fluiden und der kristallinen Intelligenz. Schon in der Forschung der ersten Generation war aufgefallen, dass es zwei unterschiedliche Klassen kognitiver Prozesse gibt. Foster und Taylor (1920) stellten in ihren Tests fest, dass jüngere Erwachsene bei der Konstruktion von Sätzen aus drei vorgegebenen Wörtern und beim Erinnern von Zeichnungen besser abschnitten als ältere. Im Gegensatz dazu entdeckten Ältere besser Widersprüche in Testtexten und konnten abstrakte Wörter besser definieren. Auch Jones und Conrad (1933) trafen aufgrund ihrer Ergebnisse eine ähnliche Unterscheidung und postulierten wie Jones und Taylor, dass Ältere bei manchen Tests im Vorteil seien, weil diese ermöglichten, angesammelte Erfahrungen zu nutzen. Am bekanntesten wurde die Unterscheidung in der Fassung von Horn und Cattell (1966), die von fluider und kristalliner Intelligenz sprachen.

Fluide Intelligenz umfasst die Leistungsressourcen, die Menschen zur Bearbeitung kognitiver Anforderungen befähigt, bei denen nicht auf frühere Lernerfahrungen zurückgegriffen werden kann. **Kristalline Intelligenz** basiert auf Wissen und Erfahrung.

Die fluide Intelligenz hängt ab von der individuellen Kapazität des Arbeitsgedächtnisses. In ihm werden während der Lösung kognitiver Aufgaben die Informationen zwischengespeichert und bearbeitet, die für die Lösung der Aufgabe benötigt werden. Die fluide Intelligenz stellt die biologische Basis elementarer kognitiver Prozesse dar und nimmt mit dem Alter ab (Schaie, 2005). Die kristalline Intelligenz hingegen kommt bei der Bearbeitung von Aufgaben zum Tragen, bei denen auf Wissen und Erfahrung zurückgegriffen werden kann. Im Rahmen des Lernens ist die kristalline Intelligenz als Leistungsressource insofern von Bedeutung, als erfolgreiches Lernen die Einbindung neuer Information in bestehendes Wissen verlangt. Im Gegensatz zur fluiden Intelligenz wird die kristalline Intelligenz während des gesamten Lebens von Erfahrungen geprägt, sie ist deswegen bis ins hohe Alter stabil oder nimmt sogar zu (Wadsworth & Denney, 1982). Die Zwei-Ebenen-Betrachtung des Alterns zeigt also, dass Alternsvorgänge unterschiedlich schnell und in unterschiedliche Richtungen (Abbau, Stabilität oder Zugewinn) fortschreiten. Außerdem lassen sie sich durch Training beeinflussen. Altern ist – trotz seiner letztendlichen Unvermeidbarkeit – kein Schicksal, sondern eine multidimensionale und multidirektionale Veränderung von Leistungsressourcen.

2.3.1 Veränderung der fluiden Intelligenz im Alter

Die Erkenntnisse der Forschung zweiter Generation stützen sich hauptsächlich auf zwei Untersuchungsansätze: Längsschnittstudien und experimentelle Studien. Die oben schon beschriebene Hinwendung zu Längsschnittstudien seit den 1950er Jahren beruht auf der Erkenntnis, dass in Querschnittsuntersuchungen Kohorteneffekte nicht angemessen erfasst werden können. Diese spielen in Längsschnittstudien eine wesentlich geringere Rolle, ermöglicht wird tatsächlich die Erfassung individueller Veränderung über längere Zeiträume hinweg. Mit der häufigeren Nutzung von Längsschnitt-Designs wurden auch die Methoden der Datenauswertung umfassend weiterentwickelt. Die Einführung von linearen Wachstumskurven- und Mehrebenen-Modellierungen ermöglichte die Trennung individueller und gruppentypischer Entwicklungsverläufe. Damit lassen sich auch innerhalb von Stichproben Subgruppen identifizieren, die aufgrund spezifischer Konstellationen von genetischer Veranlagung und Umwelteinflüssen markante Entwicklungsverläufe zeigten.

Die Seattle-Längsschnittstudie. Die wohl umfangreichste Längsschnittuntersuchung startete die Gruppe um Schaie mit der „Seattle Longitudinal Study" (Schaie, 1996). Die Studie begann mit der Untersuchung einer Kohorte 25-Jähriger im Jahre 1956, die im Abstand von jeweils sieben Jahren erneut untersucht wurde. Zugleich wurde bei jeder Untersuchungswelle eine neue Kohorte 25-Jähriger rekrutiert, die ebenfalls im 7-Jahres-Abstand erneut untersucht wurde. Die Untersuchung kombinierte also längs- und querschnittliche Vergleiche in einem Design. Die Stichprobe umfasst mehr als 5.000 Teilnehmer im Alter zwischen 25 und 95 Jahren, sie setzt sich zusammen aus einem repräsentativen Querschnitt von Arbeitern und Angestellten mit unterschiedlichsten Berufshintergründen. Erhoben wurde ein breites Spektrum kognitiver Fähigkeiten, wie wortgebundenes, räumliches und zahlengebundenes Denken, dazu verschiedene Gedächtnisaufgaben und Tests der Wahrnehmungsgeschwindigkeit. Als wesentliche Ergebnisse hält Schaie (1996) fest, dass Funktionen der fluiden Intelligenz, wie z. B. die Wahrnehmungsgeschwindigkeit und das zahlengebundene Denken, dem stärksten Altersabbau unterliegen. Die Wahrnehmungsgeschwindigkeit fällt schon im Alter zwischen 25 und 32 Jahren ab, das zahlengebundene Denken zeigt jenseits des 60. Lebensjahrs recht starke Einbußen. Kristalline Intelligenzfunktionen nehmen bis ins mittlere Erwachsenenalter zu und bleiben dann weitgehend stabil oder zeigen nur geringe Einbußen. Die sprachgebundenen Dimensionen Wortschatz und Sprachverständnis zeigten zwischen 25- und 88-Jährigen keine statistisch bedeutsamen Unterschiede.

Als Mechanismen, die dem kognitiven Altern zugrunde liegen, werden folgende grundlegende Prozesse beschrieben (vgl. Park, 2000): die Abnahme der Verarbeitungsgeschwindigkeit, die Verringerung der Kapazität des Arbeitsgedächtnisses und nachlassende Wahrnehmung.

Abnahme der Verarbeitungsgeschwindigkeit. Salthouse (1996) legte eine umfassende Theorie vor, in der er die Erscheinungen kognitiven Alterns als Folge abnehmender Geschwindigkeit der Informationsverarbeitung erklärt. Basismaß der Verarbeitungsgeschwindigkeit sind einfache Vergleiche zweier vorgegebener Reize (z. B. ein Buchstabenpaar), die möglichst rasch als gleich („A–A") oder unterschiedlich („A–B") beurteilt werden müssen. Die Verarbeitungsgeschwindigkeit wird als Zahl solcher Vergleiche definiert, die Versuchsteilnehmer in einer bestimmten Zeit (meist 1 oder 3 Minuten) schaffen. Kognitive Aufgaben bestehen in der Regel aus einer Abfolge solcher elementaren Prozesse; die Ergebnisse eines Prozesses (z. B. Zwischenergebnisse einer Berechnung) werden meist im Rahmen eines anderen, zeitlich nachgeordneten Prozesses benötigt. Zumindest unter den üblichen Laborbedingungen, bei denen für kognitive Aufgaben nur eine eng begrenzte Zeit zur Verfügung steht, kann diese Theorie Leistungsbeeinträchtigungen erklären: Aufgrund der Verlangsamung der Informationsverarbeitung stehen die für den Abschluss eines kognitiven Prozesses (z. B. einer Schlussfolgerung) benötigten Informationen aus einem vorgeordneten Prozess nicht rechtzeitig zur Verfügung, so dass die Aufgabe nicht oder nur fehlerhaft gelöst werden kann.

Verringerte Kapazität des Arbeitsgedächtnisses. Craik und Byrd (1982) machen für die geringere kognitive Leistung Älterer die Abnahme des Arbeitsgedächtnisses verantwortlich. Das Arbeitsgedächtnis entspricht der landläufigen Vorstellung vom Kurzzeitgedächtnis. Es dient der vorübergehenden Speicherung und Verarbeitung von Informationen (Baddeley, 1986). Seine Kapazität wird in der Forschung gemessen, indem man Versuchsteilnehmer gleichzeitig Informationen speichern und verarbeiten lässt. Beispielsweise müssen die Teilnehmer nacheinander mehrere einfache Additionsaufgaben lösen („17 + 32 = ?"), zugleich sollen sie sich jeweils die zweite Zahl in jeder Gleichung merken. Die Kapazität des Arbeitsgedächtnisses bemisst sich dann nach der Zahl der Gleichungen, die gelöst wird, während zugleich die jeweils zweite Zahl korrekt erinnert wird.

Genereller Mechanismus des kognitiven Alterns ist in dieser Betrachtungsweise der Abbau der Arbeitsgedächtniskapazität. Im Unterschied zu Salthouse' (1996) Perspektive spielt die Abnahme der Verarbeitungsgeschwindigkeit bei Craik und Byrd (1982) keine wesentliche Rolle. Sie gehen vielmehr davon aus, dass das Ausmaß von Alterseffekten vom Ausmaß der Gedächtnisbelastung bestimmt wird. Senkt man diese, nehmen Alterseffekte ab, der Kern der Informationsverarbeitung (z. B. korrektes Erinnern) wird nicht berührt. Zum Test dieser Annahme zeigten Park et al. (1990) ihren Versuchsteilnehmern in einer Lernphase Bilder konkreter Objekte zusammen mit einem entweder bedeutungsmäßig passenden oder einem neutralen Hinweisreiz (z. B. „Ameise–Spinne" oder „Kirsche–Spinne"). In der Testphase des Experiments war es die Aufgabe der Teilnehmer, das Wort „Spinne" zu nennen, wenn einer der beiden Hinweisreize („Kirsche" oder „Ameise") gezeigt wurde. Hauptbefund war, dass die Gedächtnisleistung Jüngerer unabhängig vom Hinweisreiz war, während Ältere beim neutralen Hinweisreiz wesentlich schlechtere Erinnerungsleistungen zeigten. Der passende Reiz hatte offenbar wegen der ähnlichen Wortbedeutung – Ameisen und Spinnen sind Insekten – den Zielreiz automatisch ins Gedächtnis gerufen, während die Erinnerung aufgrund des neutralen Hinweisreizes die aktive Nutzung des Arbeitsgedächtnisses verlangte – dessen Kapazität bei Älteren abnimmt.

Nachlassende Wahrnehmung. Lindenberger und Baltes (1994) schließen aus den Daten der Berliner Altersstudie, dass das Nachlassen der Wahrnehmung den altersbezogenen kognitiven Abbau erkläre. In dieser Untersuchung wurden an

Menschen im Alter von 70 bis 103 Jahren Daten aus kognitiven Leistungstests (u. a. Verarbeitungsgeschwindigkeit, Schlussfolgern, Gedächtnis, allgemeines Wissen und Wortflüssigkeit) erhoben, dazu Kennwerte zur visuellen und auditorischen Wahrnehmungsgenauigkeit. Wie schon in der oben skizzierten Seattle-Längsschnittstudie zeigte sich altersbezogener Abbau in fast allen Tests. Hervorstechender Befund war aber, dass die Wahrnehmungsmaße die Unterschiede zwischen Teilnehmern in der Verarbeitungsgeschwindigkeit erklären konnten. Umgekehrt ließen sich Unterschiede in der Verarbeitungsgeschwindigkeit nicht mit Unterschieden in der Wahrnehmungsgenauigkeit erklären. Dies deutet darauf hin, dass Wahrnehmungsschärfe der fundamentalere Mechanismus des Alterns ist als die Verarbeitungsgeschwindigkeit. Lindenberger und Baltes argumentierten, dass die Wahrnehmungsschärfe ein Indikator sei für den allgemeinen „Alterungszustand" des Gehirns, der alle höheren kognitiven Funktionen beeinflusse. Dazu passen die Befunde einer weiteren Analyse an einer Stichprobe von Teilnehmern zwischen 25 und 103 Jahren (Baltes & Lindenberger, 1997). Hier zeigte sich, dass sich die Geschwindigkeit des kognitiven Abbaus nicht zwischen Teilnehmern verschiedener Bildungsgrade, Berufsgruppen, sozialen Status oder Einkommensgruppen unterschied. Die Daten spiegeln also tatsächlich den biologisch bedingten kognitiven Abbau wider, vor dem auch Bildung nicht schützt.

Inhibitionsdefizite umstritten. Als einen weiteren Mechanismus des Alterns sieht Park (2000) die nachlassende Inhibition, die von Hasher und Zacks (1988) postuliert wurde. Sie betrachten die Auswirkungen des Alterns auf kognitive Aufgaben vor allem als Folge nachlassender Hemmung (Inhibition) an. Mit dem Alter sinkt die Fähigkeit, unwichtige Informationen nicht zu beachten und sich nur auf die für eine bestimmte Aufgabe relevanten Informationen zu konzentrieren. Als Folge davon gelangen mehr irrelevante und ablenkende Informationen ins Arbeitsgedächtnis, zugleich verbleiben diese länger dort als bei Jüngeren. Die Befunde zu dieser These sind allerdings umstritten, die Angemessenheit von Inhibitionsdefiziten als Erklärung deswegen gegenwärtig unklar.

2.3.2 Die Rolle der kristallinen Intelligenz

Die kristalline Intelligenz lässt sich alltagssprachlich mit „Wissen und Erfahrung" umreißen. Im Gegensatz zur fluiden Intelligenz wird die kristalline Intelligenz lebenslang von Erfahrungen geprägt, sie ist deswegen bis ins hohe Alter stabil oder nimmt sogar zu. Kristalline und fluide Intelligenz sind nicht unabhängig voneinander, die kristalline Intelligenz dürfte umso höher sein, je mehr fluide Intelligenz zu ihrem Aufbau zur Verfügung steht. Umgekehrt ist die kristalline

Intelligenz von Bedeutung, wenn mit fluider Intelligenz verarbeitete, neue Erfahrungen genutzt und in den bestehenden Erfahrungsschatz integriert werden sollen. Sie kann auch dazu dienen, altersbezogene Einschränkungen der fluiden Intelligenz zu bewältigen.

SOK-Modell: Selektion, Optimierung, Kompensation. Solche Strategien der Kompensation im Zusammenspiel von fluider und kristalliner Intelligenz beschreibt das SOK-Modell (Baltes & Baltes, 1990) der intellektuellen Entwicklung während der Lebensspanne. Es zeigt, wie mit Strategien der Selektion (von Zielen), Optimierung (funktionierender Strategien der Zielerreichung) und Kompensation (nachlassender Fertigkeiten) Menschen ihre Leistungsressourcen den an sie gestellten Anforderungen anpassen. Ausgangspunkt dieser Betrachtung ist die Überlegung, dass Menschen im Zuge ihrer Entwicklung ein umfangreiches Repertoire an Verhaltensweisen erwerben, mit dem sie auf eine Vielzahl von Anforderungen reagieren können – und das ihnen eine ganze Reihe von Weiterentwicklungsmöglichkeiten eröffnet. Diese Diversifizierung von Verhaltensmöglichkeiten ist eine wichtige Voraussetzung für die optimale Anpassung an komplexe Umwelten. Jedoch beansprucht der Aufbau eines umfassenden Repertoires an Fertigkeiten wichtige und begrenzte Ressourcen, nämlich Zeit, Anstrengung und vielfach Geld. Menschen müssen deswegen häufig selektiv vorgehen und ihre Ressourcen bündeln, um sie für die Erreichung der subjektiv wichtigsten Ziele und Entwicklungsschritte nutzen zu können. In dieser Sichtweise besteht gelungene Entwicklung in der Erlangung eines Gleichgewichts zwischen Selektivität und Diversifizierung. Selektivität wird als fundamentale Treibkraft menschlicher Entwicklung betrachtet (z. B. Carstensen et al., 1999).

In der Perspektive des SOK-Modells regulieren Menschen ihre Entwicklung durch **S**elektion, **O**ptimierung und **K**ompensation: Im Zuge der Selektion wählen sie die subjektiv wichtigsten Ziele aus. Mittels Optimierung sichern sie ihre Möglichkeiten, diese Ziele zu erreichen. Nach Baltes et al. (1996) sind häufig genutzte Optimierungsstrategien:

▶ Erwerb neuer Fertigkeiten und Ressourcen
▶ Übung bestehender Fertigkeiten
▶ Investieren von Zeit und Anstrengung
▶ Nutzung externer Hilfen und Ressourcen

Mechanismen der Kompensation helfen Menschen, ihre altersabhängigen Verluste in Fertigkeiten auszugleichen. Im Zuge der Kompensation kommt die motivationale Selektivität (Freund & Riediger, 2006) zum Tragen. Menschen konzentrieren sich dabei nur noch auf die Ziele, die ihnen am wichtigsten sind und die sie mit der höchsten Wahrscheinlichkeit erreichen können. Zugleich werden bislang nicht genutzte Reserven genutzt, ehemals verfolgte Ziele werden aufgegeben, um die Verfolgung der wichtigsten Ziele zu ermöglichen.

Dem Pianisten Arthur Rubinstein wird nachgesagt, dass er die Schwächen des Alters folgendermaßen ausglich: Er spielte weniger Stücke (Selektion), übte diese häufiger (Optimierung) und führte vor schnelleren Passagen Verlangsamungen auf eine Art ein (Kompensation), die das Nachfolgende durch die Kontrastierungen schneller erscheinen ließ (Baltes & Baltes, 1990, S. 9).

Untersuchungen zu Kompensationsstrategien. Eine klassische Untersuchung zum Ausgleich nachlassender fluider Intelligenz führte Salthouse (1984) durch. Er stellte in einer Untersuchung mit Sekretärinnen im Alter von 19 bis 72 (!) Jahren fest, dass deren Schreibgeschwindigkeit beim Abschreiben von Texten über die Altersgruppen hinweg ziemlich konstant war, obwohl die allgemeine Informationsverarbeitung bei älteren Teilnehmerinnen verlangsamt war. Sie hätten demnach eigentlich zum Lesen der von ihnen abgetippten Texte länger brauchen müssen, was die Schreibgeschwindigkeit verringert hätte. Allerdings waren ältere Sekretärinnen in der Lage, parallel zum Schreiben beim Texterfassen weiter vorauszulesen als ihre jüngeren Kolleginnen. Sie schafften es dadurch, die geringere Lesegeschwindigkeit zu kompensieren.

Phillips et al. (2006) konnten zeigen, dass solche Kompensation nicht auf relativ einfache Prozesse, wie das Abschreiben von Text, beschränkt ist, sondern auch bei komplexeren Anforderungen beobachtet werden kann. Sie ließen junge und ältere Personen eine typische Planungsaufgabe erledigen. In einer fiktiven Stadt waren sechs Aufgaben zu erledigen: Rechnungen auf dem Amt bezahlen, Geld bei der Bank abheben, um die Rechnungen zu bezahlen, einen Freund im Krankenhaus besuchen, Urlaubsbilder im Fotoladen abholen, um sie dem kranken Freund zu zeigen, ein Geschenk im Spielwarenladen für den Neffen kaufen und Medikamente in der Apotheke abholen. Die Teilnehmer erhielten einen Stadtplan und eine Liste mit den Öffnungszeiten der Geschäfte sowie den Wegzeiten zwischen den Geschäften. Die Anforderung war, einen Plan zu erstellen, wie alle Aufgaben innerhalb von 90 Minuten erledigt werden konnten. Für diese Planung hatten die Teilnehmer 10 Minuten Zeit. Solche Planungsaufgaben sind recht komplex und beanspruchen vor allem die fluide Intelligenz. Tatsächlich finden sich für vergleichbare Aufgaben deutliche Altersunterschiede zu Gunsten jüngerer Teilnehmer, die mit besseren Leistungen des Arbeitsgedächtnisses und höherer Geschwindigkeit der Informationsverarbeitung erklärt werden können.

Phillips et al. (2006) hingegen fanden keinen Leistungsunterschied zwischen den Altersgruppen. Zwar wiesen die älteren Teilnehmer schlechtere Werte in den kognitiven Leistungsmaßen auf, die die fluide Intelligenz repräsentieren. Zugleich aber zeigten sie bessere Leistungen bei der Informationsselektion. Besser als jüngere Teilnehmer waren Ältere in der Lage, wichtige Informationen herauszufiltern und nebensächliche zu vernachlässigen, um die Aufgabe lösen zu können. Ältere konnten also Defizite bei den für die Planungsaufgabe wichtigen fluiden Ressourcen mittels der Identifikation wichtiger Aufgabenmerkmale ausgleichen.

EEG-Nachweis. Kompensationsmechanismen lassen sich auch im EEG nachweisen. Wild-Wall et al. (2007) ließen ihre Versuchsteilnehmer eine kognitiv beanspruchende visuelle Suchaufgabe und eine weniger beanspruchende Reaktionsaufgabe absolvieren. Hauptergebnis war, dass bei älteren Erwachsenen (Durchschnittsalter 58,3 Jahre) bei der anstrengenden (nicht aber der wenig anstrengenden) Aufgabe diejenigen EEG-Parameter stärker ausgeprägt waren, die kognitive Prozesse der Handlungsplanung anzeigen. Ältere investierten also im wahrsten Sinne des Wortes mehr „Energie" in die Aufgabe.

Unter dem Strich

Die aktuelle Forschung korrigiert das düstere Bild der frühen Intelligenzforschung. Zwar baut die intellektuelle Leistungsfähigkeit tatsächlich und unweigerlich ab. Allerdings beginnt dieser Abbau erst wesentlich später als früher angenommen. Zudem können kognitive Einbußen in der fluiden Intelligenz durch die Stabilität der kristallinen Intelligenz prinzipiell ausgeglichen werden.

2.4   Altern und Lernfähigkeit

Was sagen die oben zitierten Befunde über die altersbezogene Veränderung der Lernfähigkeit aus? Zeigen nicht vielfache Studien zum Gedächtnis, dass diese für das Lernen zentrale Komponente unweigerlich nachlässt? So ließen beispielsweise Stine-Morrow et al. (2006) Ältere (Durchschnittsalter 64 Jahre) und Jüngere (im Schnitt 21 Jahre alt) eine Reihe von Aussagen unterschiedlicher Komplexität zu allgemeinen Themen (z. B. Geschichte, Natur, Technik) lesen; diese Aussagen sollten später aus der Erinnerung wiedergegeben werden. Ältere Teilnehmer zeigten geringere Erinnerungsleistungen als jüngere, der Altersunterschied fand sich bei Sätzen hoher Komplexität, nicht aber bei mittlerer Komplexität. Der Erwerb neuer Informationen aus Texten war also vom Alter beeinträchtigt, ein Befund, der sich durchgängig auch in früheren Studien zeigte (vgl. Johnson, 2003). Sind ältere Erwachsene überhaupt in der Lage, solchen Fähigkeitsabbau kraft ihrer kristallinen Intelligenz zu kompensieren? Immerhin wäre der Einsatz allgemeinen Wissens in der obigen Studie möglich gewesen, insofern nicht inhaltsfreies Material verwendet wurde (wie z. B. bei Ebbinghaus, siehe „Einblick: Elementares Lernen" in Kap. 1.2), sondern Texte über allgemeine Themen. Meiner Ansicht nach lässt sich dieses Argument auf komplexes Lernen im Rahmen beruflicher Weiterbildung nicht ohne weiteres übertragen. Die fluide Intelligenz mag abnehmen und mit ihr das Gedächtnis, aber das gilt nicht in gleichem Maß für die Lernfähigkeit.

Laborergebnisse nur begrenzt übertragbar. Ein Grund dafür ist, dass fast alle der genannten Befunde aus dem Labor stammen und mit einem methodischen Ansatz gewonnen wurden, der in der Fachliteratur als „Testing the limits"-Ansatz bekannt wurde. Es geht darum, die Grenzen kognitiver Leistungsfähigkeit auszutesten, um das Ausmaß der kognitiven Ressourcen und ihrer Veränderung im Alter auszuloten. Bringt man Versuchsteilnehmer an ihre Grenzen, dann fallen Kompensationsmöglichkeiten und nicht unmittelbar altersbezogene Einflüsse (z. B. Bildung) weitgehend weg und die tatsächlich altersbedingten Veränderungen der kognitiven Leistungsfähigkeit werden sichtbar. Um diese Grenzen auszureizen, gibt man Aufgaben vor, die kognitiv stark beanspruchen. Dies wird u. a. dadurch erreicht, dass man die Versuchsteilnehmer unter einen gewissen Zeitdruck setzt oder ihnen bestimmte Vorgaben macht, wie die Aufgaben zu bearbeiten sind. In der genannten Untersuchung Stine-Morrows und ihrer Kollegen z. B. sollten die Teilnehmer die Aussagen entweder unter der Vorgabe der Genauigkeit lesen, oder sie mussten auf Effizienz lesen. Im ersten Fall sollten die Aussagen so genau wie möglich gemerkt werden, in der Effizienz-Bedingung sollten die Sätze möglichst schnell gelesen werden mit der Maßgabe, dass ca. 40–60 % der dargebotenen Information zu erinnern waren. Daran wird deutlich, dass die Laborbefunde nur sehr begrenzt auf das Lernen im Rahmen der Weiterbildung übertragbar sind, zumal auf das informelle Lernen. Bei diesem Lernen herrscht kein Zeitdruck. Die Lernenden können die Reihenfolge selbst bestimmen, in der sie den Lernstoff bearbeiten. Sie können Stoff beliebig oft wiederholen und bearbeiten. Und sie können verschiedene Hilfen in Anspruch nehmen (z. B. Notizen), die ihnen im Labor nicht zur Verfügung stehen. Die Laborbefunde untersuchen so gesehen eher elementares Lernen. Das Aussagenlernen wie bei Stine-Morrow entspricht einem kleinen Ausschnitt des komplexeren Lernens, wie es bei der Weiterbildung eine Rolle spielt. Beim Lesen eines Fachtexts beispielsweise könnten Lernende versuchen, sich an Kernaussagen des Texts zu erinnern, dies entspräche einem Lerndurchgang im obigen Experiment. Bezogen auf diesen einen Lerndurchgang mag die Lernfähigkeit Älterer tatsächlich geringer sein. Es kann also sein, dass sie mehr Durchläufe brauchen, sich die Aussage einzuprägen. Dadurch sinkt strenggenommen die Lerneffizienz – weil mehr Zeit zum Lernen benötigt wird – was aber auf die Lernleistung unter dem Strich nicht zwangsläufig Einfluss hat.

Absolute Leistungsunterschiede gering. Dass aus geringeren Lernleistungen Älterer im Labor nur sehr begrenzter Rückschluss auf die Lernleistung im beruflichen Alltag möglich ist, zeigt auch die Betrachtung absoluter Leistungsunterschiede. Kolev et al. (2006) nahmen den vielfach replizierten Befund unter die Lupe, dass Ältere bei so genannten Mehrfachwahlen langsamer sind als Jüngere. Zu diesem Zweck wurden den Teilnehmern in zufälliger Reihenfolge und mit variablem Zeitabstand Buchstaben gezeigt. Die Aufgabe bestand darin, je nach Buchstaben mit einem von vier Fingern möglichst schnell eine Taste zu drücken. Zusätzlich wurde das EEG der Teilnehmer abgeleitet. Zwar waren Ältere (Durchschnitt 58,3 Jahre) tatsächlich langsamer als jüngere Teilnehmer. Sie machten allerdings auch nur knapp die Hälfte der Fehler. Die Reaktionszeiten der älteren Teilnehmer waren ganze 70 Millisekunden länger als die Zeiten jüngerer Teilnehmer. Dieser Unterschied ist zwar „statistisch signifikant". Genau besehen heißt das aber lediglich, dass die Wahrscheinlichkeit geringer als fünf oder als ein Prozent (diese so genannte Irrtumswahrscheinlichkeit beruht auf Konvention und kann vom Forscher selbst festgelegt werden) ist, dass dieser Unterschied zufällig zustande gekommen ist. Statistische Signifikanz sagt nichts über praktische Bedeutsamkeit aus. Tatsächlich merkt Park (2000) an, dass die Bedeutung der Laborbefunde für Alltagsleistungen noch geklärt werden müsse. Allgemein zeigt sich, dass Altersunterschiede in kognitiven Leistungen umso größer werden, je weniger die kristalline Intelligenz genutzt werden kann, sie gehen dagegen zurück, wenn Kompensation möglich ist (vgl. Baltes et al., 2006).

Besonders interessant ist der Befund von Kolev und Kollegen, dass ältere und jüngere Teilnehmer gleich schnell erkannten, welche Taste zu drücken war – was sich an bestimmten Parametern des EEG zeigen lässt. Verzögert war hingegen die motorische Reaktion, also der Druck auf die Taste. Mit anderen Worten: Das Hirn Älterer arbeitete genau so schnell wie das Hirn jüngerer Teilnehmer, was die Reizerkennung anging. Möglicherweise wenden Ältere eine Art von „Fehlervermeidungsstrategie" an. Dies würde erklären, warum sie später reagieren und zugleich weniger Fehler machen, und wäre ein Beispiel für Kompensation.

Erst ab 60 Jahren stärkerer Leistungsabbau. Ein dritter und letzter Punkt, der bei der Betrachtung von Alterseffekten auf die kognitive Leistung beachtet werden sollte: Ausgeprägte – im Sinne statistischer Signifikanz – Altersunterschiede finden sich meist erst bei Personen jenseits der 60. Selbst wenn also die im Labor gefundenen Altersunterschiede im Alltag von Bedeutung wären, dann gälte dies wohl erst für eine – selbst bei Anhebung des Rentenalters – sehr späte Phase des Berufslebens, nicht aber schon für die 50+-Generation. Passend zu diesem Bild erbrachte die Forschung zum Zusammenhang zwischen Alter und beruflicher Leistungsfähigkeit bislang auch keinen eindeutigen Trend, dass diese mit dem Alter sinke. Metaanalysen zeigten denn auch wiederholt, dass kein klarer Zusammenhang besteht. Schmidt & Hunter (1998) errechneten in ihrer Metaanalyse eine mittlere Korrelation nahe Null für den Zusammenhang zwischen Alter und Leistungsfähigkeit, mit Schwankungsbreiten zwischen –0,44 bis +0,66. Vor diesem Hintergrund fasst Warr (1994) die einschlägige Forschung dahingehend zusammen, dass deutliche altersbedingte Einbußen in der Leistungsfähigkeit nur in solchen Berufen zu erwarten seien, in denen kognitive Höchstbeanspruchungen unter Zeitdruck die Regel seien – wie z. B. bei Fluglotsen und Piloten.

Börsch-Supan et al. (2006) weisen außerdem darauf hin, dass die Messung der Produktivität weniger am einzelnen Mitarbeiter ansetzen sollte, weil dadurch Beiträge zur Produktivität übersehen werden, die Beschäftigte in die Zusammenarbeit mit ihren Kollegen einbringen. Im Falle älterer Mitarbeiter geht so die Mitwirkung an der Wertschöpfung unter, die durch die Weitergabe von Erfahrungswissen und den Beitrag zu einem positiven Betriebsklima erbracht wird.

Unter dem Strich

Das kognitive Altern wirkt sich auf die Lernfähigkeit nur in geringem Maß aus. Abnehmende Geschwindigkeit der Informationsverarbeitung und nachlassende Gedächtnisleistung sind nicht von der Hand zu weisen. Sie beeinträchtigen aber komplexes Lernen nur wenig, bei dem Lernende die Kontrolle über das Lerntempo und die Nutzung von Lernunterstützungen haben, die den kognitiven Abbau teilweise kompensieren.

Fazit

Älteren Beschäftigten wird häufig eine abnehmende Fähigkeit zum Lernen nachgesagt. Dies liegt teilweise an mittlerweile revidierten Befunden der frühen Intelligenzforschung, die Querschnittsdaten unzutreffend interpretierten. Das aus diesen Befunden abgeleitete Defizitmodell des Alterns ist angesichts aktueller Befunde der kognitiven Alternsforschung nicht mehr haltbar. In der fluiden Intelligenz zeigt sich zwar tatsächlich ein alterskorrelierter Leistungsabbau. Diesem Abbau stehen aber Stabilität oder gar Zugewinne in der kristallinen Intelligenz gegenüber. Die Stabilität der kristallinen Intelligenz kann den Abbau der fluiden Intelligenz vielfach ausgleichen. Dies gilt insbesondere für berufsbezogenes Lernen, bei dem nicht die Aufnahme einer großen Menge isolierter Fakten (elementares Lernen) in kurzer Zeit im Vordergrund steht, sondern der selbstgesteuerte Erwerb handlungsrelevanter Informationen (komplexes Lernen). Altersabhängige Einschränkungen der Lernfähigkeit dürften deswegen insgesamt in der Regel weit geringer ausfallen, als häufig vermutet und befürchtet wird.

3 Lernbereitschaft im Lauf des Berufslebens

Kapitelüberblick

Wenn die Lernfähigkeit auch bei Älteren erhalten bleibt, warum ist dann die Weiterbildungsbeteiligung älterer Beschäftigter so gering? Liegt das nur an den Firmen? Tatsache ist, dass Lernfähigkeit alleine noch keinen Lernerfolg garantiert. Erfolgreiche Weiterbildung setzt Lernkompetenz voraus. Lernkompetenz bezieht sich auf die Fertigkeit, den eigenen Weiterbildungsbedarf zu erkennen, sich das benötigte Wissen zielorientiert anzueignen und den Erfolg des eigenen Lernens angemessen zu bewerten. Diese Kompetenz ist lern- und trainierbar, sie kann aber auch durch Lernentwöhnung eingeschränkt werden. In diesem Kapitel stelle ich vor, worin Lernkompetenz genau besteht und welche Bedeutung sie für die Weiterbildung hat. Darüber hinaus beschreibe ich die individuellen und organisationalen Einflüsse auf die altersbezogene Veränderung der Lernkompetenz.

Im vorigen Kapitel dürfte deutlich geworden sein, dass die pauschale Annahme bei älteren Beschäftigten nicht gerechtfertigt ist, dass die Lernfähigkeit mit dem Alter automatisch nachlasse. Allerdings ist Lernfähigkeit nicht gleich Lernerfolg. Prinzipiell vorhandene Lernfähigkeit kann im Rahmen der beruflichen Weiterbildung nur umgesetzt werden, wenn Lernende über eine spezifische Lernkompetenz verfügen, die eine effiziente Selbststeuerung gerade des informellen und arbeitsintegrierten Lernens ermöglicht. Solche Lernkompetenz umfasst drei Ebenen und kann nicht bei allen Beschäftigten automatisch als gegeben unterstellt werden. Lernkompetenz ist trainierbar, umgekehrt geht sie nach längeren Phasen der Nichtbeteiligung an Weiterbildung eher zurück. Gering ausgeprägte Lernkompetenz kann auch bei guter Lernfähigkeit die Lernbereitschaft gefährden. Mit dem Alter verändert sich auch die Lernkompetenz, diese Veränderungen werden durch individuelle und betriebliche Stellgrößen beeinflusst.

Im ersten Abschnitt gehe ich auf die drei Ebenen der Lernkompetenz ein und bespreche im Zusammenhang damit, wann Lernen als erfolgreich gelten kann. Im zweiten Abschnitt befasse ich mich mit den personengebundenen Quellen von Veränderungen der Lernkompetenz im Lauf des Berufslebens. Im dritten Teil betrachte ich dann Einflüsse von Organisationen auf die Lernkompetenz.

3.1   Lernkompetenz als Kernelement der Lernbereitschaft

Im ersten Kapitel bin ich ausführlich auf wichtige Veränderungen der beruflichen Weiterbildung in den letzten Jahren eingegangen. Demnach ist die Weiterbildung von einer Zunahme des Anteils informellen Lernens gegenüber dem von Betrieben koordinierten formalen Lernen gekennzeichnet (BMBF, 2006; Cross, 2007; Streumer, 2006). Ein wesentliches Merkmal informellen Lernens ist ein hohes Ausmaß an Selbststeuerung (vgl. Kuwan & Waschbüsch, 1998), die bei den am häufigsten genutzten Lernwegen des Ausprobierens neuer Arbeitstechniken, der Unterweisung durch Kollegen oder der eigenständigen Informationssuche in (auch webbasierter) Fachliteratur (BMBF, 2006) zum Tragen kommt.

Lernen im Rahmen der informellen beruflichen Weiterbildung ist mehr als elementares Lernen, also das einfache Auswendiglernen einer eng umrissenen und klar vorgegebenen Menge von Informationen. Vielmehr geht es um eine Form komplexen Lernens, das Einprägen von Fakten ist nur ein bruchstückhafter Ausschnitt der Gesamthandlung. Fertigkeiten der Selbststeuerung sind notwendig, diese Gesamthandlung zu koordinieren.

> Knapp die Hälfte der Beschäftigten wendet gut 40 Stunden im Jahr für informelles, berufsbezogenes Lernen in der Freizeit auf, gut 16 % der Beschäftigten sogar 160 und mehr Stunden (BMBF, 2006).

Es liegt auf der Hand, dass informelles berufsbezogenes Lernen kein einfaches Auswendiglernen ist und mehr voraussetzt als nur ein gutes Gedächtnis. Die Beherrschung verschiedener Lerntechniken ist von großer Bedeutung, genauso wie Fertigkeiten zur Planung der Lernepisode und Strategien zur Aufrechterhaltung von Konzentration und Motivation über längere Lernepisoden hinweg. All diese Fertigkeiten sind Teilkompetenzen der so genannten Lernkompetenz. Der Begriff der Lernkompetenz lässt sich aus dem Zweig der Forschung ableiten, die seit den späten 1970er Jahren damit befasst ist, die zentralen Prozesse des selbstgesteuerten Lernens, ihr Zusammenspiel und ihren Zusammenhang mit der Lernleistung zu untersuchen.

Definition

Selbstgesteuertes Lernen ist ein „… Prozess, in dem Menschen die Initiative ergreifen, um mit oder ohne Hilfe anderer ihren Lernbedarf zu bestimmen, ihre Lernziele zu formulieren, individuelle und materielle Lernressourcen zu ermitteln, angemessene Lernstrategien auszuwählen und umzusetzen sowie ihre Lernergebnisse zu beurteilen" (Knowles, 1975, S. 18).

Die Auffassung von der Notwendigkeit einer umfassenden Lernkompetenz ist vor folgendem Hintergrund zu sehen: Traditionelle Lehr-Lern-Konzepte werden zunehmend ersetzt durch lernpsychologisch angemessenere Varianten. Im Gegensatz zur herkömmlichen Auffassung des Lernens, der zufolge Wissen wie ein Gegenstand vom Lehrenden zum Lernenden transportiert werden kann, wird in der Bildungsforschung in den letzten Jahren zunehmend eine eher konstruktivistische Lehr-Lern-Philosophie vertreten. Diese geht davon aus, dass Lernen ein selbstgesteuerter Prozess ist, der vom Lernenden eine aktive Wissenskonstruktion erfordert. Das Wissen, das der Lernende konstruiert, ist kein Abbild des Lehrer-Wissens, sondern es ist von Vorkenntnissen, Erfahrungen und Überzeugungen des Lernenden geprägt.

Lernkompetenz ist nicht als spezifische Fähigkeit, Begabung oder als ein Talent anzusehen – wofür der Begriff der Kompetenz alltagssprachlich durchaus stehen kann. Klieme und Leutner (2006) fassen Kompetenz als kontextspezifisches Leistungsvermögen, also als ein Bündel von Voraussetzungen, über die eine Person verfügt, um eine bestimmte Leistung zu erbringen. Wichtig ist an dieser Definition die Kontextabhängigkeit: Kompetenz ist nicht deckungsgleich mit Intelligenz. Letztere bezeichnet eine kontextunabhängige Fähigkeit, die zu einem wesentlichen Teil angeboren sein dürfte und nur begrenzt erlernbar ist. Kompetenz hingegen bezieht sich auf die Fertigkeit, Anforderungen in spezifischen Situationen zu bewältigen; Connell et al. (2003) sprechen von „verwirklichten Fähigkeiten" (realised abilities).

Definition

Lernkompetenz ist zu verstehen als ein „spezialisiertes System von Fähigkeiten, Fertigkeiten und individuellen Dispositionen, etwas erfolgreich zu lernen" (Weinert, 1999, S. 44). Kompetenzen sind – im Gegensatz zur Intelligenz – lern- und trainierbar.

Mit dieser Definition ist die Lernkompetenz auch von verwandten Begriffen, wie dem des Lernstils oder Lerntyps, abgegrenzt. Creß (2006) fasst die Forschung in diesem Bereich zur Aussage zusammen, dass sich Lernerfolg am besten mit solchen Modellen beschreiben lässt, die Lernen als Zusammenspiel von Lernstrategien, Motivation und Selbstbild beschreiben; wenig erfolgversprechend erscheinen demnach Versuche, Lerntypen zu ermitteln, die in ihrer Stabilität einem Persönlichkeitsmerkmal ähneln. Der Aspekt der Trainierbarkeit ist für die berufliche Weiterbildung natürlich von entscheidender Bedeutung: Kompetenz beeinflusst die Leistung, aber auch das Erbringen von Leistung beeinflusst die Kompetenz: Nach Frieling (2000) entwickeln sich Kompetenzen nur dann weiter, wenn sie sich in Leistung manifestieren; können Fähigkeiten nicht gezeigt werden, erfolgt langfristig ein Abbau der Kompetenz.

3.1.1 Drei Ebenen der Lernkompetenz

Mittlerweile existiert eine Vielzahl von Modellen selbstregulierten Lernens (für eine Übersicht siehe Puustinen & Pulkkinen, 2001), auf deren Grundlage sich der Kompetenzbegriff präzisieren lässt. Gemeinsam ist allen Modellen die Annahme unterschiedlicher Komponenten. Demnach findet selbstreguliertes Lernen auf verschiedenen Ebenen des psychischen Geschehens (Kognition, Motivation, Emotion) statt und umfasst verschiedene Phasen. Von den meisten Autoren geteilt wird die Annahme, dass das selbstregulierte Lernen die Bereiche der Kognition, Metakognition und Motivation umfasst (Artelt, 2000; Boekaerts, 1996; Boekaerts & Corno, 2005; Friedrich & Mandl, 1997; Pintrich, 2000; Spörer & Brunstein, 2006; Weinstein, Husman & Dierking, 2000; Wolters, 2003; Zimmerman, 2000). Im Folgenden stelle ich diese drei Ebenen der Lernkompetenz im Detail vor.

Die kognitive Ebene (Lernstrategien)

Diese Ebene des selbstregulierten Lernens kommt sicherlich dem am nächsten, was man sich allgemein unter Lernen vorstellt. Illeris (2003) spricht im Zusammenhang mit der kognitiven Ebene von der Aneignung des Lernstoffs. Selbstreguliert Lernende besitzen ein breites Spektrum an kognitiven Strategien, welche sie flexibel, entsprechend den jeweiligen Anforderungen der Lernsituation, einsetzen können, um ihr Lernziel zu erreichen (Boekaerts, 1999; Metzger, 1995).

Definition

Lernstrategien. Auf der kognitiven Ebene des Lernens erschließen und prägen sich Lernende den Lernstoff mit Hilfe unterschiedlicher Strategien der Informationsverarbeitung ein und machen ihn auf Bedarf abrufbar.

Ansatzpunkt aller kognitiven Strategien ist die Tatsache, dass neue Informationen im Gedächtnis in der Regel drei Arten von Spuren hinterlassen: eine Oberflächenspur (z. B. der Wortlaut zentraler Lehrsätze), eine Bedeutungsspur („Dieser Lehrsatz bedeutet, dass …") und eine Kontextspur („Diesen Lehrsatz haben wir an dem Tag behandelt, als auch … dran war"). Am sichersten ist eine Information im Gedächtnis gespeichert, wenn alle drei Spuren gleichzeitig abgerufen werden können. Allerdings verfallen die drei Gedächtnisspuren unterschiedlich schnell und damit unabhängig voneinander. So mag man sich zwar der Bedeutung eines Lehrsatzes erinnern, ohne ihn aber vollständig wiedergeben zu können. In diesem Fall wäre die Oberflächenspur des Texts nicht mehr abrufbar, während seine Bedeutung sehr wohl noch gespeichert ist. Die im Zusammenhang mit dem Lernen bekannte „Weisheit", man müsse nur „wissen, wo's steht", bezieht sich dagegen auf die Speicherung des Kontexts bei verloren gegangener Abrufbarkeit der anderen Spuren; gemerkt wurden die Umstände, unter denen etwas gelernt wurde, während die eigentliche Information nicht erinnert wird. Die Kontextspur ist kein Lernziel im eigentlichen Sinn, sie wird unwillkürlich erzeugt und kann in manchen Fällen dazu genutzt werden, auf Oberflächen- oder Bedeutungsspur einer Information zuzugreifen, wenn diese nicht direkt verfügbar ist. Im Normalfall geht die Oberflächenspur von Informationen am schnellsten verloren, während die Bedeutungsspur längerfristig erhalten bleibt (vgl. Ortony, 1978).

Gemäß dieser Einteilung verschiedener Gedächtnisspuren lassen sich Lernstrategien zweckmäßigerweise in Wiederholungs-, Elaborations- und Organisationsstrategien einteilen (Weinstein & Mayer, 1986).

Wiederholungsstrategien. Wiederholungsstrategien dienen in erster Linie der Festigung der Oberflächenspur, die das Lernmaterial hinterlässt, und kommen zum Einsatz, wenn diese Oberflächenmerkmale selbst das Lernziel sind. Dies ist z. B. der Fall beim Erlernen der Aussprache neuer Wörter in einer Fremdsprache oder beim Erlernen von Fachbegriffen (z. B. im Anatomiekurs des Medizin-Studiums). Ganz generell setzt jegliches Lernen, also jeder Erwerb von Wissen oder Fertigkeiten, die Wiederholung von Teilen der kognitiven Abläufe beim Wissenserwerb voraus (Steiner, 2006). Ausnahmen von dieser Regel sind lediglich das „One-trial learning" bei Vermeidungsreaktionen (z. B. Vermeidung heißer Herdplatten, nachdem man einmal auf eine gefasst hat) und das Einsichtslernen, bei dem Problemlösungen im Sinne eines „Aha-Effekts" spontan – meist nach einer längeren Phase erfolgloser Problemlöseversuche – gefunden werden. Angesichts der Notwendigkeit von Wiederholungsstrategien ist das negative Image unberechtigt, das dem „Wiederholen ohne Sinn und Verstand" gelegentlich anhaftet. Tatsächlich bestehen Wiederholungsstrategien aus mehr als dem bloßen Wiederholen neu aufgenommener Information. Eine solche Strategie der Erhaltungswiederholung dürfte nur in spezifischen Fällen zum Einsatz kommen, z. B. wenn Sie eine Telefonnummer im Radio hören, diese wählen wollen und sie sich deshalb so lange vorsagen, bis Sie beim Telefon sind. Varianten dieser Grundstrategie sind:

▶ Abrufwiederholung: Informationen werden beim Lernen nicht als Selbstzweck im Gedächtnis abgelegt, sondern mit dem Ziel, diese zu einem späteren

Zeitpunkt abrufen zu können. Schon früh beobachtete man in der Gedächtnisforschung, dass prinzipiell verfügbare – also gelernte – Informationen nicht zu jedem Zeitpunkt zugänglich sind (z. B. Tulving & Pearlstone, 1966). Offenbar muss ihr gezielter Abruf ebenfalls geübt werden. Bjork (1988) entwickelte daraus eine Abrufwiederholungsstrategie. Sie optimiert die langfristige Behaltensleistung, indem neu aufgenommene Informationen mehrfach in zunehmend längeren Intervallen (z. B. am nächsten Tag, nach dem Wochenende, nach einer Woche etc.) abgerufen werden.

▶ Variierte Wiederholung: Die Lerneffizienz lässt sich dadurch steigern, dass neues Material nicht in einem Zug wiederholt wird, sondern in kleinere Einheiten aufgeteilt wird, deren Wiederholung dann auf mehrere Übungssitzungen verteilt wird. In diesem Fall spricht man von verteilter Wiederholung („distributed practice", Magill & Hall, 1990). Eine andere Variante besteht darin, die Abrufrichtung zu verändern. Diese Strategie kommt typischerweise beim Vokabellernen zum Einsatz, wenn die Übersetzung neuer Vokabeln genutzt wird, um die Vokabel selbst abzurufen, anstatt auf Vorgabe der Vokabel die Übersetzung zu nennen.

Elaborationsstrategien. Zentrales Prinzip aller Elaborationsstrategien ist die Einbindung neuer Informationen in bestehendes Wissen, um deren dauerhafte Speicherung und zuverlässigen Abruf zu gewährleisten (vgl. van Dijk & Kintsch, 1983). Elaborationsstrategien, die beim selbstgesteuerten Lernen zum Einsatz kommen, lassen sich gemäß der obigen Einteilung von Gedächtnisspuren unterscheiden in Oberflächenstrategien – die letztendlich dem Auswendiglernen dienen – und Bedeutungsstrategien, mit denen das Verständnis für zu lernende Informationen erhöht werden soll. Zu den wichtigsten bedeutungsorientierten Strategien zählen (Krause & Stark, 2006):

▶ Kognitive Vorstrukturierung: Diese Strategie wurde von Ausubel (1968) eingeführt und ist unter dem Begriff des Advance Organiser bekannt geworden. Der Advance Organiser gibt einen Überblick über den zu lernenden Stoff und nutzt Oberbegriffe, auf die sich die neuen Informationen verdichten lassen. Diese Oberbegriffe sind abstrakter als die eigentlichen, zu lernenden Informationen und schaffen dadurch die Anbindung zu bereits erworbenem, zum Lernstoff passendem Wissen – also dem Vorwissen. Von Advance Organisern profitieren auch Lernende mit geringem Vorwissen (Mayer, 1979), ihr Einsatz lohnt sich gerade bei gering oder unüblich strukturiertem Lernmaterial (vgl. Christmann & Groeben, 1999).

▶ Fragen stellen: Sowohl Lehrende als auch Lernende selbst können zu neuem Stoff Fragen stellen, mit deren Hilfe der Bezug zum Vorwissen hergestellt und die Bedeutung der Information elaboriert werden kann. King (1994) zeigt die Wirksamkeit generischer Fragen, mit denen neue Information routinemäßig erschlossen werden kann (z. B. „Was sind die Stärken und Schwächen von …").

▶ Fallbeispiele: Die Anwendung abstrakten, lehrsatzartigen „Wenn … dann"-Wissens gelingt oft nur, wenn dieses über Fallbeispiele vermittelt wird oder wenn diese Fallbeispiele zur Festigung des neuen Wissens konstruiert werden sollen. Durch Fallbeispiele wird Wissen in neue Zusammenhänge gestellt, was seine Übertragbarkeit auf andere Situationen fördert; zugleich werden Alltagswissen und wissenschaftliches Wissen verknüpft (Mandl et al., 1983).

▶ Analogien: Analogien nutzen das Vorwissen in einem Bereich zum Erwerb von Wissen in einem anderen Bereich. Beispielsweise lässt sich das Bohrsche Atommodell und die in ihm wesentliche Relation der Rotation von Atombestandteilen um andere Atombestandteile anhand des Sonnensystems veranschaulichen (Gentner, 1983).

▶ Brainstorming: Das von Osborn (1963) eingeführte Brainstorming ist vor allem als Technik der Ideengenerierung und Kreativitätsförderung bekannt (vgl. Runco & Chand, 1994). Als Lernstrategie eignet es sich besonders für die Einführung neuer Begriffe. Kern der Methode ist die spontane und unkommentierte Äußerung aller möglichen Assoziationen, die ein zu behandelnder Begriff auslöst. In einem zweiten Schritt sollen diese Assoziationen dann gruppiert und bewertet werden, dabei wird das im ersten Schritt schon mindestens teilweise aktivierte Vorwissen explizit genutzt, um neue Informationen mit bestehendem Wissen zu verknüpfen.

▶ Mapping: Das Mapping (Buzan & Buzan, 1995) ist mit dem Brainstorming verwandt. Ein wesentlicher Unterschied liegt darin, dass die spontan geäußerten Assoziationen umgehend in ein Begriffsnetz eingeordnet werden, das die Beziehung neuer Informationen zu bereits bekannten Informationen, also dem Vorwissen, graphisch veranschaulicht. Die Visualisierung ist einerseits selbst das Lernziel, zugleich unterstützt sie die möglichst feine Ausarbeitung von Beziehungen zwischen Informationen.

▶ Bildliche Vorstellungen: Bei dieser Lernstrategie stellen sich Lernende neue Informationen als Bild vor, neue Begriffe können dabei mit bekannten verknüpft werden, was die Integration von neuem Wissen und Vorwissen erleichtert.

Organisationsstrategien. Organisationsstrategien zielen darauf ab, neu erworbenes Wissen zu strukturieren und die zwischen neuen Wissenseinheiten bestehenden Verbindungen herauszuarbeiten. Die Organisationsstrategien überschneiden sich teilweise mit den Elaborationsstrategien, beispielsweise werden Visualisierungstechniken, wie das Concept-Mapping, beiden Strategiearten zugerechnet. Zwei Strategien, die primär als Organisationsstrategien aufgefasst werden, sind:

► Textzusammenfassung: Die effiziente Zusammenfassung längerer Texte ist eine Technik professionellen Wissensmanagements (Reinmann-Rothmeier & Mandl, 2000). Sie reduziert einen Text auf überschaubare Dimensionen. Es gibt zwei grundlegende Strategien der Textreduktion. Bei der Erkennung wichtiger Aussagen werden Aussagen getilgt, die keine Voraussetzung für das Verständnis des restlichen Texts sind. In diesem Buch könnten Sie z. B. die Einblicke tilgen; sie vertiefen Kerninformationen, die im Text schon gegeben wurden. Für das Verständnis des Gesamttexts sind sie nicht zwingend. Die Strategie des Verallgemeinerns und Konstruierens geht über die unmittelbare Textinformation hinaus. Erschlossen werden Informationen, die nicht direkt im Text stehen. Diese Strategie ist anspruchsvoller als die der Erkennung wichtiger Aussagen und entwickelt sich erst nach ausgiebiger Erfahrung.

► Schemata erstellen: Das im Zuge des Lernens erworbene Wissen ist im Gedächtnis in so genannten Schemata gespeichert. Werden Teile eines Schemas im Gedächtnis aktiviert, so sind auch andere, im Schema enthaltene Wissenseinheiten verfügbar. Wenn Sie beispielsweise nach der Lektüre dieses Buchs ein Schema des Begriffs Lernkompetenz aufgebaut haben, dann dürften Ihnen die Begriffe Lernstrategie, Selbstregulation und Metakognition in den Sinn kommen und natürlich deren Bedeutung. Als Lernstrategie lässt sich die Bildung geeigneter Schemata für die Erstellung von Darstellungsschemata aus Texten nutzen. Ein zweiter Anwendungsbereich ist die Erarbeitung von Problemlöseschemata. Darstellungsschemata sind mit den aus der Textreduktion hervorgehenden, oben beschriebenen Textgerüsten verwandt, die die Kernaussagen eines Texts enthalten. Im Unterschied zu diesen können sie aber in Bezug auf einen bestimmten Gegenstand formal und vorab, also ohne Bezug auf einen bestimmten Text, erstellt werden. Texte werden dann im Hinblick auf das Darstellungsschema gelesen. Bei der Textreduktion wird das Textgerüst in seiner Funktion als Schema erst aus dem Text erschlossen, liegt also nicht schon zu Beginn vor.

Beispiel

Der Satz „Der Heuhaufen war wichtig, weil der Stoff riss" ergibt ohne Interpretationsschema kaum Sinn. Nennt man aber das Schema Fallschirm, dann wird relativ schnell klar, dass es sich beim Heu um einen Heuhaufen handeln muss, der einem Fallschirmspringer das Leben rettete, dessen Fallschirm einriss. (Bransford & McCarrell, 1975; zitiert nach Schwarz, 1985)

Die Nützlichkeit von Problemlöseschemata zeigten Stark et al. (1998). Sie ließen ihre Versuchsteilnehmer eine computersimulierte Fabrik leiten, dabei ging eine

Gruppe nach einem vierteiligen Lösungsschema vor (Sammeln vorhandener Informationen, Bestimmung und Begründung getroffener Entscheidungen, Marktprojektion und Evaluation der Ergebnisse). Diese Teilnehmer erzielten bessere Problemlösungen als die, die ohne Hilfe des Schemas arbeiteten.

Die metakognitive Ebene (Lernkontrolle)

Beim selbstgesteuerten Lernen werden in der Regel komplexe Wissensinhalte erworben, die Lernepisoden beschränken sich nicht auf einige wenige kurze Lernsitzungen. Es liegt auf der Hand, dass derartig umfängliche Lernepisoden einer Strukturierung bedürfen, die über die pure Bearbeitung mit Hilfe der Lernstrategien auf der kognitiven Ebene hinausgeht. Kognitive Lernstrategien sorgen dafür, dass als wichtig identifizierter Stoff durch Wiederholung, Elaboration und Organisation in bestehendes Wissen integriert und verfügbar wird. In Ergänzung dessen sorgen metakognitive Lernstrategien dafür, dass der zu lernende Stoff in Abhängigkeit von den eigenen Lernbedürfnissen identifiziert wird. Dazu kommen die Auswahl angemessener kognitiver Strategien sowie die Kontrolle des eigenen Lernfortschritts. Metakognitive Strategien dienen also der Lernkontrolle.

Definition

Metakognition. Sammelbegriff für „Aktivitäten, die mit dem Wissen und der Kontrolle über die eigenen kognitiven Funktionen (z. B. Lernen, Gedächtnis, Verstehen, Denken) zu tun haben" (Hasselhorn, 2001, S. 466).

Planen, überwachen, bewerten. Die metakognitive Ebene des selbstgesteuerten Lernens umfasst im Wesentlichen die Aufgaben des Planens, Überwachens und Bewertens (Schreblowski & Hasselhorn, 2006). Gegenstand der Planung ist die Festlegung von Lernzielen und Mitteln, mit denen diese Lernziele erreicht werden können. Schreiber (1998) betont, dass die Lernziele so konkret wie möglich bestimmt werden sollten, dadurch lässt sich der Fortschritt in Richtung Lernziel einfacher bewerten. Des Weiteren sollten mittel- und kurzfristige Ziele gewählt werden. Sie üben mehr Anziehungskraft aus, weil sie schneller erreicht werden können. Außerdem sollten die Ziele mittlere Schwierigkeit aufweisen. Zu einfache oder zu schwierige Ziele wirken weniger motivierend. Das Vertrauen in die eigene Kompetenz kann durch das Erreichen von Zielen gestärkt werden, die zwar eine Herausforderung darstellen, aber immer noch erreichbar sind (z. B. Bandura, 1986; Rheinberg, 2002; Schunk, 1983). Zugleich sollten Lernende festlegen, unter welchen Umständen das Lernziel als erreicht gilt. So mag das Ziel darin bestehen, einen bestimmten Text für eine Prüfungsvorbereitung zu lesen. Dieses Ziel erscheint zunächst konkret (Festlegung auf einen bestimmten Text).

Wann aber ist das Ziel erreicht? Wenn der Text durchgelesen wurde oder wenn der Lernende ihn zusammenfassen kann?

Die Planung, wie das Lernziel erreicht werden soll, schließt zum einen die Auswahl einer geeigneten Vorgehensweise, sprich Lernstrategie, ein. Darüber hinaus muss die zur Verfügung stehende Zeit geplant werden und der daraus entstehende Lernplan auf die eigenen Möglichkeiten abgestimmt werden. Die Überwachung des eigenen Lernens basiert auf dem in der Phase der Planung bestimmten Lernplan. Lernende müssen ihr eigenes Vorgehen daraufhin überwachen, ob das Lernziel erreicht werden wird, wenn das Lernen fortschreitet wie bisher (z. B. wird die veranschlagte Lernzeit ausreichen). Ist die Zielerreichung gefährdet, müssen andere Lernstrategien gewählt oder die Lernziele geändert werden. Die Bewertung des Lernens schließt eine Lernepisode ab und vervollständigt die Überwachung. Es wird abschließend evaluiert, ob die Lernziele mit angemessenen Mitteln erreicht wurden oder welche Verbesserungen des Lernvorgehens sinnvoll erscheinen.

Manche Autoren rechnen so genannte Ressourcenstrategien zur metakognitiven Ebene. Sie werden auch als Stützstrategien bezeichnet und stellen internale sowie externale Ressourcen zur Verfügung, um den Lernprozess zu unterstützen. Es handelt sich dabei z. B. um das Zeitmanagement, die Herstellung der Anstrengungsbereitschaft und der Konzentration, aber auch um das Einrichten einer störungsfreien Lernumgebung (Wild & Schiefele, 1994; Zimmerman & Martinez-Pons, 1990).

Die motivationale Ebene (Lernorientierung)

Der Einbezug motivationaler Komponenten in den Kompetenzbegriff mag angesichts der Alltagsbedeutung des Begriffs Kompetenz unpassend erscheinen. Wie aber schon erwähnt, bündelt der Kompetenzbegriff Leistungsvoraussetzungen – und zu diesen gehört die Motivation zweifellos. Jede kognitive Aktivität hat motivationale Auswirkungen, die die künftige Selbstregulation beeinflussen (Borkowski et al., 1989).

Hohe Motivation zieht effektivere Lernstrategien nach sich (vgl. Vollmeyer, 2006). Jedoch geht die motivationale Ebene des selbstgesteuerten Lernens über eine simple, eindimensionale Lernmotivation hinaus. Letztere würde man alltagssprachlich unterstellen, wenn jemand „Lust aufs Lernen" hat und zum Lernen bereit ist. Lehnt man sich an Rheinbergs (2002) Definition von Motivation an, zeigt sich schnell, dass diese „Lust auf Lernen" verschiedene Facetten hat, die ihrerseits unterschiedliche Auswirkungen auf das Lernen haben. Rheinberg fasst Motivation sinngemäß als Ausrichtung von Handlungen auf einen positiv bewerteten Zielzustand.

Die motivationale Ebene der Lernkompetenz lässt sich als **Lernorientierung** zusammenfassen. Sie schließt die mit dem Lernen verbundenen Leistungsziele und Lernüberzeugungen ein.

Verschiedene Lernziele. Die Betrachtung solcher Ziele eröffnet zunächst die Unterscheidung verschiedener Zielarten. Populär wurde in diesem Zusammenhang die Trennung von intrinsischer und extrinsischer Motivation. Bei hoher intrinsischer Motivation lernen Menschen, weil ihnen das Lernen und der damit verbundene Wissens- und Fertigkeitszuwachs Spaß machen, oder weil sie sich für ein bestimmtes Thema interessieren. Bei hoher extrinsischer Motivation ist das Lernen Mittel zum Zweck, es dient dazu, bestimmte Konsequenzen zu erreichen. Offensichtliche positive Konsequenzen beruflicher Weiterbildung im Arbeitskontext sind z. B. der Erwerb der Fähigkeit zur Übernahme neuer, anspruchsvollerer Aufgaben oder gar eine Beförderung und Gehaltserhöhung. Neben diesen „messbaren" positiven Konsequenzen mögen auch „weichere" Vorteile eine Rolle spielen, beispielsweise die Anerkennung durch Vorgesetzte, die Festigung des eigenen Expertenstatus im Kollegenkreis oder schlicht der „Beweis", anderen an Wissen und Fertigkeiten überlegen zu sein. Natürlich – wenn auch vielleicht weniger offensichtlich – kann Weiterbildung auch der Vermeidung negativer Konsequenzen dienen: Sie soll der besseren Bewältigung hoher Arbeitsanforderungen dienen, die Bewertung als „desinteressiert" durch Vorgesetzte oder Kollegen vermeiden oder einfach beim Verbergen von Wissenslücken helfen. Insgesamt lassen sich so Wettbewerbs-, Leistungs-, Misserfolgs- und soziale Motivation des Lernens unterscheiden (vgl. Pekrun, 1993). Misserfolgsmotivation bedeutet dabei übrigens nicht, dass Menschen Misserfolge anstreben, sondern dass ihre Motivation darauf ausgerichtet ist, Misserfolge auf jeden Fall zu vermeiden.

Denkt man diese Unterscheidung von Zielarten weiter, dann kommt man schnell zur Frage, wie überdauernd solche Lernziele sind. Schon früh nahm man in der Motivationspsychologie an, dass die konkrete Motivation in einer spezifischen Situation durch zeitlich stabile, situationsübergreifende Motive beeinflusst werde, z. B. sprach McClelland (1953) vom Leistungsmotiv. Rheinberg (2002) definiert Motive als zeitüberdauernde Bewertungsvorlieben für bestimmte Klassen von Zielen. In der Lernpsychologie finden sich solche Motive in Form von Lernorientierungen. Dweck und Leggett (1988) unterscheiden generell eine Lern- und eine Leistungsorientierung. Dabei entspricht die Lernorientierung intrinsischer Motivation, gelernt wird also aus Spaß am Lernen und am Wissenszuwachs. Die Leistungsorientierung ist extrinsischer Natur und stellt die mit dem Lernen mittelbar erreichbaren Konsequenzen in den Vordergrund. Sie lässt sich unterscheiden in eine Annäherungs- und eine Vermeidungsorientierung. Bei ersterer Orientierung werden positive Konsequenzen angestrebt, die Vermeidungsorientierung ist auf die Vermeidung negativer Folgen gerichtet.

Lernüberzeugungen. Neben den Lernorientierungen sind auf der motivationalen Ebene die epistemischen Überzeugungen von Bedeutung. Sie sind subjektive Auffassungen darüber, was Wissen ist und wie Lernen funktioniert (Schommer, 1990). Im Gegensatz zur Metakognition, die sich auf das Wissen von Menschen über ihr eigenes Wissen und Lernen bezieht, spiegeln epistemische Überzeugungen über die Natur von Wissen und Lernen unabhängig von einer Person, sie begrenzen quasi die Möglichkeiten des individuellen Lernens innerhalb dieses Rahmens. Schommer (1990) geht davon aus, dass epistemische Überzeugungen sich auf fünf Aspekte beziehen können:

▶ Wissen ist eher einfach als komplex.
▶ Wissen wird eher von Autoritäten weitergegeben als durch Überlegung abgeleitet.
▶ Wissen ist eher sicher als spekulativ und vorläufig.
▶ Die Fähigkeit, zu lernen, ist eher angeboren als erlernt.
▶ Lernen funktioniert rasch oder gar nicht.

Lernende, die diese Aussagen bejahen, verfügen über eine eher naive Epistemologie. Hingegen zeichnen sich Lernende, die dem jeweiligen Gegenpol der Aussagen zustimmen, durch eine elaborierte Epistemologie aus. Gering elaborierte Epistemologien wirken sich auf das Lernen naturgemäß ungünstig aus (Schommer, 1998). Zum Beispiel führt die Überzeugung, dass Lernen auf „Alles oder Nichts"-Weise schnell vonstatten gehe, zu geringerer Sorgfalt beim Textlesen und schlechterem Textverständnis. Beim Lösen komplexer Probleme kann die Überzeugung, dass Lösungen einfach und eindeutig sein müssen, zu ungenügender Beachtung lösungsrelevanter Informationen und deren Querverbindungen (Spiro et al., 1991) führen. Maurer et al. (2003) fanden heraus, dass ältere Beschäftigte ihr Wissen und ihre Fertigkeiten weniger durch Training und Weiterbildung beeinflussbar hielten als jüngere Mitarbeiter.

Zusammenfassend lässt sich sagen, dass die motivationale Ebene das selbstgesteuerte Lernen tiefgreifend beeinflusst, sie wirkt sich z. B. auf die Wahl kognitiver Lernstrategien und das Ausmaß der ins Lernen investierten Anstrengung aus (z. B. Garcia & Pintrich, 1994; Krapp, 1992; Palmer & Goetz, 1988). Eine günstige Kombination von Lernorientierung und elaborierten epistemischen Überzeugungen fördert die Motivation, das Lernen aufzunehmen und es trotz eventueller Schwierigkeiten bis zum Erreichen des Ziels fortzusetzen (vgl. Wolters, 2003). Abbildung 3.1 fasst die drei Ebenen der Lernkompetenz zusammen.

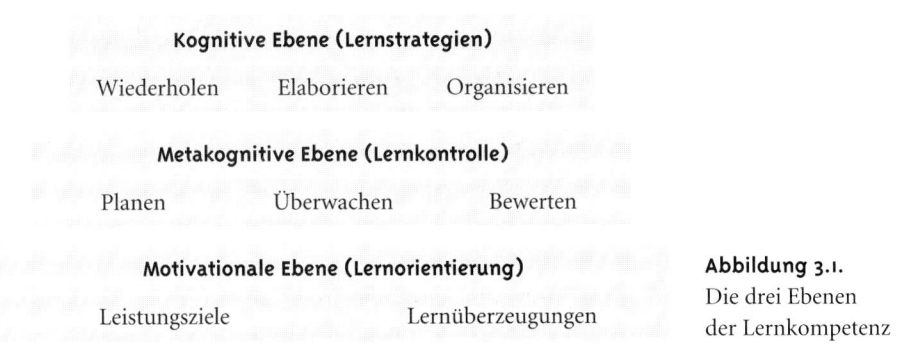

Kognitive Ebene (Lernstrategien)

Wiederholen   Elaborieren   Organisieren

Metakognitive Ebene (Lernkontrolle)

Planen   Überwachen   Bewerten

Motivationale Ebene (Lernorientierung)

Leistungsziele   Lernüberzeugungen

Abbildung 3.1.
Die drei Ebenen
der Lernkompetenz

3.1.2   Lernkompetenz und Lernerfolg

Die obigen Ausführungen verdeutlichen, dass Lernkompetenz aus drei Teilkompetenzen besteht: kognitiven Strategien zur Bearbeitung des Lernstoffs, metakognitiven Strategien zur Planung und Steuerung des Lernens und angemessenen motivationalen Orientierungen hinsichtlich der Lernziele und der Art des Lernens. Gemeinsam ist den genannten kognitiven und metakognitiven Strategien, dass sie relativ unabhängig von bestimmten fachlichen Inhalten angewendet werden können; sie sind also als generelle Lerntechniken zu sehen. Eng verknüpft ist damit die Frage, für welche Bereiche der Weiterbildung Lernkompetenz relevant ist. Spielt sie nur eine Rolle beim informellen Lernen und welche Bedeutung hat sie für die formale Weiterbildung in Seminaren und Kursen? Die Bedeutung hoher Lernkompetenz für erfolgreiches informelles Lernen dürfte klar sein. Bei dieser Lernform sind Lernende weitgehend auf sich selbst angewiesen. Nur wer seinen Lernbedarf einschätzen kann, Strategien beherrscht, diesen Lernbedarf zu decken, und sein Lernen zielorientiert steuert, wird erfolgreich lernen. Das Fehlen externer Bewertungen in Form von Prüfungen oder Kursrückmeldungen stellt zusätzliche Anforderungen an die Lernkompetenz.

In der primär von Dozierenden gesteuerten formalen Weiterbildung sind die Anforderungen an die Lernkompetenz weniger hoch. Die Lernziele werden extern vorgegeben, auch um die Auswahl der Lernmethoden brauchen sich Teilnehmer meist nicht kümmern, diese werden durch Leitfragen zur Textarbeit, Rollenspiele oder Gruppendiskussionen vorgegeben. Deshalb können im Prinzip auch Lernende mit geringer Lernkompetenz „erfolgreich" an Weiterbildung teilnehmen. Gefragt sind strenggenommen dennoch die metakognitiven Kompetenzen des Überwachens und Bewertens. Lernende müssen für sich selbst bestimmen, ob sie den Lehrstoff in der von ihnen gewünschten Weise verstanden haben, ihn in ihr Vorwissen integrieren können und ob er ihnen Möglichkeiten für die Umsetzung im Arbeitsalltag bietet. Außerdem sollte eine günstige Lernorientierung bestehen, weil andernfalls die Weiterbildung am Teilnehmer „vorüberzieht". In diesem Sinne ist Lernkompetenz auch für die formale und nicht-formale Weiterbildung von Belang, wenngleich in geringerem Ausmaß.

Individuelle Lernvoraussetzungen wichtig. Was aber hat Lernkompetenz mit erfolgreichem Lernen zu tun, worin besteht Lernerfolg? Beschäftigte werden in der Regel nicht unmittelbar hinsichtlich ihrer Lernleistung bewertet. Was sie gelernt haben, muss den Praxistest am Arbeitsplatz bestehen. In dem Maß, in dem es Beschäftigten gelingt, ihr neu erworbenes Wissen und ihre Fertigkeiten in der Arbeit einzusetzen, haben sie erfolgreich gelernt. Diese Betrachtungsweise greift allerdings zu kurz. Lernerfolg hat noch eine andere, leicht zu übersehende Dimension. Weiterbildung und arbeitsintegriertes Lernen bringen eine Reihe motivationaler und emotionaler Beanspruchungen mit sich. Über den kognitiven Aufwand des eigentlichen Lernens hinaus müssen Lernende Zeit und Anstrengung investieren, um ihre Lernmotivation und Konzentration über längere Lernepisoden hinweg aufrechtzuerhalten und dabei auch mit Rückschlägen und Misserfolgen umgehen. Hinzu kommt, dass Weiterbildung nur eine von mehreren Arbeitsaufgaben ist, sie erhöht die Arbeitsbelastung und kann Lernstress auslösen. Aus diesem Blickwinkel bedeutet erfolgreiches Lernen, im Einklang mit den persönlichen Ressourcen zu lernen und die Belastung durch das Lernen zu minimieren. Paulsson et al. (2005) zeigten, dass Lernende, die in der Lage waren, ihre Lernaktivitäten zu kontrollieren, die berufliche Kompetenzentwicklung lehrreicher und anregender empfanden und über weniger lernbezogenen Stress berichteten als Lernende mit geringer Kontrollkompetenz. Da Lernkompetenz ein gutes Mittel ist, die Kontrolle Beschäftigter über ihr Lernen zu optimieren, kann sie als guter Weg gelten, die negativen Auswirkungen der durch Lernen und Weiterbildung ausgelösten Belastungen am Arbeitsplatz zu vermindern.

Forschungsergebnisse des WISE-Demographie-Netzwerks. Die Ergebnisse aus unserer Forschung im Rahmen des WISE-Demographie-Netzwerks (siehe Anhang: Vertiefungsmöglichkeiten) stützen diese Überlegungen. Dort verglichen wir in Befragungen erfolgreiche und weniger erfolgreiche Weiterbildungsteilnehmer zwischen 18 und 65 Jahren hinsichtlich ihrer Lernkompetenz. Erfolg war dabei durch mehrere Variablen erfasst. Zum einen über die Zufriedenheit mit der eigenen Weiterbildungsteilnahme, zum Zweiten über aufgetretene Lernschwierigkeiten (z. B. Schwierigkeiten, den Lernstoff im Berufsalltag umzusetzen, Nicht-Erreichung von Lernzielen) und zum Dritten über den Unterstützungsbedarf während des Lernens (z. B. Bedarf an Unterstützung durch Trainer oder Kollegen, Bedarf an zusätzlichen Lernressourcen). Es zeigte sich unabhängig vom Alter, dass erfolgreiche Teilnehmer über ein größeres Repertoire an Kontrollstrategien verfügten und zugleich günstigere Lernorientierungen aufwiesen (Lernen wurde eher als Problemlösen aufgefasst denn als Auswendiglernen). Zugleich gaben erfolgreich Lernende geringeren Lernstress und geringere Belastung durch das Lernen an (Roßnagel et al., 2008). Teilnehmer mit vergleichsweise geringer Lernkompetenz gaben an, das Lernen als anstrengend zu empfinden und häufig nicht zu wissen, wo sie beim Lernen anfangen sollen.

Natürlich sind Selbstberichte aus Befragungen nur eine Seite der Medaille. An die Befragungen schlossen wir deshalb Lernexperimente an, in denen wir den Zusammenhang zwischen Alter, Lernkompetenz und tatsächlichem Lernverhalten überprüften (Roßnagel & Schulz, 2008). Beispielsweise sollten Untersuchungsteilnehmer mit Hilfe eines E-Learning-Moduls Lernaufgaben unterschiedlicher Komplexität aus dem Themenfeld „Team-Management" lösen. Eine Lernaufgabe geringerer Komplexität bestand beispielsweise darin, nach Durcharbeitung des Moduls zentrale Begriffe des Team-Managements nennen und definieren zu können. Aufgaben höherer Komplexität sahen vor, Umsetzungshindernisse des Team-Managements erläutern und im Hinblick auf den eigenen Betrieb analysieren zu können. Generell schätzten Teilnehmer mit geringer Lernkompetenz die komplexeren Aufgaben deutlich schwieriger ein als höher kompetente Lernende. Auch nannten sie weniger Lernstrategien zur Lösung der Aufgabe und schrieben sich geringere Aussichten auf Lernerfolg zu. Tatsächlich ging höhere Lernkompetenz mit höherem Lernerfolg in einem abschließenden Wissenstest einher. Dieser Befund zeigte sich unabhängig vom Alter – Lernende mit hoher Kompetenz erzielten in allen Altersgruppen vergleichbare Lernleistungen. Allerdings war der Anteil hoch kompetenter Lernender bei den älteren Beschäftigten geringer, was vor allem mit nachlassender Gedächtniserwartung zu tun hat. Die Gedächtniserwartung wird mit dem Alter geringer, führt zur Bildung weniger anspruchsvoller Lernziele und vermindert damit auch die Intensität von Lernanstrengungen, was sich als Strategie der Misserfolgsvermeidung deuten lässt.

Umso größer ist angesichts dieser Ergebnisse die Bedeutung der Erhaltung und Förderung der Lernkompetenz über das gesamte Berufsleben hinweg. In diesem Zusammenhang ist ein Blick auf wichtige Auslöser der Veränderung von Lernkompetenz im Lauf des Berufslebens von Bedeutung. Im folgenden Abschnitt beschreibe ich wesentliche individuelle Auslöser, im dritten Abschnitt dieses Kapitels komme ich zu den unternehmensseitigen Quellen der Veränderung.

Unter dem Strich

Erfolgreiches Lernen in der beruflichen Weiterbildung setzt Lernkompetenz voraus. Sie umfasst drei Teilkompetenzen:

(1) die Verfügung über Lernstrategien zur Aneignung des Lernstoffs,

(2) die Verfügung über Kontrollstrategien zur Bildung von Lernzielen sowie die Bewertung des eigenen Lernens im Hinblick auf die Erreichung dieser Ziele und

(3) die Teilkompetenz geeigneter Lernorientierungen.

Lernerfolg geht über die Aneignung des Lernstoffs hinaus; Erfolg bedeutet zudem Lernen im Einklang mit den individuellen Lernvoraussetzungen.

3.2 Individuelle Quellen der Veränderung der Lernkompetenz

Auch wenn die generelle Lernfähigkeit über das Berufsleben hinweg in aller Regel erhalten bleibt, ist nicht in jedem Fall davon auszugehen, dass ältere Beschäftigte über das gleiche Maß an Lernkompetenz verfügen wie ihre jüngeren Kollegen. Lernkompetenz ist mehr als nur Lernfähigkeit, jene verändert sich mit dem Alter systematisch. Im Mittelpunkt altersabhängiger Veränderungen stehen allerdings nicht die im zweiten Kapitel beschriebenen altersabhängigen Entwicklungen der Kognition. Von großer Bedeutung sind vielmehr Verschiebungen auf der Ebene von Faktoren, die sich im weitesten Sinne als Motivation fassen lassen. Diese Faktoren unterliegen einer systematischen altersabhängigen Veränderung und erwachsen aus dem Zusammenspiel individueller Einflüsse und organisationsseitiger Stellgrößen.

Das Lern- und Weiterbildungsverhalten dürfte als wesentlicher Bestandteil des allgemeinen Arbeitsverhaltens zumindest teilweise von der generellen Arbeitsmotivation abhängen: Für die Arbeit nur gering motivierte Beschäftigte dürften in aller Regel auch kaum für die Weiterbildung motiviert sein. Umgekehrt sind allgemein hoch motivierte Mitarbeiter nicht zwangsläufig für Lernen und Weiterbildung motiviert, insofern die alltäglichen Aufgaben mit vorhandenen Kenntnissen und Fertigkeiten erfolgreich bewältigt werden können und eine Veränderung des beruflichen Status nicht angestrebt wird.

Altersbedingte Veränderungen der Arbeitsmotivation hängen zu einem gewissen Teil von der Verschiebung der Wichtigkeit persönlicher Ziele ab, die Prinzipien der Selektivität folgt und sich auch in berufsbezogenen Zielen zeigt. Eine zweite wichtige Quelle der Veränderung sind so genannte Selbstwirksamkeitserwartungen, die ebenfalls systematischen Veränderungen mit dem Alter unterliegen. Eine dritte Quelle der Kompetenzveränderung liegt in der Verschiebung so genannter Zielorientierungen. Die mit der beruflichen Weiterbildung verfolgten mittelfristigen Ziele verändern sich, das Lernen erhält eine andere Bedeutung. Im Folgenden gehe ich auf diese Quellen der Veränderung ein.

3.2.1 Altersabhängige Veränderungen der Arbeitsmotivation

Arbeitsmotivation lässt sich definieren über das Ausmaß an Anstrengung, die in die Erfüllung von Arbeitsaufgaben und in arbeitsbezogenes Verhalten investiert wird (vgl. Pinder, 1998). In den vergangenen 30 Jahren war die Arbeitsmotivation Gegenstand intensiver Forschung (Überblick bei Latham & Pinder, 2005), trotzdem liegen kaum Daten zu altersabhängigen Veränderung der Arbeitsmotivation vor, die meisten Modelle sind „altersfrei" (Griffiths, 1999).

Vier Quellen der Veränderung. Eine der ersten theoretischen Konzeptionen von Altersveränderungen der Arbeitsmotivation legte Warr (2001) vor. Er konzipiert Arbeitsmotivation aus der von Vroom (1964) erstmals formulierten so genannten Erwartungs-mal-Wert-Perspektive. Ihr zufolge wird das Ausmaß von Motivation dadurch bestimmt, wie sehr Menschen glauben, zur Erreichung eines bestimmten Ziels in der Lage zu sein (Erwartung) und welche Bedeutung dieses Ziel für den Einzelnen hat (Wert). Warr nimmt an, dass der Wert motivierten Arbeitens von vier Einflüssen geprägt wird:

(1) Steigendes Anspruchsniveau: Die Anreize für motiviertes Arbeiten müssen wachsen, um ihren Wert zu behalten, hingegen sinkt der Wert gleich bleibender Anreize über die Zeit. Ein Bonus von 250 € mag für jüngere Beschäftigte attraktiv sein, zumal während der ersten Male, da er gezahlt wird. Für ältere Mitarbeiter müsste diese Summe deutlich erhöht werden, um genauso attraktiv zu sein, wie die 250 € für Jüngere.

(2) Gewohnheiten: Abweichungen von bewährten und gut eingeschliffenen Arbeitsweisen, z. B. nach Einführung neuer Technologien, können als aversiv erlebt werden und die Motivation senken.

(3) Sozialer Vergleich: Generell tendieren Beschäftigte dazu, ihre Leistung mit der Leistung ihrer Kollegen zu vergleichen. Im Lauf des Arbeitslebens erweitert sich die Bezugsgruppe: Jüngere Mitarbeiter werden sich eher mit Gleichaltrigen vergleichen oder aus dem Vergleich mit Älteren keine negativen Impulse beziehen. Immerhin können Jüngere mögliche Leistungsvorsprünge älterer Kollegen mit deren größerer Erfahrung erklären. Ältere Mitarbeiter hingegen vergleichen sich nicht nur mit Kollegen ihres Alters, sondern auch mit Jüngeren. Leistungsvorteile der Jüngeren werden dann aber als negativ erlebt und als Beleg für das eigene Altern angesehen.

(4) Sozialer Druck: Ältere Mitarbeiter zeigen nur geringes Interesses an bestimmtem Arbeitsverhalten, weil Vorgesetzte oder Kollegen diese nicht von ihnen erwarten – oder Ältere zumindest glauben, dieses Verhalten werde nicht erwartet (vgl. Warr & Birdi, 1998). Solch sozialer Druck ist gerade beim Weiterbildungsverhalten durchaus wahrscheinlich, z. B. weil Ältere befürchten könnten, ihre Teilnahme an Weiterbildung werde als „Ressourcenverschwendung" angesehen.

Nützlichkeit von Leistung und Anstrengung. Kanfer und Ackerman (2004) nehmen eine ähnliche Sicht auf altersabhängige Veränderungen der Arbeitsmotivation ein wie Warr. Als Bestimmungsgrößen der Motivationshöhe sehen sie die subjektive Einschätzung dreier Dimensionen an:

(1) Der Zusammenhang zwischen Anstrengung und Leistung ist die subjektive Erwartung, welche Anstrengung mit der Erreichung einer bestimmten Arbeitsleistung verbunden sein wird. Der altersbedingte Abbau kognitiver Fähigkeiten, wie ich ihn im vorigen Kapitel darstellte, kann die Anstrengungs-× (gesprochen: mal) Leistungs-Erwartung ungünstig verändern und die Arbeitsmotivation entsprechend senken. Dies gilt vor allem für Tätigkeiten, die die schnelle Verarbeitung komplexer Informationen erfordern und in denen Routine relativ wenig zur Arbeitsleistung beiträgt, z. B. bei Fluglotsen.

(2) Der zweite wichtige Zusammenhang ist der zwischen einer Leistung und ihrer Nützlichkeit. Beschäftigte mögen im Hinblick auf ihre Fähigkeiten durchaus zu einer bestimmten Leistung in der Lage sein, diese Leistung ist aber möglicherweise nicht attraktiv, z. B. weil sie von Vorgesetzten nicht gewürdigt wird oder keine finanziellen Vorteile bringt. Im Lauf des Arbeitslebens kann sich die Nützlichkeit bestimmter Leistungen ändern in Abhängigkeit von Veränderungen des Persönlichkeitsprofils. Die Persönlichkeit ist weniger statisch, als oft angenommen wird, und verändert sich mit dem Alter merklich. Für die so genannten Big Five, die fünf Faktoren, auf denen sich Persönlichkeit umfassend beschreiben lässt, konnte z. B. gezeigt werden, dass die Offenheit für neue Erfahrungen eher abnimmt, während Sorgfalt und Verträglichkeit zunehmen (vgl. Staudinger & Kunzmann, 2005). Auch die Verschiebung der Wichtigkeit berufsbezogener Ziele und Werte ist eine wichtige Ursache von Motivationsveränderungen.

(3) Die dritte für die Höhe der Arbeitsmotivation bedeutsame Einschätzung ist die der Nützlichkeit der Anstrengung, die mit einer bestimmten Leistung verknüpft ist. Beschäftigte mögen zwar die zur Erzielung einer bestimmten Arbeitsleistung nötigen Fertigkeiten besitzen (hohe Anstrengungs- × Leistungs-Erwartung) und die mit der Leistung verbundene Anerkennung als erstrebenswert einschätzen (hohe Leistungs- × Nützlichkeits-Erwartung). Die mit dieser Leistung verbundene Anstrengung mag aber als völlig aversiv er-

lebt werden (geringe Anstrengungs- × Nützlichkeits-Erwartung) und damit die Motivation senken. Ähnlich wie die Einschätzung der Nützlichkeit einer Leistung wird die Bewertung der Nützlichkeit von Anstrengung durch Altersveränderungen in Faktoren wie arbeitsbezogenen Zielen oder Aufrechterhaltung positiven Affekts beeinflusst. In dem Maß, in dem das Erleben positiven Affekts für Ältere an Bedeutung gewinnt, wird die Nützlichkeit hoher Anstrengung sinken, weil diese mit einem erhöhten Maß an Stress und Belastung verknüpft ist, die dem Erleben positiven Affekts entgegenstehen.

Die von Kanfer und Ackerman (2004) angesprochene, mit dem Alter wachsende Bedeutung positiven Affekts resultiert aus der im zweiten Kapitel dargestellten Selektivität der psychischen Entwicklung über die Lebensspanne. Im Hinblick auf altersabhängige Veränderungen der Lernkompetenz sind zwei Arten der Selektivität von besonderer Bedeutung: die motivationale und die sozioemotionale Selektivität.

3.2.2 Motivationale Selektivität

Motivationale Selektivität (Riediger & Freund, 2006) bezieht sich auf persönliche Ziele, also auf Zustände und Ergebnisse, die Menschen in der Zukunft erreichen, bewahren oder vermeiden wollen (Emmons, 1996). Bei erlebter Abnahme ihrer persönlichen Ressourcen (neben altersbedingtem Abbau beispielsweise auch im Fall von Krankheit) schränken Menschen die Zahl der Ziele ein, die sie zu einem bestimmten Zeitpunkt verfolgen. Weniger wichtige Ziele werden aufgegeben, nur die als am bedeutsamsten erscheinenden Ziele werden weiterverfolgt. Diese Einschränkung kann proaktiver Natur sein, in diesem Fall geben Menschen Ziele bewusst und geplant auf. Reaktive Selektivität liegt vor, wenn die Lebensumstände eine Aufgabe von Zielen erzwingen. Riediger und Freund (2006) zeigten, dass über die Strategie der Einschränkung hinaus Menschen die Art ihrer Ziele fokussieren und sich dadurch zusätzliche Optimierungs- und Kompensationsmöglichkeiten schaffen. Im Fall der Ressourceneinschränkung nimmt der Einfluss externer Vorgaben der Wichtigkeit von Zielen ab. Stattdessen rücken Ziele in den Vordergrund, die für die eigene Lebenszufriedenheit von Bedeutung sind. Zugleich besteht die Fokussierung darin, dass ähnliche Ziele verfolgt werden. Ähnliche Ziele beziehen sich auf verwandte Lebensbereiche (z. B. Familie vs. Freunde), während unähnliche Ziele unterschiedliche Lebensbereiche betreffen (z. B. Familie vs. Beruf). Die Wahrscheinlichkeit von Zielkonflikten, also der gleichzeitigen Verfolgung miteinander nur schwerlich zu vereinbarender Ziele, wird auf diese Weise vermindert.

Motivationale Selektivität senkt den Bedarf an persönlichen Ressourcen und erhöht die Eigeninitative für Verhaltensweisen, die zur Zielerreichung führen. Immerhin führt die Setzung und Auswahl von Zielen nicht automatisch zu zielorientiertem Verhalten. „Viele Ziele bleiben genau das: Ziele" (Riediger & Freund, 2006, S. 174). Im Falle motivationaler Selektivität aber – also wenn wenige, aber subjektiv hoch bedeutsame, und dazu noch ähnliche Ziele gewählt werden – kommt es dadurch zur Erleichterung der Zielerreichung, dass ähnliche Strategien genutzt werden können und die Erwartung maximiert wird, diese Ziele erreichen zu können. Die Forschung zeigt, dass bei hoher „Intergoal facilitation", also im Falle sich gegenseitig erleichternder Ziele, vermehrte Anstrengungen zur Zielerreichung unternommen werden (z. B. Riediger & Freund, 2004; Riediger et al., 2005).

3.2.3   Sozioemotionale Selektivität

Eng verbunden mit altersabhängigen Verschiebungen persönlicher Ziele als Folge motivationaler Selektivität sind Veränderungen in Verhaltensweisen, die sich auf Gefühle, soziale Kontakte und den Wissenserwerb beziehen. Die Priorisierung solcher Verhaltensweisen verschiebt sich in Folge sozioemotionaler Selektivität, die Gegenstand der „Socio-emotional Selectivity Theory" (SST) ist (Carstensen, 2006).

Die erste Grundannahme der SST ist, dass sich mit dem Alter der individuelle Zeithorizont verändert. Während jüngere Menschen ihr Leben aus der im Hinblick auf die Zukunft unbegrenzten Perspektive der Zeit seit der Geburt betrachten, wechselt dieser Blickwinkel im Verlauf des Lebens zur Perspektive der Endlichkeit der Zeit bis zum Tod. Dieser Blickpunktwechsel vollzieht sich nicht schlagartig und hängt eher von der Wahrnehmung des eigenen Alters ab als vom Alter direkt. Dementsprechend lässt sich kein genaues Alter angeben, in dem die Perspektive wechselt, bei den meisten Menschen dürfte dieser Wechsel ins fünfte Lebensjahrzehnt fallen.

Die zweite Grundannahme der SST besagt, dass der Perspektivwechsel mit einer Verschiebung der subjektiven Bedeutung zweier Arten von Zielen einhergeht: der Bedeutung von Horizonterweiterung und Wissenszuwachs einerseits und der Bedeutung der Regulierung von Gefühlslagen andererseits. Bei Menschen, die ihr Leben aus der unbegrenzten Perspektive (Zeit seit Geburt) betrachten, haben wissensbezogene Motive eine größere Bedeutung als emotionsbezogene – ab dem mittleren Lebensalter kehrt sich diese Hierarchie um. Wissensbezogene Ziele bereiten quasi auf das Leben vor, im Zentrum stehen ein hohes Informationsbedürfnis, die Erweiterung und Vertiefung des eigenen Wissensschatzes und das Erleben von Abwechslung und Neuartigkeit. Emotionsbezogene Ziele dienen der Erreichung und dem Erhalt psychischen Wohlbefindens. Die Bedeutung positiver sozialer Kontakte steigt, genauso wie die der Vertiefung bestehender sozialer Beziehungen und der Festigung von Expertise und Erfahrung in Bereichen, die ohnehin bereits Spaß bereiten. Die SST erklärt damit teilweise das Paradox des Alterns, demzufolge Ältere in der Regel über ein weniger dichtes soziales Netzwerk verfügen, sich weniger stark als Jüngere für Neues interessieren und weniger Interessensgebiete angeben – zugleich aber scheint ihre Lebenszufriedenheit genauso groß oder sogar größer zu sein als die jüngerer Menschen (vgl. Kunzmann et al., 2002).

Altersabhängige Veränderungen arbeitsbezogener Motive

Die altersabhängige Verschiebung der relativen Wichtigkeit von Zielen zeigt sich auch im beruflichen Kontext. In einer Umfrage baten wir (Roßnagel et al. 2007) 277 Berufstätige, einen Satz von 18 berufsbezogenen Zielen gemäß der persönlichen Wichtigkeit zu ordnen. Die Befragten verteilten sich annähernd gleichmäßig auf die Altersgruppen der jüngeren (18–35 Jahre), mittelalten (36–50 Jahre) und älteren (51–65 Jahre) Beschäftigten. Die gezeigten Ziele umfassten z. B. Anerkennung (für meine Arbeit erhalten), positive soziale Kontakte (zu meinen Kollegen haben), hohe Leistung (bei der Arbeit erbringen) oder Abwechslung (haben durch öfters wechselnde Aufgaben) und entstammten einer Sichtung von Instrumenten zur Erfassung berufsbezogener Ziele.

Die Wichtigkeit interessanter und abwechslungsreicher Arbeitsaufgaben ist für jüngere Beschäftigte (bis 35 Jahre) am größten, sie nimmt bei Beschäftigten mittleren Alters (36–50 Jahre) ab und sinkt bei den älteren Arbeitnehmern, also jenseits 50 Jahren, nochmals leicht ab. Dies passt zu den Annahmen der Theorie sozioemotionaler Selektivität, der zufolge die relative Wichtigkeit informations- und lernbezogenen Verhaltens abnimmt – wodurch auch die Attraktivität abwechslungsreicher Arbeit sinken kann, die als lernhaltig angesehen wird (vgl. Richter, 2005). Umgekehrt steigen die Bedürfnisse nach Autonomie und Generativität mit dem Alter an, sie sind für Arbeitnehmer jenseits der 50 Jahre jeweils wichtiger als für ihre jüngeren Kollegen. Autonomie stand in unserer Befragung für die Möglichkeit, z. B. über die Abfolge der Bearbeitung unterschiedlicher Arbeitsaufgaben weitgehend eigenständig zu entscheiden. Autonomie ist vor dem Hintergrund der in der SST angenommenen steigenden Bedeutung positiven Affekts zu sehen: Sie steht für die Kompetenz, die eigene Arbeit gestalten zu können, und zugleich für das Vertrauen der Vorgesetzten, diese Gestaltungsfreiheit zu gewähren. Einschränkungen der Autonomie werden entsprechend als aversiv erlebt, von Älteren vermutlich stärker als von Jüngeren. Auch Generativität, also das Weitergeben eigener Kenntnisse und Fertigkeiten an Kollegen, ist mit dem Erleben eigener Kompetenz verknüpft. Zudem sichert die Weitergabe eigenen Wissens soziale Anerkennung, sorgt also ebenfalls für positive Emotionen, deren Wichtigkeit mit dem Alter steigt. Wie von der SST prognostiziert, ist für Ältere Autonomie wichtiger als interessante Aufgaben.

Ein weiterer interessanter Befund: Die Bedeutung guter beruflicher Leistung ändert sich *nicht* mit dem Alter. Das verbreitete Vorurteil, dass Ältere weniger motiviert seien, gut zu arbeiten, und eher „Dienst nach Vorschrift" machten, ist aufgrund unserer Ergebnisse nicht ohne weiteres haltbar. Insgesamt belegen unsere Befunde systematische altersabhängige Veränderungen in der Wichtigkeit genereller beruflicher Ziele. Diese Veränderungen sind ein Baustein bei der Erklärung von Veränderungen der allgemeinen Arbeitsmotivation, aber auch von Veränderungen der spezifischen Lernkompetenz.

3.2.4 Selbstwirksamkeit und Zielorientierung

Die gerade geschilderten altersabhängigen Veränderungen der allgemeinen Arbeitsmotivation stehen in enger Wechselbeziehung mit der individuellen Selbstwirksamkeitserwartung in Bezug auf berufliche Weiterbildung. Die auf Weiterbildung bezogene Selbstwirksamkeitserwartung (WSW) lässt sich grob fassen als die subjektive Überzeugung, zur Erweiterung und Verbesserung beruflicher Kenntnisse und Fertigkeiten in der Lage zu sein. WSW gilt als wichtige Einflussgröße auf die freiwillige Teilnahme an Weiterbildung (z. B. Maurer & Palmer, 1999; Noe & Wilk, 1993) angesichts ihrer Bedeutung für die generelle Motivation für das Lernen. Wer sich die Verbesserung seiner beruflichen Kenntnisse und Fertigkeiten nicht (mehr) zutraut, hat natürlich eine hohe Hemmschwelle, mit dem Lernen überhaupt zu beginnen. Die neuere Forschung zeigt, dass ältere Beschäftigte arbeitsbezogene Kenntnisse und Fertigkeiten als kaum veränderbar ansehen (Maurer et al., 2003), also eine geringe WSW aufweisen. Maurer (2001) diskutiert vier Faktoren der WSW: Erfolgserlebnisse, soziale Unterstützung, körperliche Selbstwahrnehmung und stellvertretende Erfahrungen.

Erfolgserlebnisse. Der wichtigste Faktor sind eigene Erfolgserlebnisse. Wer bereits erfolgreich an Weiterbildung teilgenommen hat, wird selbstverständlich eine höhere Überzeugung besitzen, dies auch künftig tun zu können, als jemand ohne entsprechende Erfahrungen (vgl. Maurer & Tarulli, 1994). Entscheidend ist jedoch, dass die Teilnahme als erfolgreich erlebt wurde, die bloße Teilnahme führt nicht automatisch zu höherer WSW. Außerdem wirken Erfolgserlebnisse nicht unbegrenzt nach. Die Teilnahmeraten Älterer an formaler Weiterbildung sinken ab dem Alter von 40 Jahren deutlich (vgl. Cleveland & Shore, 1992), zugleich zeigen Ältere vielfach geringere Weiterbildungserfolge (Kubeck et al.,

1996). Die Zahl der Erfolgserlebnisse nimmt also in aller Regel ab, mit entsprechend negativen Auswirkungen auf die WSW.

Soziale Unterstützung. Soziale Unterstützung ist eine weitere Quelle der Veränderung der WSW. Die berühmte „moralische Unterstützung" von Kollegen oder Vorgesetzten und konstruktive Leistungsrückmeldung stärken die WSW und die Teilnahme an betrieblicher Weiterbildung (Noe & Wilk, 1993; Tharenou & Conroy, 1994). Allerdings erhalten ältere Beschäftigte vielfach weniger Rückmeldung von ihren Vorgesetzten als jüngere Kollegen (Cleveland & Shore, 1992) und sind oftmals weniger beliebt (Tsui & O'Reilly, 1989), was sich auch auf die Kommunikation jüngerer und älterer Kollegen auswirkt, Erstere sprechen mit Letzteren weniger häufig als mit ihren Altersgenossen (Zenger & Lawrence, 1989). Ein wichtiges Element sozialer Unterstützung ist die Bereitstellung von Lernressourcen und der Zugang zu diesen (Maurer, 2001). Ältere bedürfen oftmals der expliziten Ermunterung, solche Ressourcen (z. B. Selbstlernkurse im Intranet der Firma) zu nutzen. Fehlt eine solche Ermunterung, wird sie nicht selten negativ gewertet und als „Ausschluss" vom Zugang zu Training und Weiterbildung erlebt.

Körperliche Selbstwahrnehmung. Der dritte große Einfluss auf die WSW kommt aus der körperlichen Selbstwahrnehmung. Ab dem 40. Lebensjahr bauen einige körperliche Grundfunktionen verstärkt ab: Die Muskelkraft lässt nach, die Lungenkapazität verringert sich, die Nervenleitgeschwindigkeit sinkt, was die im letzten Kapitel beschriebene verlangsamte Wahrnehmungsgeschwindigkeit erklärt. Zwar sind diese Veränderungen nicht unmittelbar relevant für die Leistung bei Training und Weiterbildung. Sie strahlen aber aus auf die eigene Wahrnehmung der allgemeinen Leistungsfähigkeit und beeinflussen die WSW dadurch mittelbar.

Stellvertretende Erfahrungen. Schließlich spielen vorweggenommene und stellvertretende Erfahrungen eine wichtige Rolle. Ältere, die in ihrem unmittelbaren Umfeld die erfolgreiche Weiterbildungsteilnahme von Kollegen gleichen Alters „erleben" (auch durch „Mundpropaganda" vermittelt), beziehen daraus in aller Regel positive Impulse für ihre eigene WSW. Entscheidend ist hierbei die Ähnlichkeit dieser „Vorbilder" mit ihren Beobachtern. Ist das Vorbild in wesentlichen Punkten (z. B. Statushöhe, Abteilung, Erfahrung) unähnlich, ist die positive Wirkung der stellvertretenden Erfahrung gering. Selbstverständlich wirken stellvertretende Erfahrungen auch in umgekehrter Richtung. Negative Weiterbildungserfahrungen von Kollegen beeinflussen die WSW in ungünstige Richtung. Auch die im vorigen Kapitel besprochenen Altersstereotype fallen unter stellvertretende Erfahrungen und wirken sich ungünstig auf die WSW aus (vgl. auch Rebok & Offerman, 1983).

Gedächtniserwartung. Eine spezifische Variante vorweggenommener Erfahrung erwächst aus der gedächtnisbezogenen Selbstwirksamkeitserwartung, kurz: Gedächtniserwartung. Die Gedächtniserwartung ist das Vertrauen in das eigene Gedächtnis. Zu seiner Erfassung existieren zahlreiche Fragebögen, in denen Befragte z. B. Auskunft darüber geben, wie oft sie Probleme mit dem Merken von Namen oder Gesichtern haben, wie oft sie im Vollzug einer Handlung vergessen, was sie als Nächstes tun wollten, oder wie angespannt sie sind, wenn sie bei sozialen Anlässen Menschen vorstellen sollen, die sie selbst gerade erst kennen gelernt haben. In der Forschung bezeichnet man die Erwartungen an und das Wissen über das eigene Gedächtnis als Metagedächtnis.

> **Beispiel**
>
> Bei einem Experiment zur Gedächtniserwartung gab man Teilnehmern Lernstoff (z. B. Wortlisten) mit der Bitte vor, sich diesen Stoff innerhalb einer bestimmten Zeit einzuprägen. Vorab ließ man die Versuchsteilnehmer schätzen, wie viel sie von diesem Stoff vermutlich behalten werden. Darüber hinaus ließ man sie nach dem Lernen die Schwierigkeit des Erlernens bewerten. Dabei zeigte sich, dass Ältere ihre Lernleistung schlechter vorhersagen konnten als Jüngere (vgl. Connor et al., 1997). Außerdem bewerten Ältere die Lernschwierigkeit meist höher als Jüngere, obwohl sie vergleichbare objektive Gedächtnisleistungen zeigen (vgl. Touron & Hertzog, 2004).

Die Erwartung an die eigene Gedächtnisleistung nimmt mit dem Alter ab, sie geht aber nicht zwangsläufig mit schlechteren Leistungen einher. Von Bedeutung ist die Gedächtniserwartung im Hinblick auf die Lernkompetenz in zweierlei Hinsicht. Zum einen beeinflusst die Gedächtniserwartung die Lernziele, die sich Menschen setzen. Beispielsweise könnten Lernende in dem Bemühen, ihre (vermutet) mangelnde Gedächtnisleistung auszugleichen, besonders viel Wert auf das sorgfältige Einprägen von Fakten (z. B. Erlernen neuer Fachbegriffe) legen, um z. B. für das Phänomen gewappnet zu sein, dass einem Begriffe „auf der Zunge liegen", aber nicht benannt werden können. Angesichts dieses Bemühens mag das Begreifen größerer Zusammenhänge in den Hintergrund treten, was im Hinblick auf die Anwendung des Gelernten ein ungünstiges Lernziel wäre. Eng verknüpft mit der Setzung ungünstiger Lernziele ist die unangemessene Investition kognitiver Ressourcen und Lernzeit. Wer sich das Ziel des Einprägens von Fakten setzt, zieht entweder seine Aufmerksamkeit vom Erfassen von Zusammenhängen ab. Alternativ – wenn Fakten eingeprägt und Zusammenhänge erfasst werden sollen – steigt der Gesamtzeitbedarf fürs Lernen. Dadurch kann ein Teufelskreis entstehen: Mit der Absicht, ihre Schwächen des Gedächtnisses zu kompensieren, wenden Lernende mehr Zeit und Anstrengung fürs Lernen auf. Treten dann in der Anwendung des Gelernten Lücken auf (z. B. wenn einem die

Vorgaben einer neuen Regelung am Arbeitsplatz momentan nicht einfallen), werden diese angesichts des betriebenen Lernaufwands als besonders gravierend erlebt. Sie scheinen dann die geringe Gedächtniserwartung zu bestätigen („Ich hab ja gleich gewusst, dass ich das nicht mehr kann") und verstärken sie dadurch – mit entsprechend ungünstigen Auswirkungen auf die weiterbildungsbezogene Selbstwirksamkeitserwartung.

Insgesamt also besteht für ältere Beschäftigte eine nicht zu vernachlässigende Wahrscheinlichkeit sinkender weiterbildungsbezogener Selbstwirksamkeitsüberzeugungen. Sie geht zurück auf seltener werdende eigene Erfolgserlebnisse, durch Altersstereotype vermittelte negative stellvertretende Erfahrungen, abnehmende soziale Unterstützung und negativere Köperwahrnehmung.

Beispiel

Der Einfluss der Selbstwirksamkeit. Bei einem Interview im Rahmen eines unserer Beratungsprojekte erzählte eine 59-jährige Sekretärin, dass sie sich schon seit geraumer Zeit vor der in Kürze bevorstehenden Einführung einer neuen Software zur Dokumentenverwaltung fürchte. Sie glaube, dieser Anforderung nicht gewachsen zu sein, antizipierte Überforderung und reagierte sogar mit körperlichen Beschwerden wie Magendrücken und Schlafproblemen. Einer der Gründe ihrer Angst war, dass sie erst im – laut eigener Aussage – „biblischen Alter von 42" begonnen habe, am Computer zu arbeiten und dies einfach nicht so gut gemeistert habe „wie die jungen Leute". Eben diese Sekretärin erzählte aber in einer späteren Passage desselben Interviews – in der es um ihre Stärken ging – dass sie im Herbst desselben Jahres nach China reisen wolle. Sie werde notfalls auch ohne ihren Mann fahren, der eher ein Reisemuffel sei. Auf jeden Fall wolle sie vorab „ein bisschen Chinesisch lernen", um mehr vom Land erfahren zu können. Auf die Frage, ob sie das Erlernen des Chinesischen einfacher fände als das Lernen einer neuen Software, antwortete sie: „Das ist doch was ganz anderes."

Wie schon erwähnt, besteht eine wichtige Konsequenz geringer WSW in der Abnahme der Bereitschaft zur Weiterbildungsteilnahme. Des Weiteren liegt nahe, dass geringe WSW auch die übergreifenden Lernziele beeinflusst, die mit einer Weiterbildungsteilnahme verbunden sind. Es kommt zu einer so genannten Vermeidungsorientierung des Lernens (vgl. Dweck & Leggett, 1988). Lernende mit negativer Leistungsorientierung zielen darauf ab, Schwächen und Wissenslücken zu verbergen und vor anderen nicht als gering kompetent zu gelten. Im Gegensatz dazu streben Lernende mit einer Annäherungsorientierung danach, über ihre Lernleistung bestimmte Belohnungen (im Arbeitskontext also

z. B. Prämien) und Anerkennung zu erhalten. Die Vermeidungsorientierung soll helfen, negative soziale Vergleiche zu umgehen, die letztendlich die Aufrechterhaltung eines positiven Selbstkonzepts gefährden. Die oben beschriebene sozioemotionale Selektivität einerseits, die zu erhöhter Bedeutung eines positiven Selbstkonzepts führt, und die sinkende Selbstwirksamkeit andererseits legen nahe, dass bei älteren Beschäftigten die Wahrscheinlichkeit für negative Lernziele im Sinne der Vermeidungsorientierung steigt.

Unter dem Strich
Lernkompetenz verändert sich mit dem Alter, insbesondere auf der Ebene der Lernorientierungen. Individuelle Quellen der Veränderung sind sich wandelnde Schwerpunktsetzungen in der Arbeitsmotivation, Verschiebung in der Priorität arbeitsbezogener Ziele und nachlassende Selbstwirksamkeitserwartungen.

3.3 Organisationale Einflüsse auf die Lernkompetenz

Die individuellen Einflüsse auf die Lernkompetenz stehen in enger Wechselwirkung mit Einflüssen seitens der Organisation. Das in einer Organisation herrschende Klima beeinflusst die Selbstwahrnehmung Beschäftigter im Hinblick auf ihre Leistungsfähigkeit im Allgemeinen und ihre Lernfähigkeit im Besonderen. Das Organisationsklima hat unterschiedliche Facetten. Im Zusammenhang mit der Lernkompetenz sind das Alters- und das Lernklima von Bedeutung, die ich im Folgenden bespreche.

3.3.1 Alters- und Lernklima

Für die Beschreibung der „weichen" Merkmale von Arbeitsumgebungen haben sich die Begriffe der Kultur und des Klimas eingebürgert, die selten scharf voneinander oder von verwandten Konzepten, wie Werte, Normen oder Einstellungen, unterschieden werden (Kluge, 2002). Organisationskultur ist definiert als ein Muster von Grundannahmen, die sich entwickeln in der Auseinandersetzung einer Organisation mit ihrer Anpassung nach außen und ihrer Integration nach innen. Diese Grundannahmen haben sich bewährt und werden deshalb neuen Mitgliedern der Organisation als angemessene Art der Wahrnehmung dieser Auseinandersetzung vermittelt (Schein, 1990, S. 111). Organisationsklima ist demgegenüber der sichtbare Ausdruck der Organisationskultur.

Organisationsklima wird verstanden als „die von den Beschäftigten geteilte Wahrnehmung der Praktiken, Abläufe und Verhaltensweisen, die in einer bestimmten Arbeitsumgebung belohnt und unterstützt werden" (Schneider, 1990, S. 384).

Wenngleich sich ein allgemeines Organisationsklima beschreiben lässt, hat sich die neuere Forschung in erster Linie der Erfassung spezifischer Facetten von Klima gewidmet, speziell in Nordamerika vor dem Hintergrund hoher ethnischer und kultureller Vielfalt. Gegenstand von Untersuchungen waren z. B. das Geschlechterklima (Foster et al., 2000), das Rassenklima (Watts & Carter, 1991), das Klima sexueller Identität (Liddle et al., 2004) oder das Klima kultureller Diversität (Price et al., 2005). Bemerkenswerterweise fehlt Forschung zum Altersklima bislang fast ganz (Noack & Staudinger, 2007). Altersklima bezieht sich auf die organisationsweit geteilte Wahrnehmung älterer Beschäftigter im Vergleich zu ihren jüngeren Kollegen.

Das Altersklima ist nicht gleichzusetzen mit Altersdiskriminierung, die tatsächliches Verhalten (z. B. den aktiven Ausschluss Älterer aus informellen Netzwerken am Arbeitsplatz) beschreibt.

Definition

Altersklima fasst die von den Mitgliedern einer Organisation geteilten Wahrnehmungen von und Einstellungen gegenüber älteren Beschäftigten zusammen.

Im Gegensatz zum Altersstereotyp ist das Altersklima keine Größe auf individueller Ebene, sondern es wird von einer ganzen Gruppe getragen, nämlich den Mitgliedern einer Organisation. Zur Erfassung des Altersklimas kann der Vergleich der Wahrnehmung von älteren Beschäftigten mit ihren jüngeren Kollegen herangezogen werden. Um den Einfluss sozialer Erwünschtheit zu begrenzen, sollen die Befragten Auskunft geben über die allgemeine Einstellung zu Älteren innerhalb der Organisation, anstatt ihre individuelle Ansicht kundzutun.

Welche Merkmale einer Organisation beeinflussen das Altersklima? An erster Stelle zu nennen sind sicherlich betriebliche Regelungen, von denen Ältere direkt betroffen sind. In der politischen Diskussion der jüngeren Zeit hat hier wohl die Debatte um das Rentenalter die größte Aufmerksamkeit erhalten. Sie bringt das allgemeine Altersklima insofern zum Ausdruck, als diskutiert wird, ob Ältere überhaupt bis zum 67. Lebensjahr produktiv arbeiten können (vgl. Kruse & Lehr, 2006; Skirbekk, 2004). Betriebe, die auch künftig an der Frühverrentung Älterer festhalten, schaffen sicherlich ein anderes Altersklima als solche, die ihren älteren Mitarbeitern die Voraussetzungen für ein längeres Arbeitsleben schaffen und dabei z. B. „weiche Ausstiege" aus dem Arbeitsleben ermöglichen. Bekannt geworden sind in diesem Zusammenhang Netzwerke von Senior-Experten. Sie vermitteln erfahrene Ingenieure und Führungskräfte, die auch in ihrem offiziellen Ruhestand projektweise in Firmen zurückkehren und ihr Know-how zur Lösung von Spezialaufgaben zur Verfügung stellen. Solche Initativen scheinen jedoch – angesichts der im vorigen Kapitel beschriebenen Daten zu Altersstereotypen – bislang noch Einzelfallcharakter zu haben.

Maßnahmen zur Förderung eines positiven Altersklimas

Mentoren-Programme. Ältere Beschäftigte nehmen sich jüngerer Kollegen an, um diese bei ihrem Einstieg in einen Bereich fachlich zu begleiten. Ähnlich wie Senior-Experten-Netzwerke signalisieren solche Programme, dass das Wissen und die Erfahrung der „alten Hasen" als wichtige Ressource betrachtet werden, die es wert ist, an die jüngere Generation weitergegeben zu werden.

Altersgemischte Lerngruppen. Diese Gruppen vermitteln, dass Ältere als lernbereit betrachtet werden und dass die Zusammenführung älterer und jüngerer Kollegen beiderseitigen Nutzen bringt – mithin, dass Ältere im Rahmen der Weiterbildung nicht nur nehmen, sondern durchaus auch geben.

Zu den entscheidenden Dimensionen bei der Schaffung eines positiven Altersklimas gehören der Anteil älterer Beschäftigter in der Organisation im Allgemeinen und die Besetzung alterstypischer Stellen „gegen den Strich" im Besonderen. In Firmen, die – platt ausgedrückt – mit ihren älteren Beschäftigten „gut umgehen", aber nur sehr wenige von ihnen haben, werden diese eher zur Minderheit als in Betrieben, die einen großen Anteil Älterer beschäftigen. Schon diese Minderheitenrolle birgt die Gefahr der Altersstereotypisierung mit entsprechenden Folgen für das Altersklima. Hinzu kommt, dass – ebenfalls als Folge von Stereotypisierung – bestimmte Stellen und Tätigkeiten als „typisch jung" oder „typisch alt" gelten (Cleveland & Landy, 1987). Computer- und System-Programmierer z. B. gilt als typisch junger Beruf, während die Stelle des Controllers als eher für ältere Mitarbeiter passend wahrgenommen wird (Finkelstein et al., 1995). Das hat dazu geführt, dass ältere Beschäftigte in solchen Branchen stark unterrepräsentiert sind, die von Innovation und schneller Expansion charakterisiert sind (Filipp & Mayer, 1999). Die Folgen für das Altersklima sind klar: Entspricht die Stellenbesetzung einer Firma dem Schema der Alterstypizität und verbleiben Ältere auf solchen Stellen, die „ihrem Alter entsprechen", während den Jüngeren die für sie scheinbar passenden Stellen vorbehalten bleiben, wird ein weniger günstiges Altersklima herrschen, als wenn dieses Muster aufgebrochen wird.

Lernklima bezieht sich – in Analogie zum Altersklima – auf die organisationsweit geteilte Bewertung von arbeitsbezogenem Wissenserwerb und Erweiterung von Fertigkeiten.

In einer Organisation mit positivem Lernklima wird Weiterbildung als Beitrag zum Erfolg der Organisation gesehen und entsprechend unterstützt. Solche Unterstützung kann direkter und indirekter Art sein. Sicherlich, die augenfälligste direkte Unterstützung besteht in der Bereitstellung von Lernressourcen in Form eines differenzierten internen Weiterbildungsprogramms, das neben Seminaren und Trainings auch computerbasierte Selbstlernkurse umfasst sowie Qualitätszirkel oder Mitarbeiterforen. Die indirekte Unterstützung drückt sich darin aus, inwieweit Mitarbeiter für Weiterbildungen von der Arbeit freigestellt werden, welche Begrenzungen ihnen bei der Zahl und Auswahl von Weiterbildungen pro Jahr auferlegt werden und inwieweit sie über ihre Weiterbildungsteilnahme und deren Erfolg Rückmeldung erhalten.

Der Einfluss des Lernklimas. Gegenstand zweier Befragungen des WISE-Demographie-Netzwerks (siehe Anhang: Vertiefungsmöglichkeiten) waren die drei Ebenen der Lernkompetenz und wichtige Randbedingungen. Die Teilnehmer sollten ihre Kenntnis und Verwendung verschiedener Lern- und Kontrollstrategien angeben (kognitive und metakognitive Ebene der Lernkompetenz), verschiedene Aussagen über berufliches Lernen bewerten (Lernorientierungen) sowie die Lernhaltigkeit ihrer Arbeit (siehe dazu Kap. 4.2) und das Trainingsklima an ihrem Arbeitsplatz einstufen. Befragt wurden Teilnehmer der Altersgruppen jung (18–35 Jahre), mittelalt (36–50 Jahre) und älter (51–65 Jahre). In Befragung A wiesen die älteren Teilnehmer eine signifikant geringere Lernkompetenz auf als jüngere und mittelalte Teilnehmer, gemessen am Umfang des Kontrollstrategie-Repertoires und dem Ausmaß ungünstiger Lernorientierungen. Genau umgekehrt sah es aus in Untersuchung B. Dort wiesen die älteren Mitarbeiter die höchste Lernkompetenz auf, sie nutzten mehr Kontrollstrategien und zeigten geringere Vermeidungsmotivation beim Lernen. Wesentlicher Unterschied zwischen den beiden Befragungen: Die Teilnehmer von Befragung B stuften das Lernklima an ihrem Arbeitsplatz signifikant besser ein als die Teilnehmer aus Befragung A. Dies scheint damit zusammenzuhängen, dass das Unternehmen, in dem die Teilnehmer von Befragung B arbeiteten, ein besonders differenziertes Weiterbil-

▶

dungsangebot auflegte, das Pflichtanteile auch und gerade für ältere Beschäftigte vorsieht. Es liegt nahe, diese Befunde dahingehend zu interpretieren, dass die Lernkompetenz durch dieses Weiterbildungsprogramm trainiert wird und deswegen bei den älteren Mitarbeitern zunimmt.

3.3.2 Kommunikation zwischen Führungskräften und Mitarbeitern

Zohar (2000) weist darauf hin, dass die mit den oben beschriebenen Strategien beabsichtigte Wirkung auf das Altersklima einer Organisation entscheidend davon abhängt, wie jene von den Führungskräften vor Ort jeweils umgesetzt wird. Die bloße Existenz solcher Programme allein garantiert noch kein positives Altersklima. Eine wichtige Dimension in dieser Hinsicht ist die in der englischsprachigen Fachliteratur unter dem Kürzel LMX (leader-member exchange) zusammengefasste Kommunikation zwischen Führungskräften und ihren Mitarbeitern.

In der einschlägigen Fachliteratur wird die Qualität der Beziehungen betrachtet, die zwischen Führungskräften und ihren Mitarbeitern besteht. In einer günstigen Beziehung, die allgemein von Vertrauen und Respekt gekennzeichnet ist, stellen Führungskräfte ihren Mitarbeitern eine Reihe von direkten und indirekten Ressourcen bereit (Liden et al., 1997). Dies führt zu höherer Arbeitszufriedenheit (Gerstner & Day, 1997), die Mitarbeiter zu höherer Arbeitsleistung motiviert (Masterson et al., 2000). Direkte Ressourcen umfassen die Mitwirkung bei Entscheidungen, Beförderungen und Gehaltserhöhungen.

Die wichtigste indirekte Ressource ist die Häufigkeit und Intensität des Austauschs von Führungskraft und Mitarbeiter. Im Hinblick auf die Lernkompetenz ist diese Kommunikation zum einen von Belang, weil sie die Auswirkungen eines negativen Altersklimas „abpuffern" kann. Führungskräfte, die ihre Mitarbeiter gut kennen und intensiven fachlichen Austausch mit ihnen pflegen, betrachten diese weniger aus dem Blickwinkel eines Stereotyps. Sie haben viel eher eine individualisierte Sichtweise, die von der tatsächlichen Leistungsfähigkeit eines Mitarbeiters geprägt ist. Stereotype und pauschalisierende Annahmen („Ältere können nicht mehr lernen") treten in den Hintergrund. Damit werden auch die negativen Effekte des Altersklimas auf die Selbstwirksamkeitserwartung eines Mitarbeiters abgeschwächt. Von besonders großer Bedeutung ist die intensive Kommunikation zwischen Führungskraft und Mitarbeiter jedoch im Hinblick auf die Rückmeldung, die Mitarbeiter über ihre Arbeit erhalten. Rückmeldungen sind eine wichtige Informationsquelle hinsichtlich des eigenen Verbesserungs-

und damit Lernbedarfs. Das Ausmaß der Rückmeldungen ist eine wichtige Bestimmungsgröße der „Lernhaltigkeit" von Arbeitstätigkeiten (vgl. dazu Richter, 2005). Höhere Lernhaltigkeit wiederum ist mit höherer Lernkompetenz verknüpft. In unseren Untersuchungen bestand eine hohe Korrelation zwischen der Lernhaltigkeit einer Tätigkeit und der über die metakognitive Ebene ausgeübte Lernkontrolle in der Weiterbildung. Detaillierte und konstruktive Rückmeldungen können die Auswirkungen ungünstiger sozialer Vergleiche und den Mangel an stellvertretenden Erfahrungen ausgleichen, die ich oben als wichtige Einflüsse auf die nachlassende Selbstwirksamkeit älterer Beschäftigter beschrieben habe.

Unter dem Strich
Lernkompetenz verändert sich mit dem Alter, insbesondere auf der Ebene der Lernorientierungen. Individuelle Quellen der Veränderung sind sich wandelnde Schwerpunktsetzungen in der Arbeitsmotivation, Verschiebung in der Priorität arbeitsbezogener Ziele und nachlassende Selbstwirksamkeitserwartungen.

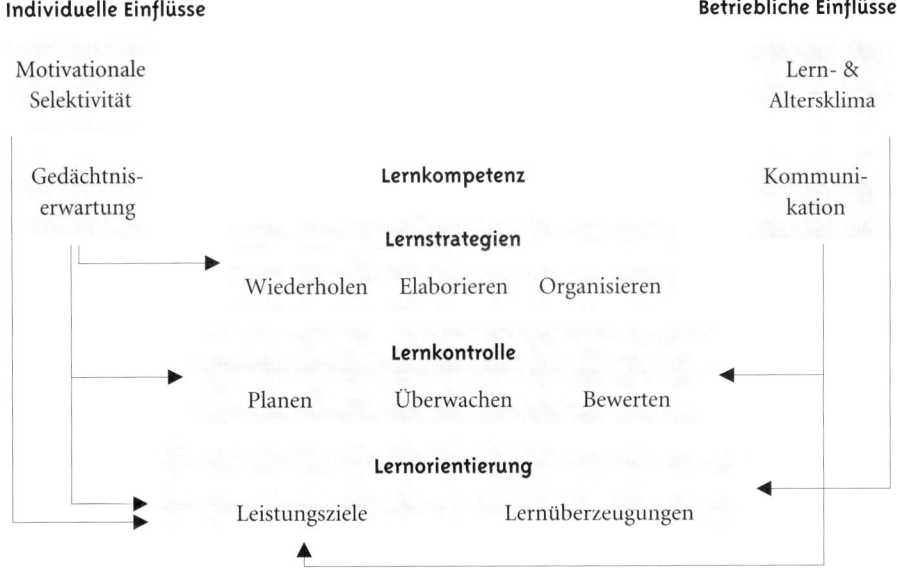

Abbildung 3.2. Individuelle und betriebliche Einflüsse auf die Lernkompetenz

Fazit
Erfolgreiches Lernen im Rahmen der Weiterbildung setzt über Lernfähigkeit hinaus eine spezifische Lernkompetenz voraus. Diese Kompetenz umfasst im Wesentlichen die Fertigkeit, den eigenen Lernbedarf einzuschätzen, sich ange-

messe Lernziele zu setzen, Lernstrategien zur Deckung dieses Lernbedarfs anwenden zu können, und schließlich, das eigene Lernen zum Zweck seiner Steuerung überprüfen und bewerten zu können. Lernkompetenz unterliegt einer Reihe individueller und betrieblicher Einflüsse (vgl. Abb. 3.2). Mit dem Alter verändern sich berufsbezogene Motivlagen vor dem Hintergrund zunehmender sozioemotionaler und motivationaler Selektivität. Die Bedeutung positiven Affekts und positiver sozialer Beziehungen wächst, in gleichem Maß nimmt die Neigung zu, Misserfolgserlebnisse durch nicht erfolgreiches Lernen zu vermeiden. Großen Einfluss auf die Lernkompetenz haben von betrieblicher Seite das Lern- und das Altersklima, welche die Entfaltung individueller Lernkompetenz fördern oder einschränken können. Das Lern- und Altersklima hängt auch eng zusammen mit der Kommunikation zwischen Führungskräften und Mitarbeitern, deren zentrales Element angemessene Leistungsrückmeldung ist. Vor diesem Hintergrund ist Lernkompetenz also nicht als unveränderliches „Talent" zu sehen, sondern als eine entwickelbare Fertigkeit.

**Teil II   Werkzeuge zur Förderung
der Lernkompetenz Älterer**

4 Schaffung des geeigneten betrieblichen Umfelds

Kapitelüberblick
Ältere Mitarbeiter können während ihres gesamten Berufslebens lernen, wenn sie über ausreichende Lernkompetenz verfügen. Die Lernkompetenz sinkt nicht unweigerlich mit dem Alter; sie hängt aber von individuellen und unternehmensseitigen Einflüssen ab, denen ältere Beschäftigte ausgesetzt sind. Wie lassen sich die Erkenntnisse über diese Einflüsse für die Stärkung der Lernkompetenz nutzen? Welche Möglichkeiten bietet die Gestaltung der Arbeitstätigkeit, um die Lernkompetenz von Beschäftigten zu verbessern und zu erhalten?

Lebenslanges Lernen und Weiterbildung für ältere Beschäftigte lassen sich nur effizient umsetzen, wenn mehrere Strategien ineinandergreifen. Weiterbildung für Ältere sollte eingebettet sein in ein dynamisches Personalmanagement, das die wechselseitigen Veränderungen von Beschäftigten und Arbeitstätigkeiten über längere Zeiträume im Blick hat. Ausgangspunkt jeder Strategie zur Kompetenzförderung ist eine Bestandsaufnahme, die neben der Analyse der Lernkompetenz auch die Erfassung des Alters- und Lernklimas einschließt. An diese Bestandsaufnahme knüpfen Strategien zur indirekten Kompetenzförderung an. Sie erstrecken sich auf die Schaffung eines positiven Klimas und auf die Bereitstellung einer lernförderlichen Arbeitsumgebung.

Im vorigen Kapitel sollte deutlich geworden sein, welche Anforderungen insbesondere die informelle berufliche Weiterbildung an ältere Beschäftigte stellt. Nur wer über ein gewisses Maß an Lernkompetenz verfügt, kann erfolgreich lernen. Lernkompetenz heißt, über Teilkompetenzen in drei Bereichen zu verfügen: Erstens effektive Lernstrategien, mit denen man sich den Lernstoff erschließt und einprägt. Zweitens Kontrollstrategien, mit denen das Lernen geplant und gesteuert wird, und drittens eine angemessene Lernorientierung, die für die Setzung spezifischer Lernziele und die effiziente Investition von Zeit und Aufwand ins Lernen maßgeblich ist.

Ältere Beschäftigte verfügen grundsätzlich über alle Voraussetzungen für hohe Lernkompetenz. Vielfach aber beeinträchtigen altersbezogene und firmenseitige Einflüsse die Entfaltung dieser Kompetenz. So sinkt bei Älteren vielfach das Vertrauen in die eigenen Fähigkeiten, was zusammen mit unangemessenen Auffassungen über das Lernen zu ungünstigem Lernverhalten führen kann. Verstärkt werden diese Motivationsprobleme nicht selten durch ein ungünstiges Lern- und Altersklima im Unternehmen. Lernkompetenz ist also eingebettet in ein System von Wechselwirkungen zwischen personen- und firmengebundenen Stellgrößen.

Dies hat Auswirkungen auf Ansätze zur Steigerung der Lernkompetenz. Eine erfolgversprechende und nachhaltige Strategie zur Stärkung der Lernkompetenz älterer Beschäftigter sollte nicht alleine an den offensichtlichen Ebenen der Kompetenz selbst ansetzen, sondern auch die Dimensionen berücksichtigen, die als Kernelemente eines strategischen, „demographiefesten" Personalmanagements verstanden werden können. Es liegt auf der Hand, dass es keine Wundermittel gibt, keine einzelne und für alle Betriebe gleichermaßen passende Methode. Nur das Ineinandergreifen verschiedener Ansätze kann zur nachhaltigen Stärkung der Lernkompetenz, zur Erhöhung der Weiterbildungsbeteiligung und damit zum echten lebenslangen Lernen führen.

Im ersten Teil des Kapitels gebe ich einen Überblick über die Grundzüge eines altersdifferenzierten Personalmanagements, dessen Instrumente teilweise in die Förderung der Lernkompetenz einbezogen werden können. Der zweite Teil ist Ansätzen der indirekten Förderung der Lernkompetenz gewidmet. Solche Förderung stellt seitens des Unternehmens den Rahmen bereit, innerhalb dessen sich Lernkompetenz entfalten kann.

4.1 Die Einbettung der Weiterbildung ins dynamische Personalmanagement

Es klang wiederholt an, dass viele Betriebe bisher kaum auf den demographischen Wandel vorbereitet sind und auf die Anforderungen, die er an zeitgemäßes Personalmanagement stellt. Ein substanzieller Teil von Betrieben nimmt den demographischen Wandel nicht als Problem wahr. Viele Unternehmen planen, dem steigenden Altersdurchschnitt von Belegschaften mit kaum zukunftstauglichen Strategien zu begegnen (vgl. BIBB, 2004).

Zugleich zeichnet sich ab, dass wichtige anstehende Handlungsfelder eines demographiebewussten Personalmanagements nur angemessen zu erschließen sind, wenn die Wechselwirkungen zwischen Unternehmen und Mitarbeitern angemessen berücksichtigt werden. Die Lernkompetenz ist dafür ein eindrückliches, aber nicht das einzige Beispiel. Auch altersgemischte Teams oder das Wissensmanagement werden nur reibungsarm funktionieren, wenn ihre Einbettung in unternehmens- und personenseitige Bedingungen in Betracht gezogen wird. Dies ist ein wichtiger Eckpunkt demographieorientierter Personalarbeit. Ein zweites grundlegendes Element ist die Beteiligung des gesamten Unternehmens –

einschließlich des gesamten Führungspersonals – an der Entwicklung des Humanvermögens (Staudinger et al., 2008).

Dies bedeutet zweierlei. Zum einen steigt der Wert jedes einzelnen Mitarbeiters aufgrund der Schrumpfung des Arbeitsmarkts. Zugleich wird die bisher klassische Karriere mit ein und derselben Tätigkeit in dem gesamten Berufsleben ein Auslaufmodell. Es ist deshalb nötig, sich auf die Entwicklungsmöglichkeiten aller Mitarbeiter zu konzentrieren – und nicht nur des Führungsnachwuchses. Zum Zweiten erfordert künftige Personalentwicklung auch, alle Beschäftigten nicht nur zur Zielgruppe der Personalentwicklung zu machen, sondern auch zu ihren Trägern. Zum Beispiel sind ein positives Lern- und Altersklima wichtige Voraussetzungen für hohe Lernkompetenz und erfolgreiche Weiterbildung. Klima wird aber nicht „von oben" verordnet und gesteuert, sondern es muss von allen praktiziert werden.

Praxisbeispiel: Integriertes Alternsmanagement bei BMW
Bei den Bayerischen Motorenwerken (BMW) lag der Anteil der Beschäftigten über 50 Jahren Ende 2005 bei etwa 15 %, mit steigender Tendenz: Schätzungen zufolge wird der Anteil der über 50-Jährigen bis 2015 auf gut ein Drittel steigen. Im Zuge ihrer differenzierten und langfristig orientierten Personalpolitik setzte die BMW-Gruppe das Projekt „Heute für morgen" um. Ziel ist die Analyse der Auswirkungen des demographischen Wandels auf die BMW-Gruppe und die Umsetzung der Erkenntnisse in passende Strategien. Das Projekt umfasst fünf Schwerpunkte:
▶ Zukunftsorientierte Gestaltung des Arbeitsumfeldes
▶ Gesundheitsmanagement und -prävention
▶ Bedarfsgerechte Altersaustrittsmodelle
▶ Qualifizierung und Kompetenzen
▶ Kommunikation
(http://www.bmwgroup.com/Verantwortung/Mitarbeiter/Heute für morgen, Stand 11. 1. 2008)

Bei BMW hatten die Personalverantwortlichen den Alterswandel der Belegschaft bereits seit 2003 im Visier. Zur besseren Abschätzung der mit der Veränderung der Altersstruktur einhergehenden Veränderungen im Unternehmen führte die Personalabteilung deshalb eine Altersstrukturanalyse durch (vgl. Kap. 4.1.2). Sie hatte ganze Standorte und einzelne Abteilungen als Analyseeinheiten und machte entsprechend spezifische Vorhersagen. Im Zuge dieser Analysen fiel die schiefe Altersverteilung der Belegschaft ins Auge. Weil in der Vergangenheit vornehmlich junge Nachwuchskräfte eingestellt worden waren, existierte eine recht homogene Altersgruppe, die gemeinsam alterte. Mit einer solchen Gleichförmigkeit sind zwei wesentliche Probleme verbunden:

▶ Für eine geraume Zeit wird es praktisch kaum altersbedingte Fluktuation geben. Dadurch kommt kaum neue Expertise in das Unternehmen.

▶ In einer späteren Phase wird eine relativ große Zahl von Beschäftigten das Unternehmen mehr oder weniger gleichzeitig verlassen. Damit entsteht auf einen Schlag ein substanzieller Rekrutierungsbedarf, was an sich schon Probleme bereiten kann. Darüber hinaus aber führt der massierte Austritt erfahrener Beschäftigter zu einem enormen Verlust an Expertise und Erfahrungswissen, der nicht durch die Einstellung junger Nachwuchsleute ausgeglichen werden kann.

Bei der Eröffnung neuer Werke wird dieser Erkenntnis bereits durch die Einstellung einer von Anfang an altersgemischten Belegschaft Rechnung getragen. So wurde beispielsweise im neuen Werk in Leipzig auf einen Anteil von 25 % der Belegschaft geachtet, die zwischen 40 und 50 Jahre alt sind. Fünf Prozent der Beschäftigten sind über 50 Jahre.

Die Integriertheit des Ansatzes zeigt sich darin, dass parallel zu dieser veränderten Einstellungspolitik eine Strategie aufgesetzt wurde, die Produktivität über das gesamte Berufsleben hinweg zu fördern. Dazu wurde zum einen ein Gesundheitsprogramm aufgelegt, das die Beschäftigten unterstützt und ermuntert, bis in die späten Phasen des Berufslebens leistungsfähig zu bleiben (vgl. „Praxisbeispiel: Gesundheitsprogramm der Münchner Stadtwerke", Kap. 4.1.1). Gleichzeitig wurde die Arbeitsgestaltung daraufhin überprüft, wo Arbeitsbedingungen so geändert werden mussten, dass gesundheitliche Belastungen minimiert werden. In die Laufbahnplanung wurden Ruhestandsregelungen eingebaut, die berücksichtigen, dass auch künftig ältere Beschäftigte nicht bis zum Rentenalter Vollzeit werden arbeiten können oder wollen. Auf diese Weise soll das Auslaufen der gegenwärtigen Frühruhestandregelungen abgefangen werden. Das lebenslange berufliche Lernen soll durch die Einrichtung altersgemischter Lerngruppen gefördert werden, in denen über den Austausch älterer Experten mit jungen Beschäftigten zugleich der Transfer von Erfahrungswissen gewährleistet und künftige Wissensverluste vermieden werden sollen. Abgerundet wird dieses Programmpaket durch eine passende Kommunikationsstrategie. Sie zielt darauf ab, Führungskräften und Mitarbeitern gleichermaßen zu verdeutlichen, welche Auswirkungen die anstehenden Veränderungen für jeden Einzelnen ganz persönlich haben und welche Eigenverantwortung daraus für die eigene Arbeitsfähigkeit und Gesundheit erwächst. Alle Aktionen rund um das „Heute für morgen"-Projekt sind auf einem eigenen Portal im Intranet des Unternehmens zusammengetragen, um die Transparenz des Programms zu maximieren.

4.1.1   Handlungsfelder dynamischen Personalmanagements

Personalentwicklung, die alleine in der Verantwortung der Personalabteilung liegt, wird nicht dasselbe bewegen können, wie Personalarbeit, die vom ganzen Unternehmen getragen wird. Alle Abteilungen eines Unternehmens sollten als Orte des Lernens und der Entwicklung verstanden werden und sich ihres Beitrags zur Personalentwicklung klar werden. Daraus lässt sich eine umfassende, strategische Personalentwicklung entwickeln, die fünf zentrale und miteinander verschränkte Handlungsfelder umfasst. Abbildung 4.1 zeigt diese Handlungsfelder im Überblick.

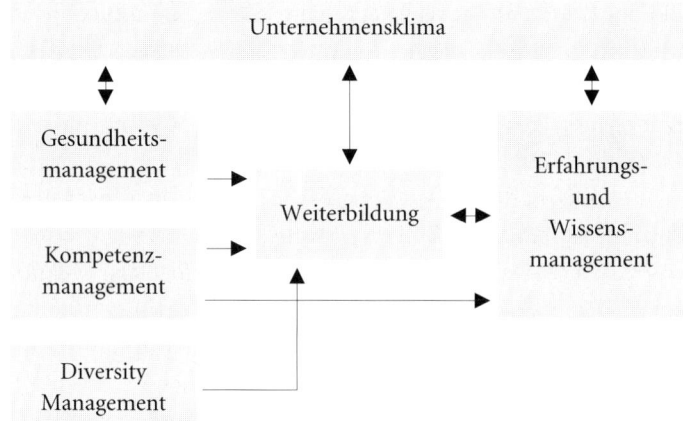

Abbildung 4.1.
Handlungsfelder dynamischen Personalmanagements

Kompetenzmanagement

Das Kompetenzmanagement ist das Herzstück der strategischen Personalentwicklung und somit des Umgangs mit alternden Belegschaften. Allgemeine Aufgabe des Kompetenzmanagements ist es, die für ein Unternehmen notwendigen Kompetenzen zu identifizieren, zu entwickeln und für das Unternehmen verfügbar zu halten. Altersgerechtes Kompetenzmanagement berücksichtigt zudem das Alter und den aktuellen Wissensstand der Mitarbeiter und kalkuliert langfristig planend die sich durch den demographischen Wandel für das Unternehmen verändernden Rahmenbedingungen. Es umfasst selbst wiederum vier verschiedene Aspekte:

▶ Kompetenzentwicklung und Weiterbildung
▶ Kontinuierliche Diagnostik
▶ Abstimmung von Kompetenz- und Arbeitsplatzprofilen
▶ Flexibilisierung von Karrieren

Die wesentliche Neuerung liegt in der Berücksichtigung der Dynamik dieser Aspekte. Die Personalplatzierung erfolgt im klassischen Personalmanagement vielfach in der Annahme, die im Rahmen einer Eingangsdiagnostik festgestellte Passung zwischen Mensch und Tätigkeit bleibe mehr oder weniger unverändert erhalten. Wie ich aber gezeigt habe, verändern sich im Laufe des Berufslebens individuelle Motivlagen einerseits und Erwartungen an Beschäftigte andererseits massiv. Im Interesse stets optimaler Produktivität ist es deswegen unerlässlich, sich in regelmäßigen Abständen systematisch und nicht alleine über Selbst- oder Vorgesetztenbericht der Kompetenzen aller Mitarbeiter zu versichern (z. B. v. Rosenstiel et al., 2004). Zugleich müssen Stellenprofile hinsichtlich der fachlichen und überfachlichen Anforderungen aktuell gehalten werden, die sie an Beschäftigte stellen. Bei Mitarbeitern können neue Kompetenzen hinzugekommen sein, genauso wie einmal vorhandene Kompetenzen veraltet sein mögen. Effizientes Passungsmanagement ist also eine dynamische, fortlaufende Aufgabe des Personalmanagements, die angesichts verlängerter Erwerbsbiographien nicht zuletzt für Arbeitsplätze mit von vornherein begrenzten Verweildauern von hoher Bedeutung ist. Lateraler Stellenwechsel ist ein wichtiges Instrument des Passungsmanagements, wenn durch spezifische Qualifizierung rechtzeitig auf den Wechsel vorbereitet wird. Auf diese Weise wird auch der Gesundheitsschutz des Mitarbeiters optimiert und die Arbeitskraft bleibt dem Unternehmen in optimaler Weise erhalten.

Gesundheitsmanagement

Die sicherlich bekannteste Funktion betrieblichen Gesundheitsmanagements ist die Vermeidung oder Begrenzung der langfristig gesundheitsschädlichen Effekte bestimmter Arbeitsplätze. Gesundheitsprävention zielt dabei kurzfristig auf die Reduktion von Krankheitstagen, langfristig auf den Erhalt der möglichst uneingeschränkten Arbeitsfähigkeit.

Weniger beachtet wurde bisher, dass erhöhte körperliche Fitness nicht nur vor Krankheit schützt, sondern auch die geistige Leistungsfähigkeit steigert, und so zu höherer Produktivität beiträgt. Bereits nach drei Monaten der Teilnahme an Ausdauertrainings lassen sich auch und gerade bei Älteren große Zugewinne in verschiedensten Aspekten der kognitiven Leistungsfähigkeit nachweisen (Kramer et al., 1999). Es zeichnet sich ab, dass es sich dabei nicht nur um kurzfristige Effekte handelt (z. B. die Auswirkung gesteigerter Gehirndurchblutung), sondern es auch zur Neubildung von Nervenzellen und deren Verknüpfungen kommt – die Effekte solcher Trainings können also durchaus nachhaltig sein.

Modernes Gesundheitsmanagement setzt am Einzelnen genauso wie an den Arbeitsbedingungen an. Den Beschäftigten sollten die Bedeutung und die Konsequenzen eines gesunden Lebensstils vermittelt werden. Zugleich sollten Unternehmen zu einem Umfeld werden, in dem diese Erkenntnisse umgesetzt werden können. Das fängt bei der Ernährung in der Kantine an und hört bei Anregungen und betrieblichen Angeboten zu Bewegung und Entspannung noch nicht auf. Auch Arbeitsplatzgestaltung und Job-Rotation sind wichtige Elemente eines erfolgreichen und nachhaltigen Gesundheitsmanagements.

Praxisbeispiel: Gesundheitsmanagement der Stadtwerke München
Unter dem Titel „Stress-Management und Fitness-Training" legten die Stadtwerke München 1993 ein Programm auf zum Gesundheitsmanagement bei älteren Fahrerinnen und Fahrern im öffentlichen Personennahverkehr (Bus, Straßenbahn und U-Bahn). Die Arbeit wird von 1.500 Mitarbeitern im teilweise vollkontinuierlichen Schichtbetrieb erledigt. Das Programm umfasste 20 Gesundheitstage à 8 Stunden außerhalb der Schulferien und fand alle 12 Tage im Gesundheitspark der Münchner Volkshochschule statt – während der Arbeitszeit bei voller Bezahlung. Jährlich wurden 96 Fahrer nach einem Schlüssel (Alter und Dienstjahre) ausgewählt. Das Durchschnittsalter lag bei rund 50 Jahren. Die Fahrer wurden in sechs Gruppen mit je 16 Fahrern von je einem Diplompsychologen sowie Trainern angeleitet. Programminhalte waren:
▶ Sport und Fitnessübungen zur Erhöhung der Leistungsfähigkeit
▶ Mentale Techniken zur Verringerung des Zeitplanstresses
▶ „Entärgerungstraining" in Bezug auf Verkehr und unangenehme Fahrgäste durch Rollenspiele und Erfahrungsaustausch („Ärger fördert Infarkt")
▶ Selbsterfahrung und Tranceübungen zur Steigerung der Gelassenheit

Bei den Stadtwerken München kam es durch das wachsende Verkehrsaufkommen im Individual-Straßenverkehr zu erhöhtem Stress bei den Fahrern. Hohes Krankheitsrisiko, hohe Krankenstände sowie mangelnde Attraktivität führten zu Nachwuchsproblemen. Viele der Fahrer wurden aufgrund von Fahrdienstuntauglichkeit im Alter von 49 Jahren vom Fahrbetrieb abgezogen und in den Innendienst versetzt. Dies ist gleichermaßen unbeliebt wie unwirtschaftlich. Das Programm „Stress-Management und Fitness-Training" der Münchner Verkehrsbetriebe sollte zu einer Senkung der Fahrdienstuntauglichkeit beitragen, zu einer Verringerung der Ausfallszeiten, längeren Verweildauer der Fahrer im Fahrbetrieb sowie zu höherer Attraktivität und besserer Kundenorientierung. Das Programm war seinerzeit das größte seiner Art in Deutschland. Es wird heute vom Personalmanagement in einem privatisierten Unternehmen (GmbH) weitergeführt.

Die Evaluation bei 400 Teilnehmern über vier Jahre zeigte, dass Gesundheit und Wohlbefinden deutlich verbessert wurden. Stress sowie Rücken- und Herzbeschwerden nahmen ab, der Krankenstand nahm um fünf Tage pro Jahr ab, die

Fahrdienstuntauglichkeit wurde um 53,4 % gesenkt. 16 % der Teilnehmer gaben erneuerte Sinnfindung an und besseren Teamgeist. Der Stress durch den Druck zur Einhaltung der Zeitpläne wurde dank der Entspannungstechniken verringert.

2003 wurde das Programm von den Fahrern auch auf weitere Angestellte der Verkehrsbetriebe (z. B. Kontrollschaffner) ausgeweitet. Noch immer werden 20 Gesundheitstage pro Jahr für jede der sechs Gruppen veranstaltet, allerdings werden inzwischen 25 % der Zeit nicht mehr zur Arbeitszeit gerechnet. Der Schwerpunkt hat sich von der psychischen Betreuung auf Bewegung, Training und Übungen verlagert. Obwohl das Programm aufgrund der Personalersatzleistung hohe Startkosten hatte, ist es bis heute erfolgreich beibehalten worden.

Diversity Management

Dieser Baustein dynamischen Personalmanagements ist seit geraumer Zeit eine wichtige Komponente in der Managementstrategie von Unternehmen (Aretz, 2001). Bisher hat sich die Aufmerksamkeit dabei auf Geschlecht und Volkszugehörigkeit konzentriert. Künftig sollte Diversity Management auch die Vielfalt der Belegschaft hinsichtlich des Alters ernst nehmen und für die Optimierung der Produktivität des Unternehmens einsetzen. Höchste Zeit, über Diversity-Management-Strategien nachzudenken, wird es, wenn in einem Unternehmen der Altersschnitt der Belegschaft über 40 Jahren liegt und zugleich eine ungleichmäßige Altersverteilung herrscht (z. B. viele Mitarbeiter unter 25 Jahren, gleichzeitig viele über 45 Jahren, und nur wenige Mitarbeiter zwischen 25 und 45 Jahren). Diversity Management sollte sich in diesem Zusammenhang die Frage stellen, ob die Fortbildungsausgaben für Mitarbeiter über 45 Jahren der personellen Stärke dieser Altersgruppe innerhalb der Belegschaft entsprechen. Wichtig ist auch, ob die Einstellungen der Führungskräfte gegenüber älteren Mitarbeitern bekannt sind. Zentrale Instrumente sind dabei die Analyse der Altersstruktur und die Optimierung der Unternehmenskommunikation.

Alterstrukturanalyse als Frühwarnsystem. Die Analyse der Altersstruktur eines Unternehmens ist der Ausgangspunkt der Analyse der Lernsituation. Dennoch begegnen uns im Rahmen unseres Consultings häufig Personalverantwortliche, die kein genaues Bild der Altersstruktur ihrer Abteilung haben. Angesichts des bislang fehlenden Demographiebewusstseins scheint die Überzeugung weit verbreitet zu sein, dass aus einer Analyse der Altersstruktur kaum wertvolle Informationen bezogen werden könnten. Dies mag zutreffen, wenn die Altersstruktur lediglich den Anteil von Beschäftigten in bestimmten Altersgruppen wiedergibt. Erstreckt sich die Analyse aber über mehr als diese elementaren Informationen, lassen sich daraus wichtige Schlüsse ziehen. Beispielsweise sollte die Analyse die Firmenaustritte des Vorjahres berücksichtigen, getrennt nach Alter, Geschlecht und Position. Auf diese Weise lässt sich nicht nur ermitteln, ob Fluktuation auf

Unzufriedenheitspotenziale hinweist oder lediglich „natürliche" Ursachen hat (z. B. Auslaufen befristeter Verträge) und inwiefern sie die künftige Altersstruktur verzerrt. Finden sich z. B. Häufungen bei den Abgängen der jüngeren Altersgruppe und in Führungsfunktionen, kann daraus ein ernsthaftes Problem für die künftige Produktivitätsentwicklung werden. Eine detaillierte Analyse kann also als Frühwarnsystem genutzt werden, vor allem wenn die Informationen an die jeweiligen Führungskräfte weitergegeben werden, die diese als Ausgangspunkt abteilungsinterner Analysen nutzen können.

Praxisbeispiel: Analyse der Altersstruktur bei GlaxoSmithKline (GSK)

GlaxoSmithKline (GSK) ging aus der Fusion von Glaxo Wellcome (GW) und SmithKline Beecham hervor. Beide Firmen hatten vor der Fusion ihre Personaldaten regelmäßig u. a. auf Geschlecht, Alter und Abschluss ausgewertet. Allerdings war dies eher eine Routineübung, aus der man sich kaum neue Erkenntnisse erhoffte; zudem bestand angesichts des jungen Altersschnitts der Belegschaft kein Anlass, das Altersprofil zu steuern.

Ab dem Jahr 2005 führte GSK jedoch eine differenziertere Altersstrukturanalyse durch als zuvor. Diese begann wie üblich mit der Alters- und Geschlechtsverteilung. Dabei zeigte sich ein deutlicher Abfall der Beschäftigtenzahlen jenseits eines Alters von 39 Jahren. Dieser Abfall wurde zunächst auf das gehäufte Auslaufen befristeter Verträge zurückgeführt. In Ergänzung der Eingangsanalyse wurden dann aber die Austritte des Vorjahrs nach Geschlecht und Position analysiert. Es stellte sich zwar heraus, dass tatsächlich etwa ein Drittel der Austritte durch auslaufende Verträge verursacht wurde. Zugleich aber verließ ein weiteres Drittel die Firma aus verschiedenen Gründen, die sich mit Unzufriedenheit zusammenfassen ließen. Außerdem fand sich die größte Zahl von Austritten in der Altersgruppe von 25–35 Jahren und auf der Ebene der Nachwuchsführungskräfte – kurzum: unter den Zukunftsträgern des Unternehmens.

An diesen Ergebnissen erkannte die Firma GSK den Wert der Altersstrukturanalyse. Insbesondere hatte sich gezeigt, dass ein Problem bestand, das weit weniger offensichtlich war, als ursprünglich vermutet. Die Altersstrukturanalyse wurde als Frühwarnsystem erkannt, die potenzielle Kompetenzlücken im Unternehmen aufwies. GSK führt derartige Analysen seither standardmäßig durch und gibt die Ergebnisse an alle beteiligten Abteilungsleiter weiter. Das Alter der Beschäftigten wurde zu einer Größe, die in Karriereentwicklungsgesprächen und Mitarbeiterbeurteilungen berücksichtigt wird, um den Ansprüchen und Bedürfnissen unterschiedlicher Altersgruppen gerecht werden zu können. Zugleich wird inzwischen darauf geachtet, die Personalpolitik

▶

altersneutral zu gestalten. Dies betrifft nicht zuletzt die interne Einstellungs-
praxis, die stärker darauf ausgerichtet wurde, erfahrene Mitarbeiter zu
halten.

Optimierung der Kommunikation. Ein zweites wichtiges Instrument neben der
Altersstrukturanalyse ist die Optimierung der internen Unternehmenskom-
nikation. Kernziel ist die Schaffung des Bewusstseins bei allen Beschäftigten für
die Bedeutung der zunehmenden Altersspreizung der Belegschaften und des
höheren Anteils älterer Beschäftigter. Ansatzpunkte sind die allfälligen „Mythen"
über ältere Beschäftigte und die damit verbundenen negativen Stereotype. Sie
müssen ersetzt werden durch fundierte Informationen über Leistungspoten-
ziale und besondere arbeitsbezogene Bedürfnisse älterer Beschäftigter. Ganz
wesentlich ist es in dieser Funktion zu verhindern, dass die Strategie eines Unternehmens der Altersdifferenzierung zu Altersdiskriminierung und der Selbst-
stereotypisierung Älterer führt. Über die Beeinflussung der Unternehmenskommunikation wirkt Diversity Management natürlich auch auf das Altersklima
eines Unternehmens ein.

Zeitgemäßes Diversity Management trägt auch Sorge für die Verbesserung der
externen Unternehmenskommunikation. Nicht nur müssen Stellenanzeigen,
Bewerbungsformulare und Imagebroschüren auf die aktuelle Gesetzgebung abgestimmt und von diskriminierenden Formulierungen befreit werden. Zugleich
soll sichergestellt werden, dass die Absicht des Unternehmens vermittelt wird,
altersgemischte Belegschaften als Leistungsressource zu verstehen und alle Mitarbeiter unabhängig von ihrem Alter gemäß ihren Möglichkeiten und Bedürfnissen zu fördern.

Erfahrungs- und Wissensmanagement

Viele Unternehmen nutzten in den vergangenen Jahren ihre Spielräume bei
Vorruhestandsregelungen voll aus, um der Alterung ihrer Belegschaften zu begegnen. Häufig erleben diese Unternehmen heute den Nachteil dieser Strategie:
den Verlust der Wissens- und Erfahrungsbestände einer ganzen Generation von
Beschäftigten. Zu solchem Erfahrungswissen gehören auch persönliche Netzwerke und das Wissen über Arbeits- und Entscheidungsprozesse, die für die Produktivität der betroffenen Unternehmen von hoher Bedeutung sind. Entsprechend
stellt der Verlust dieses Wissens eine echte Bedrohung der Produktivität dar.
Nicht selten mussten erfahrene Mitarbeiter zurückgeholt werden. Im Energie-
sektor beispielsweise sind vielfach noch Anlagen aus den 1980er Jahren in Betrieb, die Spezialisten für diese Anlagen gingen aber mit den Frühverrentungs-
wellen der 1990er; sie werden jetzt wieder zurückgeholt.

Vor dem Hintergrund solcher Entwicklungen stieg die Bedeutung des Wissens- und Erfahrungsmanagements. Seine Hauptfunktion liegt darin, das kritische Wissen eines Unternehmens zu ermitteln, für alle Mitarbeiter verfügbar zu machen, und unabhängig vom Weggang erfahrener Mitarbeiter im Unternehmen zu halten. Mögliche Methoden für Wissenserhalt und Erfahrungstransfer sind beispielsweise:

▶ Job-Rotation
▶ Tandembildung zwischen älteren und jüngeren Arbeitnehmern (z. B. http://www.vw-coaching.de, Stand 11. 1. 2008)
▶ phasenweiser Übergang in den Ruhestand
▶ Bildung von Alumni-Netzwerken

Unternehmensklima

Die Bedeutung des Unternehmensklimas in den Bereichen Lernen, Altersbild, Kommunikation oder Gesundheit kann kaum zu hoch angesetzt werden (vgl. Schein, 1996). Ältere Arbeitnehmer dürfen in einem Unternehmen nicht als Belastung angesehen werden, ihnen muss zugetraut werden, weiterzulernen und auch innovationsfähig zu sein (Butler, 1969).

Altersklima. Schon im zweiten Kapitel war die Rede davon, dass das Vorherrschen einseitig negativer Altersstereotype zu Einbußen in der Leistungsfähigkeit der Betroffenen führt. Diese machen sich das negative Altersbild zu eigen und trauen sich selbst in der Folge weniger zu (vgl. Kap. 2.1).

In einer ersten Studie mit Unternehmen konnten wir am Jacobs Center feststellen, dass ältere Mitarbeiter in Unternehmen, in denen ein eher negatives Altersbild vorherrscht, über signifikant niedrigere Produktivität und weniger Selbstregulation berichteten als ältere Mitarbeiter aus Unternehmen mit weniger negativem Altersklima (kontrolliert für Gesundheitszustand, Qualifikation und Alter; Staudinger et al., 2006).

Lernklima. Neben dem Altersklima spielt die Lernkultur eine zentrale Rolle (z. B. Sonntag et al., 2004). Wenn Fehlermachen zum Erfolg dazugehört, und dadurch auch das Lernen – „lernen, um nicht den gleichen Fehler zweimal zu machen" –, dann hat lebenslanges Lernen eine Chance. Von besonderer Bedeutung ist hier die Frage nach dem Gleichgewicht der Interessen von Beschäftigten und Management. So könnten Manager eher ein Interesse daran haben, dass ihre Angestellten Fähigkeiten erwerben, die unmittelbar deren Produktivität erhöhen. Die Angestellten hingegen möchten sich eher mittelfristig beruflich weiterentwickeln oder ihre Lern- und Arbeitsfähigkeit erhalten. Die einseitige Überbewertung einer der beiden Interessenlagen ist kaum produktivitätsförderlich.

Gesundheitsklima. Ebenso spielt eine Rolle, mit welchem Gesundheitsklima ein Unternehmen ausgestattet ist. Wird Gesundheit „zwischen den Zeilen" ausschließlich im Bereich der persönlichen Verantwortung und als Privatsache gesehen oder ist man in einem bestimmten Unternehmen einfach „nicht krank"? „Gehört es sich", auch mit Fieber zur Arbeit zu erscheinen, oder gilt als verantwortungsvoller, wer sich um seine Gesundheit kümmert und echter Genesung den Vorzug gibt vor unbedingtem Antritt zur Arbeit? Die soziale Arbeitsumgebung beeinflusst dieses Gesundheitsklima maßgeblich; sie schafft Normen und soziale Standards innerhalb eines Betriebes in Bezug auf Gesundheit und Krankheit. Die positive Wahrnehmung des Gesundheitsklimas beeinflusst beispielsweise das Gesundheitsverhalten der Beschäftigten sowie die Arbeitszufriedenheit signifikant positiv (Ribisi & Reischl, 1993).

Kommunikationsklima. Schließlich spielt auch das Kommunikationsklima eine wichtige Rolle. Wenn in einem Unternehmen der Austausch von Wissen und Erfahrung nicht selbstverständlich ist, sondern jeder sorgsam sein Wissen hütet, weil Wissen Macht ist, dann erzeugt dies unsichtbare Probleme beim Wissens- und Erfahrungsmanagement. Auch der offene und konstruktive Austausch zwischen Führungskräften und Mitarbeitern sowie zwischen den Mitarbeitern untereinander ist von nicht zu unterschätzender Bedeutung. Explizite Leistungsrückmeldungen schaffen ein Bewusstsein für die eigene Leistungsfähigkeit, öffnen aber auch den Blick auf Verbesserungspotenziale.

4.1.2 Grundzüge der Umsetzung alternsgerechter Weiterbildung

Die fünf Ebenen der dynamischen Personalentwicklung sind miteinander verflochten und bedingen sich teilweise untereinander. Als zentrale Stellgrößen dürften sich die verschiedenen Dimensionen des Unternehmensklimas erweisen. So könnte man z. B. zwar durch Einführung umfassender, altersdifferenzierter Weiterbildung einen wichtigen Grundstein zur Verbesserung des Kompetenzmanagements legen. Dieses ist wiederum Voraussetzung zur Optimierung des Wissensmanagements, weil nur optimal aus- und weitergebildete Mitarbeiter Träger des entscheidenden Unternehmenswissens sind, dessen Erhalt und Weitergabe Ziel des Wissensmanagements sind. Eine positive Wirkung verbesserten Kompetenzmanagements auf das Wissensmanagement wird sich aber nur einstellen, wenn zugleich ein Kommunikationsklima herrscht, in dem das Teilen von Wissen als Wissensvermehrung wahrgenommen wird und nicht als Aufgabe von Statusvorteilen. Umgekehrt wirken sich Verbesserungen in den einzelnen Handlungsfeldern günstig auf das Unternehmensklima aus, in diesem Sinn ist das Klima also Ursache und Wirkung in einem.

Auch wenn dynamische Personalentwicklung mehr ist als altersdifferenzierte Weiterbildung, ist diese eingebettet in die dynamische Personalentwicklung.

Erfolg und Nachhaltigkeit der Umsetzung hängen von der Abstimmung auf das Klima- und Diversity Management ab, die wesentliche Stellgrößen der Lernsituation eines Unternehmens sind. Wie ich schon im dritten Kapitel darlegte, wird die individuelle Lernkompetenz von verschiedenen Einflüssen seitens des Unternehmens geprägt.

Unternehmen setzen den Rahmen, innerhalb dessen sich Lernkompetenz entfalten kann. Alle Strategien zur Erhöhung der Lernkompetenz – die ich als Kernelement der Verbesserung von Weiterbildung ansehe – müssen an diesem Rahmen ansetzen, wenn sie nachhaltige Wirkung zeigen sollen.

Eine umfassende Strategie zur Umsetzung alternsgerechter Weiterbildung in einem Unternehmen enthält im Kern die drei Schritte der Bestandsaufnahme, der Interventionsplanung und natürlich der Intervention. Nutzt man die Konzepte des dynamischen Personalmanagements im Rahmen einer solchen Strategie, so reichert sie Bestandsaufnahme und Interventionsplanung um die Dimension der Rahmenbedingungen an, die sonst leicht übersehen werden. Abbildung 4.2 gibt einen Überblick über diese Schritte und die ihnen zugeordneten Analyse- und Umsetzungsebenen.

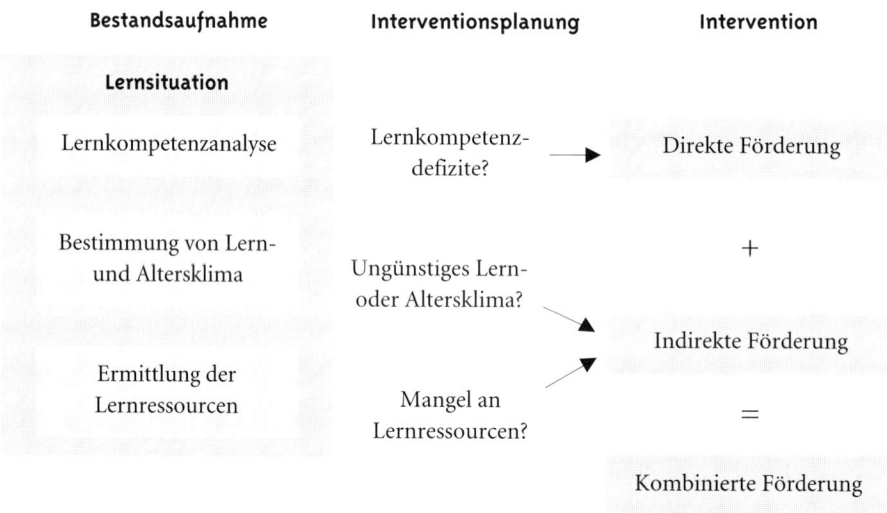

Abbildung 4.2. Hauptschritte der Umsetzung alternsgerechter Weiterbildung

Alternsgerechte Weiterbildung heißt dabei, dass alle Beschäftigten den Zugang zur Weiterbildung erhalten, die sie benötigen, und dass sie während der Weiterbildung die für sie passende Unterstützung bekommen. Dazu gehört auch, dass die Weiterbildung in einem auf die spezifischen Lernkompetenzen bestimmter

Altersgruppen abgestimmten Format dargeboten wird. Der Blick ist dabei nur scheinbar in erster Linie auf die Prozesse der Weiterbildung gerichtet und weniger auf ihre Inhalte. Tatsächlich ergeben sich die Inhalte zum Teil von selbst, wenn man Beschäftigten den Zugang zur Weiterbildung gibt, die sie benötigen. Die Weiterbildungsinhalte werden idealerweise nämlich nur zu einem Teil vom Unternehmen vorgegeben, und zwar insoweit, als sie sich aus den objektiven – z. B. rechtlichen, produktionstechnischen oder von Kunden bestimmten – Arbeitsanforderungen ergeben. Diese Inhalte stellen quasi das vom einzelnen Beschäftigten unabhängige „objektive" Wissen dar, das zur Erfüllung der Arbeitsanforderungen benötigt wird. Die Umsetzung dieses Wissens hängt seinerseits von individuellen Kompetenzen ab, die sehr unterschiedlich ausgeprägt sein können und individuellen, über das objektive Wissen hinausgehenden Weiterbildungsbedarf erzeugen.

Bestandsaufnahme. Die Bestandsaufnahme dient der Ermittlung der unternehmensspezifischen Lernsituation und ihrer Randbedingungen. Kernelemente der Lernsituation sind die Lernkompetenz der Beschäftigten einschließlich des individuellen Unterstützungsbedarfs und die vom Unternehmen zur Verfügung gestellten Lernressourcen. Wesentliche Rahmenbedingungen sind das Alters- und Lernklima eines Unternehmens, die beide erfasst werden sollten, weil sie teilweise unabhängig voneinander sind. Demnach können sie das Klima für Beschäftigte unterschiedlichen Alters in unterschiedlicher Weise beeinflussen. So mag ein Unternehmen zwar ein generell positives Lernklima haben, zugleich aber ein Altersbild, das für Ältere herabgesetzte Lernfähigkeit annimmt. In diesem Fall wäre ein positiv-unterstützendes Lernklima für Jüngere zu erwarten, nicht aber für ältere Beschäftigte.

Ermittlung der Lernressourcen. Die Lernressourcen lassen sich prinzipiell über die Personalabteilung und über Führungskräfte ermitteln. Wichtig ist auf dieser Ebene, soziale und materielle Lernressourcen gleichermaßen zu berücksichtigen, auch und gerade solche, die für das informelle Lernen genutzt werden können. Unter materiellen Ressourcen sind deshalb über das formale und non-formale Weiterbildungsangebot hinaus auch Datenbanken, Fachbibliotheken oder intra- und internetbasierte Kurse zu fassen. Qualitätszirkel oder Mitarbeiterforen fallen sowohl in die Kategorie sozialer und materieller Ressourcen. Interne und vom Unternehmen explizit vermittelte externe Lernberater, Mentoren, Trainer etc. zählen zu den wichtigsten sozialen Lernressourcen.

Lernkompetenzanalyse. Im Mittelpunkt der Lernkompetenzanalyse stehen die im dritten Kapitel dargestellten Kompetenzen auf den Ebenen der Lernstrategien, Kontrollstrategien und der Lernorientierung. Die Lernkompetenz wird im Gegensatz zu den Lernressourcen bei den Beschäftigten selbst erfasst. Eine Kompetenzanalyse nimmt nur etwa 15 Minuten in Anspruch und lässt sich unproblematisch als Online-Befragung umsetzen.

Die drei genannten Bereiche bilden die Lernkompetenz im eigentlichen Sinn. Ergänzt werden sollte die Kompetenanalyse um den Unterstützungsbedarf beim Lernen und aufgetretene Lernschwierigkeiten. Diese Informationen werden den von Führungskräften und der Personalabteilung gemachten Angaben zu Lernressourcen gegenübergestellt. Auf der Basis dieses Vergleichs lassen sich Lernbarrieren und Potenziale zur Verbesserung der Lernunterstützung identifizieren.

Interventionsplanung

Die Bestandsaufnahme nimmt zwei Arten von Einflussgrößen in den Blick: die Lernkompetenz und ihre Randbedingungen. Sie erlaubt damit grundsätzlich die Nutzung dreier Strategien zur Umsetzung einer altersdifferenzierten Weiterbildung: indirekte Förderung, direkte Förderung und eine kombinierte Strategie. Im Zuge der Interventionsplanung sollten deshalb Kompetenzlücken und Unterstützungsbedarf differenziert und in ihrer Gewichtung untereinander erfasst werden. Die Bestimmung der Kompetenzlücken orientiert sich dabei an den drei Ebenen der Lernkompetenz, denkbar sind vielfältige Kombinationen. So mögen manche Beschäftigte zwar über umfangreiche Lernstrategien und eine positive Lernorientierung verfügen, vermögen diese aber nicht in komplexeren Lernepisoden umzusetzen – was auf einen Mangel an Kontrollstrategien deuten würde. Andere Beschäftigte weisen eventuell zwar ein insgesamt günstiges Lernkompetenzniveau auf, erleben aber einen Mangel an Lernressourcen. Im letzteren Fall wäre eine indirekte Förderung der Lernkompetenz angezeigt durch Verbesserung der Lernumgebung mittels Bereitstellung geeigneter Lernressourcen. Im ersteren Fall (mangelnde Kontrollstrategien) wäre eine direkte Förderung das Mittel der Wahl mit Strategietrainings im Rahmen eines Lernworkshops.

Identifizierung von Problemgruppen. Ergebnis der Bestandsaufnahme kann auch die Feststellung von Problemgruppen von Beschäftigten sein, die sich durch besonders ungünstige Lernorientierungen auszeichnen. Beispiele wären große Lernangst in Verbindung mit geringer Kompetenzüberzeugung. Erfolgreiches Lernen würde in diesem Fall auch bei prinzipiell intaktem Lernstrategierepertoire blockiert. In ähnlicher Weise kann es Lernverweigerer geben. Sie zeichnen sich durch geringe Nutzenüberzeugungen hinsichtlich der Weiterbildung aus, zudem empfinden sie einen Mangel an sozialer Unterstützung und Anerkennung des Lernens. Bei solchen Gruppen von Lernenden greifen einfache Strategietrainings kaum. Methode der Wahl sind hier Lernverträge, die die motivationale Ebene der Lernkompetenz fördern.

Die wichtigsten indirekten Methoden der Lernkompetenzförderung, also die Phase der Umsetzung altersdifferenzierter Weiterbildung, stelle ich im folgenden Abschnitt des Kapitels vor. Direkte Fördermethoden bilden den Schwerpunkt des fünften Kapitels.

Unter dem Strich

Erfolgreiche Weiterbildung setzt ein stimmiges Umfeld voraus. Unter dem Dach eines positiven Lern- und Altersklimas greifen ein modernes Gesundheits- und Diversity Management sowie Strategien zur Förderung des Wissenstransfers ineinander, um erfolgreiches Lernen zu ermöglichen. Auf diesen Zusammenhang nimmt eine Bestandsaufnahme der Lernsituation eines Unternehmens Bezug. Über die Lernkompetenz hinaus werden auch Ebenen des Klimas und die zur Verfügung gestellten Lernressourcen erfasst, um Ansatzpunkte zur Optimierung der Lernsituation zu bestimmen.

4.2 Indirekte Förderung

Der indirekte Ansatz zur Förderung der Lernkompetenz besteht darin, Lernumgebungen so zu gestalten, dass sie den Einsatz bestimmter Fertigkeiten ermöglichen, erfordern und unterstützen. Indirekte Förderung ist keine Alternative zur direkten Förderung, sondern aus drei Gründen eine angemessene Ergänzung:

(1) Der Erfolg einer direkten Förderung hängt insofern von der indirekten Förderung ab, als diese das Umfeld schafft, in dem sich die durch direkte Förderung aufgebaute Lernkompetenz umsetzen lässt. Der Erfolg selbst hoher Lernkompetenz wird von einem hemmenden, wenig lernförderlichen Umfeld deutlich eingeschränkt.

(2) Lernumgebungen, in denen z. B. selbstgesteuertes Lernen unterstützt wird, setzen bereits eine gewisse Lernkompetenz voraus, die jedoch nicht unbedingt bei allen Lernenden vorhanden sein wird. Passende direkte Förderung kann hier die Ausgangsbasis schaffen (Friedrich & Mandl, 1997).

(3) Die experimentelle Trainingsforschung hat gezeigt, dass zwar viele Komponenten des selbstgesteuerten Lernens durch Training gefördert werden können. Allerdings führt dieses Training von Einzelkomponenten alleine zumeist nicht zu einer breiten Disposition für selbstgesteuertes Lernen und Denken (Friedrich & Mandl, 1997). Für die Förderung einer komplexen Fertigkeit wie Selbststeuerung gewinnt daher die indirekte Förderung durch lernförderliche Umgebungen besonderes Gewicht.

4.2.1 Klimamanagement

Die Bedeutung des allgemeinen Unternehmensklimas und speziell der Facetten Alters- und Lernklima mag inzwischen klar geworden sein. Weniger klar sind die Möglichkeiten, das Klima aktiv in eine gewünschte Richtung zu beeinflussen, zumal sich die Klimaforschung bislang vor allem auf die differenzierte Erfassung und Beschreibung von Klimata und ihrer Auswirkungen auf Arbeitszufriedenheit und Innovationsverhalten konzentriert hat. Nur wenige Arbeiten beschäftigten sich hingegen mit der Steuerung des Klimas, die in den Bereich der Organisationsentwicklung fällt. Das Unternehmensklima lässt sich kaum mit „wenigen Handgriffen" verändern, weil es als eine von den Beschäftigten geteilte Wahrnehmung „in den Köpfen vieler" existiert. Es wird zugleich von vielen gestaltet und muss in den Köpfen ebenso vieler verändert werden, damit von einem Klimawandel die Rede sein kann. Ein griffiger Maßnahmenkatalog liegt demnach nicht vor (vgl. Kirchhöfer, 2001), eher lassen sich Grundregeln angeben, welche Kommunikationsstile und Verhaltensweisen vermieden werden sollten, um das Klima in eine ungünstige Richtung zu lenken.

Information statt Spekulation. Vergegenwärtigt man sich noch einmal die Mythen zur Lernfähigkeit Älterer und ihre Auswirkungen auf die Lernkompetenz, die durch die motivationale Kompetenzebene vermittelt werden, dann dürfte klar sein, dass Information ganz generell ein zentrales Mittel bei der Beeinflussung des Klimas sein muss. Gerüchte, Halbwahrheiten und Stereotype sind die Feinde positiven Klimas.

Offene Kommunikation. Insofern Information an ebendiesen Halbwahrheiten und Stereotypen ansetzt, ist offene Kommunikation eine zweite wichtige Regel. Gerade weil festgefügte Glaubenssätze überwunden werden sollen, ist es wichtig, diese erst einmal zu thematisieren und sie den neuen Glaubenssätzen gegenüberzustellen, die zum neuen Leitbild werden sollen. Tatsächlich sollte das neue Leitbild sich auf empirisch untermauerte Fakten stützen und Glaubenssätze gerade vermeiden, um angenommen zu werden. Zur offenen Kommunikation gehört auch, alle Beschäftigten einzubinden und nicht nur Multiplikatoren, die „Informationen von oben" an die Beschäftigten weitergeben.

Beispiel

Der Vorstand eines an unserem WISE-Demographie-Netzwerk beteiligten Unternehmens wendet sich regelmäßig per Videokonferenz an alle Beschäftigten. Diese erhalten vorab die Möglichkeit, Fragen aller Art einzureichen, die dann vom Vorstand während der Konferenz beantwortet werden. Eine solche Kommunikationsstrategie ist zweifellos eine gute Möglichkeit, einen offenen und informativen Kommunikationsstil zu schaffen.

Altersdifferenzierung ≠ Altersdiskriminierung

Ein besonders wichtiger Punkt ist im Zusammenhang mit Altersfragen der Umgang mit der Altersdifferenzierung. Tatsächlich birgt beispielsweise das Angebot unterschiedlicher Weiterbildungsmaßnahmen für verschiedene Altersgruppen die Gefahr, dass sich einzelne Altersgruppen stigmatisiert fühlen, was für die Arbeits- und Lernmotivation sicherlich alles andere als günstig wäre. Altersdifferenzierung würde dann zur Altersdiskriminierung. Das kann freilich nicht im Umkehrschluss heißen, auf jede Differenzierung zu verzichten und so zu tun, als seien die Lernbedürfnisse aller Altersgruppen die gleichen. Insofern sich die Weiterbildungsangebote bei Verzicht auf Differenzierung stillschweigend weiterhin am „durchschnittlichen, mittelalten Beschäftigten" orientieren, führt diese vermeintliche Vermeidung von Diskriminierung lediglich zu einer verdeckten Diskriminierung, weil die Bedürfnisse Älterer übergangen werden.

Zur Vermeidung dieser Situation bieten sich mehrere ineinandergreifende Möglichkeiten. Die erste habe ich schon genannt, sie liegt in der Bestandsaufnahme. Die Sichtung der unternehmensspezifischen Lernsituation ist der geeignete Weg, das Altersklima in der Wahrnehmung verschiedener Altersgruppen festzustellen und zugleich unterschiedliche Lernbedürfnisse zu ermitteln. Ausgehend von diesen Befunden, kann die Informationsstrategie gestaltet werden. In ihrem Mittelpunkt sollte die differenzierte Darstellung altersbezogener Veränderungen des Lernverhaltens stehen. Verdeutlicht werden sollte dabei vor allem, dass unterschiedliches Lernverhalten nicht unterschiedlichen Lernerfolg widerspiegelt. Wichtig ist auch, klarzumachen, dass die Altersspezifizierung von Weiterbildungsangeboten nicht zuletzt dazu dienen soll, die Lernkompetenz über das gesamte Berufsleben hinweg zu erhalten. Dadurch gewinnen Beschäftigte mehr Kontrolle über ihre eigene Arbeit, weil sie auf sich wandelnde Anforderungen flexibler reagieren und Lerndruck vorbeugen können.

Lernklima

Leitlinie eines positiven Lernklimas ist die von allen Beschäftigten geteilte Überzeugung, dass jedwedes Lernen – auch und gerade solches, das Fehler einschließt – für die Beschäftigten und das Unternehmen gleichermaßen nützlich ist und zur eigenen und der Entwicklung des Unternehmens beiträgt. Angesichts der Tatsache, dass heutzutage meist unter starkem Kosten- und Erfolgsdruck gearbeitet wird, verkommen solche Leitbilder schnell zur vielleicht wünschenswerten, aber nicht umsetzbaren Sozialromantik. Lernen und Weiterbildung werden begleitet von den Erwartungen Vorgesetzter an eine fortwährende Leistungssteigerung der Mitarbeiter (vgl. Kühnlein, 1999). Wenngleich das aus theoretischer Sicht optimale Lernklima eine Utopie bleiben mag, so scheint doch zumindest die Vermeidung eines ausgeprägt negativen Lernklimas machbar.

Weiterbildung für alle Mitarbeiter. Im Hinblick auf die oben angesprochene Altersdifferenzierung liegt auf der Hand, dass die Bevorzugung bestimmter Altersgruppen bei der Ermunterung zur Weiterbildung unterbleiben sollte. Wird jüngeren Mitarbeitern eine bestimmte Weiterbildung schmackhaft gemacht, während ihre älteren Kollegen dazu nicht ermuntert werden, dann kann sich dies in doppelter Weise negativ auswirken. Zum einen erleben ältere Beschäftigte, nicht mehr als lernfähig oder lernbereit wahrgenommen zu werden, mit entsprechenden negativen Folgen für die Lernbereitschaft. Zugleich wird verdeutlicht, dass die Weiterbildung dem Unternehmen dient, während die persönliche Weiterentwicklung der Beschäftigten keine Rolle spielt – sonst würden Ältere ja auch zur Weiterbildung ermutigt. Auch dies wirkt sich auf die Lernmotivation alles andere als günstig aus. Eng damit verknüpft ist die Gestaltung des Weiterbildungsangebots. Werden betriebsintern ausschließlich Fachweiterbildungen angeboten, dann wird dadurch zum Ausdruck gebracht, dass das Unternehmen sich für die persönliche Weiterentwicklung seiner Beschäftigten kaum interessiert. Die vielfach zu hörende Aussage, dass überfachliche und soziale Schlüsselkompetenzen immer wichtiger würden, verkommt damit zum Lippenbekenntnis. Genau wie die fachliche Weiterbildung ist auch die überfachliche nichts, was ausschließlich der Verantwortung der einzelnen Beschäftigten obliegt und deshalb in Eigenregie zu organisieren wäre.

Professionelle Kommunikation. Die stärkste Wirkung entfaltet das Lernklima wohl in der Kommunikation zwischen Vorgesetzten und Mitarbeitern. Im Mitarbeitergespräch wie in der Unterweisung am Arbeitsplatz gleichermaßen kommt dem Umgang mit Fehlern eine Schlüsselrolle zu. Werden diese als Zwischenschritt auf dem Weg zu verbesserter Arbeitsleistung angesprochen, können sie als Lernergebnis gedeutet werden und fördern die Lernbereitschaft. Umgekehrt wird diese durch negative Sanktionen gedämpft (vgl. Bergmann, 2003).

Definition

Professionelle Kommunikation zeichnet sich dadurch aus, dass Beschäftigte explizite und direkt verhaltensbezogene Rückmeldungen erhalten. Zufriedenheit mit Arbeitsleistungen, aber auch Kritik, sollten an konkreten Beispielen festgemacht werden, pauschale Aussagen sind entsprechend ungünstig. Gleichermaßen wichtig ist, mit Beschäftigten dabei zu besprechen, wo sie selbst Verbesserungsmöglichkeiten sehen und welche Unterstützung sie benötigen.

Ferner ist die Ermöglichung von Teilnahme wichtiger Bestandteil der Lernkultur. Die Einbeziehung der Beschäftigten in die Entwicklung von Arbeitsaufgaben vor dem Hintergrund sich ändernder Unternehmensziele sind ein wirksamer Weg, um zu erreichen, dass Mitarbeiter Lernbedarf erkennen und Verwertungsmöglichkeiten für Lernergebnisse wahrnehmen (Bergmann, 2003).

Gerade im Hinblick auf die Rolle von Altersstereotypen kann die Professionalisierung der Kommunikation zwischen Führungskräften und Mitarbeitern auch spezielles Gesprächstraining für Führungskräfte notwendig werden lassen (vgl. Hale, 1990). Vor allem bei jüngeren Vorgesetzten kann die Unkenntnis altersbezogener Veränderungen von Lernkompetenz und Lernbedürfnissen zu Schwierigkeiten führen. Im besten Fall zu einer „gutwilligen Hilflosigkeit", die aus der Absicht, Diskriminierung und ein negatives Klima zu vermeiden, nur oberflächliche und wenig hilfreiche Leistungsrückmeldungen gebiert. Im schlimmsten Fall zum unangemessenen Vergleich älterer mit jüngeren Beschäftigten, der bei Älteren das Gefühl hinterlassen kann, als Verlierer im Wettbewerb mit jungen Kollegen gesehen zu werden.

4.2.2 Schaffung lernförderlicher Umgebungen

Die Schaffung eines positiven Lern- und Altersklimas und die Bereitstellung einer lernförderlichen Arbeitsumgebung gehen fließend ineinander über. So können zur Verfügung gestellte organisationale Ressourcen (z. B. Zeitpuffer für die Ausführung bestimmter Tätigkeiten) als Indikator für den Stellenwert des Lernens im Betrieb angesehen werden (vgl. Bergmann, 2003). Zugleich sind sie ein wichtiger Faktor, der das Lernen während der Arbeit fördert (vgl. Richter & Wardanjan, 2000). Die Bedeutung solcher Möglichkeiten zur Gestaltung des Arbeitsplatzes und der Arbeitsaufgaben wird in der Arbeitspsychologie schon lange untersucht. Im Vordergrund standen dabei lange Zeit die Auswirkungen auf das Wohlbefinden Beschäftigter und auf die Arbeitsmotivation (vgl. Morgeson & Campion, 2003). So betonten Hackman und Oldham (1976) in ihrer „Job Characteristics Theory" die Bedeutung von Merkmalen, wie Vielfalt, Identifikation, Bedeutung, Autonomie und Rückmeldung. Demnach sollte die Arbeitsmotivation maximiert werden durch Tätigkeiten, die ein breites Spektrum an Fertigkeiten erfordern und dadurch Abwechslung bieten (Vielfalt). Zugleich sollten Beschäftigte wahrnehmen, zu ihren Arbeitsergebnissen oder ihrem Anteil an einer Arbeitsleistung verantwortlich beigetragen zu haben (Identifikation). Dazu gehört, dass Beschäftigte über die konkrete Ausführung ihrer Arbeit innerhalb gewisser Grenzen selbst entscheiden können (Autonomie) und die Ergebnisse ihrer Arbeit sehen können (Rückmeldung).

In neuerer Zeit werden solche Faktoren auch aus der Perspektive des arbeitsintegrierten Lernens betrachtet, dessen Bedeutung parallel zu jener der informellen Weiterbildung stark zunimmt. Die Erweiterung von berufsbezogenem Wissen und Fertigkeiten verlagert sich demnach zunehmend vom Seminarraum an den Arbeitsplatz. In diesem Umfeld gewinnt die Stärkung der Lernkompetenz

Beschäftigter natürlich an Gewicht, zugleich steigt die Bedeutung der Lernhaltigkeit von Arbeitstätigkeiten, um Aufbau und Erhalt von Lernkompetenz zu unterstützen und Kompetenzabbau vorzubeugen (vgl. Erpenbeck, 1997).

Bergmann (2003) stellt Grundregeln der Gestaltung lernförderlicher Umgebungen vor. Demnach sind eine vollständige Tätigkeitsstruktur, Entscheidungsspielräume, vielfältige Anforderungen sowie transparente Informationsflüsse und Rückmeldungen wichtige Stellgrößen der Lernhaltigkeit von Arbeitsaufgaben. Diese Lernhaltigkeit fördert selbstgesteuertes Lernen, das nicht durch Anweisungen von Vorgesetzten in Gang gebracht werden kann. Vereinfachend können zwei Wirkungen lernförderlicher Umgebungen beschrieben werden:

▶ Motivationswirkung: Anregungsreiche Arbeitsaufgaben mit Handlungsspielräumen sichern die Entwicklung arbeitsorientierter Lernmotivation. Einseitige Arbeitsaufgaben hingegen erzeugen Demotivation.

▶ Kognitive Wirkung: Vielfältige Arbeitsaufgaben mit Handlungsspielräumen sichern die Anwendung und damit den Erhalt beruflichen Wissens und fordern zur Gewinnung und Erzeugung neuen Wissens heraus. Sich wiederholende Arbeitsaufgaben hingegen gestatten nur die trainierende Anwendung eines Bruchteils beruflichen Wissens, verhindern eine Erprobung von Varianten von Arbeitsmethoden und eine darauf basierende Optimierung.

Wichtige Leitlinien

Aus diesen Überlegungen lassen sich wichtige Leitlinien der Gestaltung lernförderlicher Arbeitsumgebungen ableiten, die ich im Folgenden überblicksartig darstelle (siehe dazu auch Bergmann, 2003; Richter, 2005).

Einflussmöglichkeiten wahrnehmen. Hierunter werden im Wesentlichen alle Dimensionen der Arbeitsumgebung und Tätigkeit gefasst, die Beschäftigten prinzipiell die Möglichkeit geben, auf ihre eigene Arbeitstätigkeit Einfluss zu nehmen. Dazu gehört auch die so genannte wahrgenommene Kontrolle, in diesem Zusammenhang die Überzeugung, die eigene Tätigkeit in einen größeren Zusammenhang – nämlich den der eigenen Abteilung oder gar des ganzen Unternehmens – einordnen zu können. Dieser Bezug zum Ganzen wirkt sinnstiftend und erhöht die Identifikation mit der Aufgabe (vgl. Hackman & Oldham, 1976). Von Bedeutung ist damit beispielsweise, ob Beschäftigte Reihenfolge und Tempo einzelner Arbeitsschritte selbst bestimmen können oder diese sogar planen müssen und ob sie Rückmeldung über ihre Arbeitsleistung erhalten und das Ergebnis ihrer Arbeit „sehen" können. Zur Wahrnehmung von Einflussmöglichkeiten zählt auch, ob sich Beschäftigte über wichtige Dinge und Vorgänge in ihrem Unternehmen informiert fühlen, die Koordination der Tätigkeiten in ihrer Abteilung kennen und die Möglichkeit haben, an der Erarbeitung neuer Lösungen mitzuwirken.

Zeitpuffer gewähren. Lernen benötigt Zeit, und zwar für den Wissenserwerb selbst, weil es zum Teil parallel läuft zur Ausführung von Arbeitsaufgaben. Dies betrifft dialogisches Lernen im fachlichen Austausch mit Kollegen genauso wie das problemlösende Lernen und die Nutzung von Lernmitteln. Teil des Wissenserwerbs ist auch die individuelle Bewertung des Wissens in „nützlich" und „nicht nützlich", was zusätzliche Lernzeit fordert, umso mehr, als neues Wissen sich erst im Verlauf der Arbeit bewähren muss, der Nutzen also nicht immer unmittelbar festzustellen sein wird. Eine weitere Quelle des Zeitbedarfs ist die Weitergabe neu erworbenen Wissens. Nützliches Wissen sollte Teil des Wissensbestands des Unternehmens werden, was die Weitergabe an Mitglieder der Arbeitsgruppe voraussetzt. Dies kann beispielsweise in Qualitätszirkeln geschehen, die ebenfalls Lernzeit bedingen. Hinzu kommt die Dokumentation des Wissens, z. B. in Form von Manualen oder Fehlerkatalogen.

Die Bedeutung der Lernzeit für solche dialogischen Lernprozesse ist offensichtlich; weniger deutlich mag sie beim individuellen Lernen sein. Gerade innovative Mitarbeiter berichten häufig, dass sie auf dem Weg zu einer Innovation mehrfach Probierphasen einlegen, experimentieren und erst die Erkenntnisse aus solchen Probehandlungen zu einer Feinplanung für ein innovatives Produkt in der Lage waren. Unternehmen sollten deshalb Zeitpuffer für ein Lernen in der Arbeit gewähren und Mitarbeitern auch Spielraum für deren Gestaltung lassen. Innovateure aus erfolgreichen kleinen und mittelständischen Unternehmen berichten mehrheitlich, dass sie Zeitdruck durch eine sehr flexible Arbeitsplanung (Vergabe von Aufträgen in Arbeitsspitzen nach außen, flexible Personalplanung) vermeiden. So bewahren Innovateure Zeitpuffer für eine Wissensgenerierung in Experimentierphasen, für dialogisches Lernen und für das Beschaffen fehlenden Wissens (Bergmann, 2003).

Dieses Gewähren von Zeitpuffern – für die je nach Arbeitsaufgabe 10 % bis 20 % der Arbeitszeit zu veranschlagen sind – widerspricht nicht der Forderung nach individueller Verantwortung der Mitarbeiter für die Aktualisierung ihres beruflichen Wissens und Könnens. Vielmehr ist es eine Voraussetzung dafür, weil Zeitpuffer Mitarbeiter in die Lage versetzen, sich über Lernbedarfe und Lernziele klar zu werden.

Lernressourcen bieten. Die oben beschriebenen Zeitpuffer sind eine wichtige Lernressource. Ergänzt werden sollten sie, gerade im Fall nicht im Team arbeitender Beschäftigter, um explizit ausgewiesene Ansprechpartner, die helfen, Zeitpuffer optimal zu nutzen im Sinne des Zweikreislernens („Double loop learning"; Argyris, 1974). Dieses Lernen geht über das Optimieren der Wege zu vorgegebenen Zielen hinaus. Angestrebt wird die Begründung neuer Ziele als Folge der Reflexion über Ambivalenzen, Entwicklungstrends und Implementationsprobleme. Zweikreislernen erfordert die Erschließung und Verwertung verteilten Wissens durch die Vernetzung unterschiedlicher Wissensträger und die Generierung neuen Wissens. Zweikreislernen ist eine Daueraufgabe und funktioniert, wenn Spezialisierung und Differenzierung überwunden werden; neues Wissen entsteht aus Problembewusstsein, aus Widersprüchen, aber auch durch Analogieschlüsse und Hypothesentesten. Dies gelingt leichter, wenn Beschäftigte mit unterschiedlichem Wissen und mit verschiedenen Verwertungsabsichten für Wissen kooperieren, auch unabhängig von normalen Arbeitsgruppen. Mentoren, Lernpartner oder Coaches können die Rolle solcher Kooperationspartner übernehmen.

Praxisbeispiel: Transfer-Coaching bei der Sick AG

Die Sick AG bietet Trainingsprogramme an, die Lernbedürfnisse und Lernangebote aufeinander abstimmen. Dies soll die Anwendung neu erworbenen Wissens erleichtern. Beschäftigte klären im jährlichen Mitarbeitergespräch den persönlichen Weiterbildungsbedarf für das kommende Jahr. Auf dieser Grundlage wird das Weiterbildungsangebot für die nächsten 12 Monate erstellt. Vor der Weiterbildung legen die Beschäftigten ihre Ziele zusammen mit einem Coach fest. Nach der Weiterbildung bietet der Coach Transfer-Coaching an, eine direkte und persönliche Unterstützung bei der Anwendung neu erworbenen Wissens. Mit Fragebögen wird der Erfolg bei der Umsetzung des Wissens erfasst. Dieses Transfer-Coaching hat zur deutlichen Reduktion von Fehlzeiten bei Weiterbildungen geführt.

Ergänzt werden muss die Stellung solcher sozialer Lernressourcen natürlich um materielle Ressourcen, wie z. B. einschlägige Intranetkurse, Fachdatenbanken oder eine interne Fachbibliothek, mit deren Hilfe Beschäftigte im Rahmen ihrer Lernzeit stets Zugang zu aktuellem Fachwissen haben.

Entwicklung ermöglichen. Mitarbeiter benötigen Entwicklungsziele, diese sollten über traditionelle vertikale Laufbahnziele hinausgehen, deren Erreichbarkeit angesichts längerer Erwerbsbiographien und eines höheren Anteils älterer Kollegen in Frage gestellt ist. Horizontale Karrieren können sehr vielfältig sein, werden aber bislang zu wenig beachtet. In einer lernförderlichen Arbeitsumgebung ist die Entwicklung in Richtung attraktiver Spezialisierungen transparent, zugleich werden sie als erstrebenswerte berufliche Entwicklung dargestellt, mit hohem Wert für das Unternehmen und die Beschäftigten gleichermaßen. In diesem Rahmen ist auch die Entwicklung von Mischkompetenzen interessant, die durch systematische Tätigkeitswechsel im Unternehmen eingeleitet und durch gezielte Weiterbildungen ergänzt wird. Die zumindest teilweise Übereinstimmung von individuellen und von Unternehmenszielen ist dabei unabdingbar. Im Interesse der Entwicklung einer hohen Motivation zu selbstgesteuertem Lernen ist von Belang, dass unternehmensinterne Laufbahnmuster anschlussfähig sind an unternehmensübergreifende berufliche Entwicklungswege. Dadurch wird die Entwicklung in eine Sackgasse und die Spezialisierung auf veraltetes Wissen verhindert.

In Kooperationsnetzwerken lernen. Aufgrund des Trends, Produkte auf detaillierte Wünsche abzustimmen, werden Kunden zunehmend zu Kooperationspartnern, mit denen spezifische Anforderungen an Produkte definiert werden und die Herstellung entsprechend angepasst wird. Häufig betreffen Aufträge nicht nur Produkte, sondern auch deren Wartung und Serviceleistungen. Daraus entstehen längerfristige Kooperationen, aus denen Lernaufgaben erwachsen. Gerade für kleine und mittelständische Unternehmen bietet sich die Möglichkeit eines Unternehmensverbunds mit Lernpartnerschaften bei Herstellung und Vermarktung eines Produkts. Eine besondere Chance für das Lernen in solchen Kooperationsnetzwerken besteht darin, dass die Lernpartner aus mehreren Unternehmen und Institutionen unterschiedliches Vorwissen, verschiedene Verwertungsabsichten und Perspektiven in die Lernpartnerschaft einbringen. Durch die verschiedenen Sichtweisen entstehen Lernanregungen.

Praxisbeispiel: Weiterbildungskooperationen in Dänemark

In Dänemark existiert im Elektroniksektor eine Weiterbildungskooperation zwischen Bildungsträgern, Firmen und Arbeitsagenturen. Alle Parteien koordinieren den Aus- und Weiterbildungsbedarf innerhalb des Sektors. Die Firmen bringen Informationen über Weiterbildungserfordernisse ein, während die Bildungsträger ihre Pläne für Weiterbildungsangebote vorstellen. Erwarten die Firmen einen Aufschwung, bieten die Bildungsträger verstärkt Grundlagenkurse an, Angebote für spezialisierte Tätigkeiten werden hintangestellt. Während eines Abschwungs verlagern die Bildungsträger das Angebot hin zu spezialisierter Weiterbildung. Das vermeidet antizyklische „Trainingsblasen", wie sie für Deutschland typisch sind. Dadurch werden Kompetenzniveaus gesichert und Jobwechsel erleichtert.

Eine solche Kooperation stellt einige Anforderungen an alle beteiligten Partner des Netzwerks. Zum Beispiel müssen die Firmen sich gegenseitig vertrauen, und der Verdacht der Ausspionierung von Wettbewerbsvorteilen muss ausgeräumt werden. Außerdem ist die Unterhaltung des Netzwerks auch mit substanziellen Kosten verbunden. Insgesamt aber überwiegen die Vorteile, die mit der flexiblen, kosteneffizienten und raschen Abstimmung des Weiterbildungsangebots auf firmenseitige Erfordernisse verbunden sind.

Aufgabenspezifisches Training. Vor allem Mitarbeiter in der Produktion erhalten oftmals nicht in ausreichendem Maß Rückmeldungen. Mitunter erfahren sie lediglich, dass ein Auftrag abgeschlossen ist, aber nicht, wie eine vollständigere oder effizientere Bearbeitung möglich gewesen wäre. Das trifft teilweise auch für den Dienstleistungssektor zu, in dem nicht immer differenzierte Standards vorliegen und in dem sich Rückmeldungen von Kunden deswegen sehr unterschiedlich interpretieren lassen. Regelmäßige Trainings mit Aufgabensimulationen, die differenzierte Rückmeldungen ermöglichen und Verbesserungsspielräume ausweisen, können hier sehr hilfreich sein. Sie können den Ausgleich für seltene Lerngelegenheiten schaffen und Lernbarrieren als Folge undifferenzierter Rückmeldung überwinden. Aufgaben- und zielgruppenspezifische Trainingsprogramme, die am konkreten Lernbedarf von Arbeitsgruppen ansetzen, schließen zudem die Kluft zwischen dem vollkommen selbstgesteuerten Lernen und umfangreichen Weiterbildungen, die bei kleinteiligen Arbeitsaufgaben einen unangemessenen Aufwand darstellen würden.

Unter dem Strich

Die indirekte Förderung der Lernkompetenz zielt auf die Schaffung einer lernförderlichen Umgebung ab. Die Lernförderlichkeit von Arbeitsumgebungen steigt mit dem Ausmaß an Aufgabenvielfalt, Einflussmöglichkeiten und Zeitreserven bei der Gestaltung der eigenen Tätigkeit. Die Vermeidung eines negativen Altersklimas durch fundierte Information zur Überwindung negativer Altersstereotype und die Bereitstellung umfangreicher formaler und sozialer Lernressourcen runden die indirekte Förderstrategie ab.

Fazit

Die Lernkompetenz älterer Beschäftigter kann nur dann nachhaltig aufgebaut und erhalten werden, wenn verschiedene Ebenen des Personalmanagements ineinandergreifen. Solches Personalmanagement ist insofern dynamisch, als es die Veränderungen von Arbeitsanforderungen und Stellenprofilen sowie von individuellen Leistungsvoraussetzungen im Lauf des Berufslebens im Blick hat und ihre Wechselwirkungen nutzt. Auf diese Weise kann im Zug der indirekten Förderung ein betriebliches Umfeld geschaffen werden, in dem sich Lernkompetenz entfalten kann. Die Hauptelemente indirekter Förderung sind das Klimamanagement und die Schaffung lernförderlicher Bedingungen. Alternsgerechtes Klimamanagement zielt darauf ab, ein positives Alters- und Lernklima zu schaffen, in dem ältere Beschäftigte als lern- und leistungsfähig wahrgenommen werden, und Lernen und Veränderung als positive Werte erlebt werden. Nur in diesem Klima können Beschäftigten die Entscheidungsfreiheiten und Tätigkeitsspielräume eingeräumt werden, die für eine hohe „Lernhaltigkeit" der Arbeit sorgen und den Erhalt von Lernkompetenz fördern. Abgerundet werden lernförderliche Umgebungen durch die Bereitstellung angemessener Lernressourcen, die sowohl materieller (z. B. Fachdatenbanken, E-Learning-Module) als auch sozialer Art (z. B. Mentoren, Kooperationsnetzwerke) sein können und sollten.

5 Lernen will gelernt sein: Trainings zur Förderung der Lernkompetenz

Kapitelüberblick

Ein gutes Lernklima und eine lernförderliche Arbeitsumgebung erhalten und fördern die Lernkompetenz. Was aber, wenn trotz dieser positiven Randbedingungen Kompetenzdefizite bei älteren Beschäftigten festzustellen sind? Indirekte Förderung baut Lernkompetenz nicht zwangsläufig auf oder schließt Kompetenzlücken. Lernkompetenz kann natürlich nicht nur indirekt gefördert, sondern auch systematisch trainiert werden. Kompetenzdefizite auf der Ebene der Lern- und Kontrollstrategien lassen sich in Lernkompetenzworkshops trainieren. Defizite auf der Ebene der Lernorientierung bedürfen intensiverer Arbeit. An eine Klärung von Lernvorbehalten im Rahmen individueller Gespräche schließen sich kognitive Trainings und Lernexperimente an, die Lernorientierungen nachhaltig verändern können.

Kapitel 4 hatte die indirekte Förderung der Lernkompetenz zum Gegenstand. Die Schaffung eines positiven Altersklimas, eines günstigen Trainingsklimas und lernförderliche Arbeitsgestaltung sind die Säulen indirekter Förderung. Sie schaffen ein Umfeld, in dem sich Lernkompetenz entfalten kann. Indirekte Förderung garantiert jedoch nicht, dass keine Kompetenzlücken entstehen oder bestehende Lücken geschlossen werden. Insbesondere ältere Arbeitnehmer haben oftmals besonders großen Nachholbedarf und sind nur mit direkter Förderung zu erreichen. Nicht selten bestehen so genannte Lernvorbehalte, die aus Lernentwöhnung oder negativen Lernerfahrungen entstehen und bis zur Lernverweigerung gehen können, also z. B. eine Nicht-Teilnahme an Weiterbildung zur Folge haben.

In diesem Kapitel gebe ich einen Überblick über wichtige Strategien der direkten Förderung. Ausgangspunkt ist die Annahme, dass über eine Lernkompetenzanalyse, die in Kapitel 4 beschrieben wird, die Kompetenzprofile der Zielgruppe direkter Förderung ermittelt wurden. Diese Zielgruppe wird sich grob in zwei Teilgruppen gliedern: Beschäftigte mit Kompetenzlücken auf der Lern- und Kontrollstrategieebene und Beschäftigte mit ungünstigen Lernorientierungen. Die Förderwege für diese beiden Gruppen sehen unterschiedlich aus.

Im ersten Teil widme ich mich den Hintergründen ungünstiger Lernorientierungen und betrachte dabei die Besonderheiten des Lernens älterer Beschäftigter.

Die Nicht-Beachtung dieser Besonderheiten kann ungünstige Lernorientierungen und Lernvorbehalte bestätigen und verstärken. Die Auslotung der Quelle von Lernvorbehalten und die Ermittlung von Ansatzpunkten zum Abbau dieser Vorbehalte bilden den zweiten Schwerpunkt des ersten Teils.

Im zweiten Teil stelle ich gezielte Trainings vor. Lernkompetenz-Workshops mit Unterstützung durch Lerntagebücher schließen Lücken in den Lern- und Kontrollstrategiekompetenzen. Für den Abbau von Lernvorbehalten existieren drei Werkzeuge. Lernverträge können Lernverweigerern die soziale Unterstützung geben, deren Fehlen die Lernverweigerung bekräftigt hat. Lernexperimente sind ein guter Weg, mangelnde Selbstwirksamkeitsüberzeugungen zu überwinden. Kognitive Trainings erhöhen die Nachhaltigkeit der Lernexperimente und vermindern Lernangst.

5.1 Besonderheiten des Lernens älterer Beschäftigter

In Best-Practice-Sammlungen (siehe Anhang: Vertiefungsmöglichkeiten) ist vielfach davon die Rede, dass die Weiterbildung Älterer auf die besonderen Lernerfordernisse dieser Gruppe abgestimmt werden müsse. Wieso aber sollte sich das Lernverhalten älterer Beschäftigter überhaupt wesentlich von dem ihrer jüngeren Kollegen unterscheiden? Wie ich im zweiten Kapitel gezeigt habe, sind zwar altersabhängige Veränderungen bestimmter kognitiver Funktionen nicht von der Hand zu weisen. Die Quintessenz der Betrachtung war aber, dass die Lernfähigkeit bei gesunden Beschäftigten über das gesamte Berufsleben hinweg erhalten bleiben dürfte. Worin also bestehen diese besonderen Lernerfordernisse?

Die Antwort ist zunächst ganz einfach. Weiterbildung für Ältere gestaltet sich nicht deswegen anders, weil altersabhängiger kognitiver Abbau eine besondere Didaktik erforderte. Spöttisch gesagt: Älteren muss man nicht irgendwelche Zusammenhänge öfter oder langsamer erklären, nur weil jene älter sind. So gesehen, bedarf Weiterbildung für Ältere keines besonderen Formats. Von Bedeutung sind hingegen all jene Faktoren, die sich unter dem Sammelbegriff der Individualität fassen lassen.

5.1.1 Grundzüge einer alternsgerechten Didaktik

Puhlmann (2006) merkt an, dass die „‚Kunst' einer erfolgreichen Weiterbildung mit Älteren … in jedem Fall in der positiven Berücksichtigung von Individualität zu bestehen" scheine (S. 22). Individualität hat dabei zwei Facetten: Die kognitive Facette besteht darin, dass ältere Beschäftigte über ein ganz anderes Erfahrungswissen verfügen als jüngere Mitarbeiter. Dieses Wissen ist vielfach implizit, kann also nicht immer sprachlich dargestellt und erklärt werden. Ältere besitzen damit vielfältigere Möglichkeiten, neue Inhalte in ihr Wissen zu integrieren. Sie vermögen kraft Erfahrung häufig besonders gut, das Wesentliche in Fallbeispielen zu erkennen, mit ihrer eigenen Erfahrung in Beziehung zu setzen, und dadurch für die eigene Arbeit zu nutzen. Zugleich können Visualisierungen in Form von Schaubildern, Diagrammen etc. besonders hilfreich sein, weil sie das implizite Wissen gut ansprechen und der Umweg über sprachgebundenes Lernen verkürzt wird.

Die motivationale Facette speist sich aus den mit zunehmendem Alter heterogener werdenden Berufsbiographien und der Begrenzung der Karrieremöglichkeiten. Weiterbildung ist für ältere Beschäftigte seltener Mittel zu dem Zweck, die eigene Karriere voranzutreiben, weil viele Karriereoptionen ausgeschöpft sind. Die Bedeutung anderer Zwecke, zum Beispiel das Bestreben, durch Weiterbildungsteilnahme die eigene Leistungsfähigkeit zu demonstrieren, hängt von der eigenen bisherigen beruflichen Entwicklung ab. Sie mögen in den Hintergrund treten, wenn die Entwicklung erfolgreich verlief. Sie gewinnen an Gewicht, wenn Misserfolge kompensiert werden sollen. Stärker als bei jüngeren Mitarbeitern erhält Weiterbildung die Bedeutung, die alltägliche Arbeit zu erleichtern. Dadurch gewinnt die direkte Anwendbarkeit der Inhalte an Bedeutung. Ältere Beschäftigte lernen nicht mehr „auf Vorrat" so wie jüngere, die – wie sie es noch von der Schule gewohnt sein mögen – darauf bauen, das zunächst abstrakte und isolierte Wissen im Verlauf ihrer Entwicklung irgendwann brauchen zu können.

Praxisbeispiel: Der Klassenzimmer-Effekt

Die Bedeutung der Individualisierung zeigte sich in einem Partner-Unternehmen aus der Metallindustrie. Dort wollte man erfahrene Mitarbeiter jenseits der 55 mit Weiterbildung aus der Routine des Alltags befreien. Um zu betonen, dass die älteren Mitarbeiter voll „dazugehören", holte man sie vom Hochofen weg und bildete sie in just den Räumen weiter, die für die Lehrlingsausbildung genutzt wurden. Außerdem wurde ein erfahrener Ausbilder eingesetzt, der sich sonst um Lehrlinge kümmerte. Beste Absichten also seitens der Personalverantwortlichen. Leider wurden bei den Mitarbeitern Widerstände mobilisiert, die in der allgemeinen Überzeugung gipfelten, man habe es nicht mehr nötig, die Schulbank zu drücken. Die Weiterbildung konnte nach klärenden Gesprächen erst durchgeführt werden, nachdem sie vom Seminarraum an den Arbeitsplatz verlegt worden war.

Grundlegende Prinzipien

Bei aller Unterschiedlichkeit und zunehmender Individualisierung lassen sich dennoch Grundzüge einer „Didaktik für ältere Beschäftigte" aufzeigen. Strenggenommen ist dies keine Didaktik, die sich nur für Ältere eignet, aber nicht für ihre jüngeren Kollegen. Ganz im Gegenteil sind die folgenden vier Prinzipien für alle Weiterbildungsteilnehmer geeignet. Bei älteren Beschäftigten aber schlagen Verletzungen dieser Prinzipien stärker zu Buche im Sinne von Lernvorbehalten und geringem Lernerfolg. Jüngere Teilnehmer, deren Schullaufbahn weniger lang zurückliegt, nehmen eine „Einheitsweiterbildung" (vgl. Roßnagel & Voelpel, 2007) eher in Kauf als Ältere.

Interaktive Lernzielformulierung. Gerade bei größeren Unternehmen ist heutzutage das Angebot einer Mischung fachlicher und überfachlicher Weiterbildungen Standard. Ebenfalls recht verbreitet ist die abschließende Evaluation einer Weiterbildung durch die Teilnehmer. Weit seltener aber werden Beschäftigten in die Gestaltung des Angebots einbezogen, obwohl dies für die Annahme der Weiterbildung durch die Beschäftigten äußerst wichtig ist. Die Gestaltung betrifft nicht alleine die Auswahl der Themen, sondern auch die konkreten Inhalte und Lernziele der jeweiligen Ausbildungen. Die Beteiligung bei der Formulierung der Lernziele ist keine aufwendige, kostenintensive Angelegenheit. Die individuellen Fragen und Wünsche zu bestimmten Weiterbildungsthemen lassen sich im Rahmen von ohnehin durchgeführten Mitarbeiterbefragungen sammeln. Alternativ können die Teilnehmer einer bestimmten Weiterbildung im Vorfeld angeschrieben werden, mit der Bitte, ihre Erwartungen an die Veranstaltung anzugeben. Auf dieser Grundlage können die Dozenten dann die Gewichtung der Inhaltsblöcke ihrer Veranstaltung bestimmen, die Reihenfolge anpassen und vor allem transparent machen, wie sich die Lerninhalte auf die Arbeit der Beschäftigten beziehen. Die interaktive Lernzielformulierung funktioniert gerade bei älteren Beschäftigten gut, weil sie „wissen, worauf es ankommt". Bei der Lernzielformulierung werden die Teilnehmer nach ihren konkreten Lernzielen gefragt:

▶ „Was müssen Sie konkret gelernt haben, damit Sie für sich sagen, diese Weiterbildung war erfolgreich?"

▶ „Was wollen Sie aus der Weiterbildung in Ihren Arbeitsalltag mitnehmen?"

Mit Fragen dieser Art lässt sich zweierlei erreichen. Zum einen steigt die Selbstbeobachtung. Teilnehmer, die sich über ihre Lernziele Gedanken machen, können genauer darauf achten, ob sie diese erreichen, weil sie wissen, worauf sie achten müssen. Diese Selbstbeobachtung ist eine wichtige Grundlage für den Lernerfolg, sie vermindert „passives" Lernen, bei dem die Teilnehmer die Weiterbildung an sich „vorbeiziehen lassen". Zum Zweiten schaffen präzise Lernziele die Voraussetzung für eine angemessene Bewertung des Lernerfolgs, und damit auch der Veranstaltung. Anstatt der allgemeinen Frage „Wie hat Ihnen diese Veranstaltung gefallen?" kann man die Teilnehmer auf ihre eigenen Ziele rückbeziehen und fragen, wie gut diese Ziele erreicht wurden. Auch lässt sich leichter ermitteln, wodurch mangelnde Zielerreichung bedingt wurde.

Selbstverständlich funktioniert die interaktive Lernzielformulierung auch mit externen Anbietern, die qualitätsbewussten unter ihnen werden sich ohne weiteres auf dieses Anliegen eines Unternehmens einlassen, so sie diese Technik nicht ohnehin anbieten.

Praxisbezug. Die Einbindung neuen Wissens gelingt umso besser und schneller, je mehr dieses mit dem eigenen Vorwissen verknüpft werden kann. Tatsächliche Szenarien und Fälle aus der Arbeit der Teilnehmer eignen sich daher optimal, neue Inhalte einzuführen. Die wissenschaftliche Herleitung von Regeln oder die Vermittlung formelhafter Lehrsätze stößt gerade bei Älteren auf Ablehnung. Natürlich ist die fachliche Untermauerung und Seriosität der Inhalte eine unabdingbare Voraussetzung für gute Weiterbildung. Nicht verallgemeinerbare Anekdoten aus dem Leben des Dozenten sind kein Ersatz für Fachwissen. Entscheidend ist aber die Verpackung. Dem Fachwissen, das als solches daherkommt, also spröde, abstrakt, sachlich, sieht man seinen Wert nicht immer gleich an. Fängt man umgekehrt nicht beim neuen Wissen an, sondern bei dem, was den Teilnehmern schon bekannt ist, und führt Neues auf dieser Grundlage ein, wird seine Relevanz besser sichtbar. Außerdem führt die Verknüpfung mit Bekanntem dazu, neue Inhalte selbständig zu erarbeiten und weiterzudenken (vgl. Reinmann-Rothmeier & Mandl, 2001).

> Teilnehmer sollten schon vor einer Weiterbildungsmaßnahme, also im Rahmen der Lernzielformulierung, gebeten werden, eigene Praxisbeispiele aus dem Themenfeld der Weiterbildung mitzubringen, um den Alltagsbezug zu erhöhen. Werden Praxisbeispiele erst unter Zeitdruck in der Veranstaltung gesucht, steigt erfahrungsgemäß die Zurückhaltung der Teilnehmer.

Natürlich können über „Startbeispiele" hinaus jederzeit weitere Fälle in die Veranstaltung eingebunden werden, die sich in deren Verlauf als relevant erweisen. Die Beziehung zum Arbeitsalltag sollte auch und gerade bei eher trockenen Themen (z. B. neue Gesetze und Verfahrensrichtlinien) hergestellt werden, bei denen Veranstaltungen zu „Pauksitzungen" auszuarten drohen. Hier bietet sich an, die Unterschiede zum bisherigen Vorgehen oder der bisherigen Situation herausarbeiten zu lassen sowie die Veränderungen, die sich für die Teilnehmer konkret an ihrem Arbeitsplatz daraus ergeben.

Teilnehmendes Lernen. Wer seine Teilnehmer in die Bestimmung der Lernziele einbindet und sie eigene Fälle in die Weiterbildung mitbringen lässt, ist schon einen guten Schritt zum teilnehmenden Lernen gegangen. Die Arbeit an eigenen Fällen lädt geradezu ein, diese mit Methoden des teilnehmenden Lernens zu bearbeiten. An erster Stelle stehen hier Rollenspiele. Sie bringen die Teilnehmer dazu, neues Wissen zu festigen, weil ein Standpunkt eingenommen werden muss. Besetzt man Rollen „gegen den Strich" (z. B. wenn man Kundendienstler zu Kunden macht), übt man damit den Wechsel der Perspektive, der vielfach „Aha"-Erlebnisse schafft und den Wissenserwerb nachhaltig fördert. Gruppendiskussionen haben ähnliche Effekte. Sie können vor allem bei eher abstrakten Inhalten eingesetzt werden, die sich in Rollenspielen nur schwer umsetzen lassen. Durch die Offenlegung verschiedener Sichtweisen stellen die Teilnehmer ihr neues Wissen in unterschiedliche Zusammenhänge und festigen dadurch die Einbindung ins eigene Vorwissen.

> **Definition**
>
> **Teilnehmendes Lernen.** Mit Hilfe von Rollenspielen oder Gruppendiskussionen üben Teilnehmer einen Perspektivwechsel, der den Erwerb neuen Wissens nachhaltig unterstützt.

Teilnehmende Lernmethoden sind einer der besten Wege, Weiterbildungen vom Frontalunterricht abzuheben, wie ihn Beschäftigte aus der Schule gewohnt sind. Frontalunterricht wird gerade von älteren Beschäftigten häufig stark abgelehnt, weil er eigene negative Lernerfahrungen auffrischt und Teilnehmer in die Rolle des „unmündigen Schülers" verweist (vgl. weiter oben „Praxisbeispiel: Der Klassenzimmer-Effekt").

Moderation statt Instruktion. Aus dem Einsatz interaktiver Lernzielformulierung, Fallarbeit und teilnehmenden Lernmethoden folgt fast schon zwangsläufig, dass Dozenten in Weiterbildungen mit älteren Beschäftigten nicht instruieren sollten, sondern moderieren. In dem Maße, wie Teilnehmer Inhalte selbst einbringen und erarbeiten, sollten sich Dozenten zurücknehmen. Wer das Lehren in der Weiterbildung auf sich bezieht und es weitgehend alleine steuert, würgt die Eigeninitiative der Teilnehmer ab. Das heißt umgekehrt nicht, Teilnehmer „ihrem Schicksal" zu überlassen und am selbstgesteuerten Lernen auch dann noch festzuhalten, wenn Teilnehmer mit neuen Inhalten offensichtlich überfordert sind (Wenke, 2006). Moderatoren stellen vor allem Fragen, sammeln Antworten und achten darauf, dass sich Diskussionen in Richtung der Lernziele bewegen.

Unter dem Strich

Individualisierung ist das zentrale Prinzip der Weiterbildung Älterer, ungünstig ist eine Einheitsweiterbildung, die die Besonderheiten des Lernens Älterer nicht berücksichtigt. Individualisierung lässt sich unterstützen durch Interaktive Lernzielformulierung, didaktischen Praxisbezug, teilnehmende Lernmethoden und eine Verlagerung des Lehrens von der Instruktion zur Moderation.

5.1.2 Vorbehalte älterer Beschäftigter gegen Weiterbildung

Ein wichtiger Bestandteil der Lernkompetenz ist die Lernorientierung (vgl. Kap. 3.1). Sie ist mit einer spezifischen Motivation verknüpft, welche Ziele mit einer Weiterbildung erreicht werden sollen, sowie mit Selbstwirksamkeitserwartungen, welche Lernziele erreicht werden können. Bei ungünstiger Lernorientierung liegen oft Vermeidungsziele oder geringe Selbstwirksamkeitserwartungen vor, und genau daraus können Vorbehalte gegen Weiterbildung entstehen. Christ und Röhrig (2006) zählen als typische Vorbehalte auf:

▶ Zweifel am Nutzen („Wozu Weiterbildung?")
▶ Zweifel an der Didaktik („Das ist mir zu theoretisch!")
▶ Zweifel an der Umsetzbarkeit („Ich bin immer noch auf fremde Hilfe angewiesen.")

Unsere eigenen Forschungs- und Beratungserfahrungen im WISE-Demographie-Netzwerk decken sich mit diesem Bild. Aus den Lernkompetenzanalysen (vgl. Kap. 3.3) werden verschiedene Problemquellen ersichtlich, aus denen Vorbehalte erwachsen können. Als Beispiel mögen einerseits die gelegentlich als „Lernentwöhnte" bezeichneten Beschäftigten dienen. Sie haben seit längerer Zeit – in der Regel mehr als drei Jahre – an keiner Weiterbildung mehr teilgenommen und geben an, sich auch wenig in informellen Lernaktivitäten zu engagieren. Bei solchen Beschäftigten kann es in einzelnen Fällen zu einer echten Lernverweigerung kommen, die sich in der Überzeugung ausdrückt, dass Weiterbildung von geringem Nutzen sei. Eine zweite wichtige Gruppe sind die „Lernängstlichen". Bei ihnen steht mangelnde Gedächtniserwartung im Vordergrund, die zur Überzeugung führt, den Lernanforderungen der Weiterbildung nicht gewachsen zu sein. Lernangst geht nicht automatisch mit ungünstigen Lernüberzeugungen einher, oftmals aber mit hoher Misserfolgsmotivation, also dem Bestreben, Misserfolge auf jeden Fall zu vermeiden.

Lernvorbehalte können recht stabil sein und sind schwer zu entkräften, weil sie auf Erfahrungen beruhen. Beispielsweise kann Misserfolgsmotivation aus Lernkompetenzdefiziten hervorgegangen sein, in deren Folge Lernende sich unangemessene Lernziele setzten. Misserfolg bei der Zielerreichung schreiben solche Beschäftigte dann nicht selten mangelnden eigenen Fähigkeiten zu. Wird die Lernkompetenz nicht gestärkt, stabilisieren weitere negative Erfahrungen im Sinne einer selbsterfüllenden Prophezeiung entsprechende Vorbehalte. Auch werden sich Henne und Ei bei der Aufklärung von Lernvorbehalten oftmals kaum noch voneinander trennen lassen. So berichten Lernverweigerer häufig über ein ungünstiges Lernklima und erleben, dass ihrer Weiterbildung vom Unternehmen nur geringe Bedeutung beigemessen wird. Offen bleibt dabei, ob an solche Beschäftigte tatsächlich geringere Lernerwartungen herangetragen werden, weil sie in der Vergangenheit wenig Weiterbildungsengagement zeigten, oder ob sie geringeres Engagement zeigen, weil sie wenig Unterstützung erleben. Für den Umgang mit Lernvorbehalten und ihren Abbau ist trotz dieser Verflechtung von Ursachen die Tatsache wichtig, dass sich Vorbehalte im Kern auf zwei Punkte reduzieren lassen: Zweifel an der eigenen Kompetenz und Vorbehalte gegen die Weiterbildung und ihr betriebliches Umfeld. Abbildung 5.1 listet die wichtigsten Quellen für Lernvorbehalte auf, die alleine oder in Kombination auftreten können.

Kompetenzdefizite	Weiterbildungsdefizite	
Motivation	Unterstützung	
Strategie	Inhalte	**Abbildung 5.1.**
	Format	Quellen von Lernvorbehalten

Die Unterscheidung der Ursachen für Vorbehalte ist für die Wahl angemessener Wege der Kompetenzförderung von hoher Bedeutung. Liegen beispielsweise in erster Linie Kompetenzdefizite vor, dann konzentriert sich die Kompetenzförderung auf die Beschäftigten selbst. Führen Defizite in der Gestaltung der Weiterbildung zu Lernvorbehalten, dann muss auch diese auf den Prüfstand. In der Praxis werden beide Ursachen häufig miteinander verknüpft sein; zumindest ist bei Beschäftigten mit Kompetenzdefiziten zu erwarten, dass aus den Defiziten Vorbehalte gegen die Weiterbildung selbst erwachsen.

Vorbehalte gegen die Weiterbildung lassen nicht automatisch den Schluss auf geringe Lernkompetenz zu. Gerade Beschäftigte mit hoher Lernkompetenz können gut feststellen, was an einer Weiterbildung besser gestaltet werden könnte. Umso wichtiger ist es, die geäußerten Vorbehalte im Gespräch daraufhin abzuklopfen, was genau sich hinter ihnen verbirgt.

Ebenfalls im Zusammenhang mit Lernvorbehalten zu diskutieren sind der Einsatz neuer Medien in der beruflichen Weiterbildung und die Bildung altersgemischter Lerngruppen. Richtig eingesetzt, können beide Methoden erfolgreiches Lernen wirksam unterstützen. Sie können aber auch zur Quelle von Lernvorbehalten werden.

Ältere Beschäftigte und neue Medien. Computer- und webbasierte Trainings sind in der beruflichen Weiterbildung allgemein gut etabliert. Bei älteren Beschäftigten aber lösen Computer und Internet nicht selten Ablehnung und Angst aus, die vor dem Hintergrund des Lernkompetenzkonzepts als Vermeidungsmotivation zu sehen sind und in geringen Selbstwirksamkeitserwartungen wurzeln. Kommen bei solchen Beschäftigten gering ausgeprägte Kontrollstrategien hinzu, ist der Teufelskreis perfekt. Computer- und internetbasiertes Lernen ermöglichen und erfordern ein hohes Maß an Selbststeuerung. Fehlt diese, kommt es leicht zu Überforderung und Desorientierung, dem so genannten „Lost in hyperspace"-Syndrom. Lernende reagieren darauf häufig mit unreflektiertem Datensammeln und der Flucht ins Detail, in deren Folge der Gesamtzusammenhang des Lernens ausgeblendet wird. Dadurch sinkt die Lerneffizienz, Vorbehalte werden aufgebaut oder verstärkt.

Altersgemischte Lerngruppen. Die Problemlage ist bei altersgemischten Lerngruppen ganz ähnlich. Sie können den Lernerfolg steigern, wenn sich unterschiedliches Vorwissen und unterschiedliche Lernstrategien der Beteiligten ergänzen und neues Wissen gemeinsam erschlossen wird. Ältere Beschäftigte können sich in solche Gruppen gut einbringen, wenn sie dank ihrer Erfahrung neues Wissen auf den beruflichen Alltag beziehen und Verbindungen zur Arbeitspraxis herstellen. Bei älteren Beschäftigten mit geringer Lernkompetenz aber können altersgemischte Gruppen auch zur Bildung und Aufrechterhaltung von

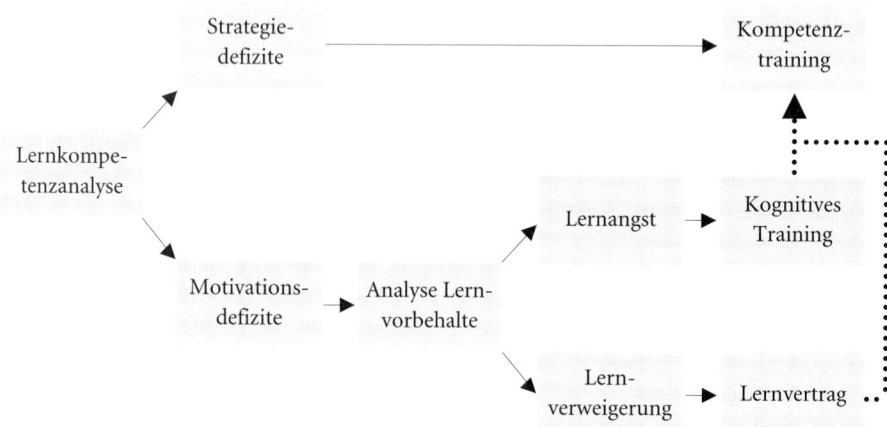

Abbildung 5.2. Analyseschema zur Interventionsplanung

Vorbehalten führen. Im Vergleich mit jüngeren Kollegen treten nämlich eigene Kompetenzdefizite möglicherweise stärker zu Tage, was der eigenen Vermeidungsmotivation zuwiderläuft. Altersgemischte Lerngruppen sind deswegen nicht unbesehen als Lernkompetenztraining einzusetzen mit der Hoffnung, dass sich Kompetenzdefizite in der Gruppe „von selbst erledigen". Der generelle Lösungsansatz ist sowohl hinsichtlich der neuen Medien und der Lerngruppen derselbe. Zuerst muss die Art des Lernvorbehalts ermittelt werden, bevor eines der im Interventionsschema aufgeführten Werkzeuge zum Einsatz kommen kann (vgl. Abb. 5.2).

Praxisbeispiel: Lerngruppen bei BMW
BMW vertritt die Ansicht, dass das kalendarische Alter von Beschäftigten nur geringen Einfluss auf die Lernfähigkeit hat. Als weit wichtiger wird die Lernbereitschaft betrachtet und die Bereitschaft, sich beständiger Veränderung anzupassen. Intergenerationelles Lernen wird als Lernmöglichkeit mit dem besten Ergebnispotenzial angesehen. Dem liegt die Auffassung zugrunde, dass ältere Beschäftigte am besten lernen, wenn sie ihre Erfahrung in die Lernepisode einbringen können. Dies ist vor allem dann der Fall, wenn Lernen und Arbeit eng miteinander verzahnt werden. Davon profitieren auch jüngere Beschäftigte. Umgesetzt wurde dieser Ansatz im IT-Bereich, der von einem hohen Anteil von Projektleitungs- und Projektmanagement-Aufgaben gekennzeichnet ist. Beschäftigte des IT-Bereichs wurden in altersgemischte Gruppen von maximal zehn Mitgliedern aufgeteilt. Über vorgegebene Lernziele hinaus konnte jede Gruppe ihre eigenen Lernziele festschreiben. Es zeigte sich, dass ältere Beschäftigte während dieser Phase ihre reichhaltigen Erfahrungen an ihre jüngeren Kollegen weitergaben. Im Gegenzug erwarben die Älteren von den Jüngeren neues technisches und methodisches Know-how. Gegenwärtig prüft BMW, wie sich die Elemente dieses Projekts auf andere Geschäftsbereiche übertragen lassen.

5.1.3 Ansätze zur Ausräumung von Vorbehalten finden

In Kenntnis der im zweiten Kapitel geschilderten objektiven Lernmöglichkeiten älterer Beschäftigter, also dem Bewusstsein, dass die Lernfähigkeit normalerweise kaum altersbedingt eingeschränkt sein dürfte, mögen Vorbehalte und Lernwiderstände unangemessen erscheinen. Auch mag sich im Verlauf der Weiterbildung herausstellen, dass die Vorbehalte unbegründet waren. Zunächst aber stehen sie im Raum, sind Tatsache und nicht so einfach vom Tisch zu fegen. Wie also geht man am besten mit Vorbehalten um? Wie im letzten Abschnitt deutlich wurde, können Vorbehalte recht unterschiedliche Ursachen haben und entsprechend unterschiedlich sind die Wege, jene auszuräumen. Von äußerster Wichtigkeit ist daher zunächst einmal, die Motive hinter dem Vorbehalt zu erfahren.

Typische Mitarbeitergespräche. Äußern Beschäftigte Vorbehalte gegenüber Weiterbildungen und Lernen, z. B. im Rahmen turnusmäßiger Mitarbeitergespräche, dann sind bestimmte Reaktionen typisch, die unter anderem davon abhängen, wie die Vorbehalte geäußert wurden. Auf die sicherlich nicht seltene Klage „Diese ganze Weiterbildung bringt doch nichts. Viel zu praxisfremd" folgt häufig eine dieser Antworten:

▶ Vorbehalt abwiegeln: „Wir haben massiv in unsere Weiterbildung investiert, da hat sich einiges getan. Probieren Sie's mal aus, da wird sicher was für Sie dabei sein."

▶ Vorbehalt entschuldigend stehen lassen: „Na ja, manchmal mag tatsächlich ein bisschen viel Theorie dabei sein. Aber das gehört leider dazu."

▶ Beschäftigten oberflächlich ermuntern: „Ein bisschen Theorie ist immer dabei, aber Sie mit Ihrer Erfahrung können das doch bestimmt gut umsetzen."

▶ Beschäftigten (zwischen den Zeilen) tadeln: „Unsere Weiterbildung kommt eigentlich bei den meisten Kollegen ganz gut an. Wir können sie leider nicht auf jeden Einzelnen zurechtschneiden."

Solche oder ähnliche Passagen dürften sich in vielen Mitarbeitergesprächen mit älteren Beschäftigten finden, wenn es um Weiterbildung geht. Keine der Antworten ist grob unangemessen, verletzend oder auf sonstige Weise unprofessionell. Dennoch erschweren alle – auch die gutgemeinte Ermunterung – die Ausräumung des Vorbehalts. Gemeinsam ist allen Reaktionen auf die Klage nämlich zweierlei: Dem Vorbehalt wird etwas entgegengesetzt und das Motiv hinter dem Vorbehalt bleibt unklar. Ersteres kann leicht bewirken, dass Beschäftigte sich nicht ernst genommen fühlen und „in den Widerstand gehen" (vgl. Winiarski, 2004), was die Ausräumung von Vorbehalten blockieren kann. Zweiteres verhindert das Finden einer geeigneten Lösung, weil die Motive, die sich hinter der Klage des Beschäftigten verbergen mögen, sehr unterschiedlich sein können. Beispielsweise kann der als Zweifel an der Didaktik erscheinende Vorwurf, dass eine Weiterbildung „zu praxisfremd" sei, sich tatsächlich auf die Weiterbildung beziehen. In diesem Fall würden z. B. Inhalte zu sehr im Frontalunterricht und mit zu geringem Bezug zum Arbeitsalltag der Teilnehmer vermittelt. Die Aneignung der Inhalte stellt an die Teilnehmer dann hohe „Übersetzungsanforderungen" und schreckt dadurch eher ab. Die Klage kann aber auch bedeuten, dass Teilnehmer aufgrund eigener Kompetenzdefizite Schwierigkeiten haben, sich die Inhalte effizient zu erschließen und für ihre eigene Arbeit nutzbar zu machen. Schließlich kann die Klage auch dazu dienen, die eigene Lernangst zu verbergen.

Praxisbeispiel: Mitarbeitergespräche

Einer unserer Unternehmenspartner berichtete, dass viele ältere Mitarbeiter den demographischen Wandel als Herausforderung empfänden. Er habe deswegen das Gespräch gesucht und Mitarbeitern z. B. versichert: „Herr M., wir machen Sie fit für die Herausforderungen des demographischen Wandels." Allerdings hätten diese Gespräche nichts bewirkt. Das überrascht nicht. Immerhin vermittelte das Versprechen, den Mitarbeiter „fit zu machen" auch, dass der Mitarbeiter noch nicht fit ist. Zudem erscheint der demographische Wandel als abstrakter Anspruch, an dem es zu wachsen gilt – was von Beschäftigten als Belastung erlebt werden kann. Wir empfahlen, die Blickrichtung zu wechseln. Im Mittelpunkt des Gesprächs sollten Wünsche und Kritik des Mitarbeiters stehen. Diese lassen sich auf die mittelfristige berufliche Entwicklung ausdehnen. Von dieser Perspektive aus lässt sich der Bogen zum demographischen Wandel und seinen Anforderungen leichter schlagen.

Akzeptieren statt kommentieren. Die Technik, solche ungünstigen Gesprächseinstiege zu umgehen, ist so simpel, wie sie selten genutzt wird. Sie besteht darin, den Vorbehalt zunächst einmal unkommentiert stehen zu lassen und durch eine Nachfrage weiter zu ergründen:

▶ Arbeitnehmer: „Diese ganze Weiterbildung bringt doch nichts. Viel zu praxisfremd."

▶ Vorgesetzter: „Woran merken Sie, dass das zu praxisfremd ist? Hätten Sie mal ein Beispiel für mich?"

Mit Hilfe der Technik des Akzeptierens bringt man seinen Gesprächspartner dazu, seinen Vorbehalt zu präzisieren und gewinnt weitere wichtige Informationen. Ziel des Gesprächs ist u. a. nämlich herauszufinden, worauf der Vorbehalt sich genau bezieht: tatsächliche Mängel von Weiterbildungsformat oder -inhalt, Kompetenzdefizite des Gesprächspartners oder sogar Lernangst. Oft wird schon durch die anfängliche Nachfrage nach einem konkreten Beispiel deutlich, in welche Richtung der Vorbehalt geht. Weitere Klärung kann die Anregung bringen, Vorschläge zur Umgestaltung der Weiterbildung zu machen („Was müsste an einer Weiterbildung anders sein, die Ihnen etwas bringt?"). Der Gesprächspartner wird bei seinen Vorschlägen von seiner eigenen Situation ausgehen und dadurch enthüllen, was die Quelle seines Vorbehalts ist.

Insgesamt bindet eine derartige Gesprächsführung den Gesprächspartner ein, eröffnet Ansätze, Lernvorbehalte auszuräumen, statt sie nur abzuwiegeln, und signalisiert damit die Akzeptanz, die zur Überwindung von Lernverweigerung unabdingbar ist. Solche grundlegenden Techniken sind einfach umzusetzen und erhöhen die Ergiebigkeit von Mitarbeitergesprächen beträchtlich. Berührungsängste mit solcher Gesprächsführung sind unberechtigt. Weder werden Mitarbeitergespräche dadurch zu Psychotherapiesitzungen (die sie auch niemals sein dürfen!), noch ergibt man sich damit einer verklärenden Sozialromantik, die Ziele des Unternehmens preisgibt. Die besten Absichten helfen nur wenig, wenn sie unangemessen vermittelt werden. Dies scheint eine Binsenweisheit zu sein, die zu befolgen schwieriger sein kann, als man denken mag.

Unter dem Strich

Ältere Beschäftigte hegen nicht selten Lernvorbehalte. Sie werden durch Lernentwöhnung und negative Lernerfahrungen aufrechterhalten und können Lernverweigerung zur Folge haben. Ausräumen lassen sich Lernvorbehalte nicht durch gutes Zureden, sondern nur durch Klärung ihrer Ursachen und nachfolgende direkte Förderung. Wichtige Quellen von Lernvorbehalten sind Lernangst und mangelnde soziale Unterstützung des Lernens.

5.2 Werkzeuge der direkten Förderung

So unterschiedlich die mit der Weiterbildung verbundenen Motivlagen und Kompetenzkonstellationen sein mögen, so unterschiedlich sind auch die Strategien zur Förderung der Lernkompetenz. Die indirekten Strategien, die ich im vorigen Kapitel beschrieb, mögen bei vielen Beschäftigten zu kurz greifen. Zwar unterstützen sie die Entfaltung von Lernkompetenz und fördern informelles und arbeitsintegriertes Lernen. Sie ersetzen aber nicht den gezielten Aufbau von Lernkompetenz und können auch keine Kompetenzdefizite ausgleichen. Vielmehr muss ein Mindestmaß an Lernkompetenz vorliegen, um die durch die indirekte Förderung bereit gestellten Lernressourcen überhaupt nutzen zu können. Weisen die Bestandsaufnahme (vgl. Kap. 4.1) oder Mitarbeitergespräche (vgl. Kap. 5.1) Kompetenzdefizite oder gar bestimmte Lernvorbehalte aus, dann sollte die indirekte Förderung durch gezielte Trainings der Lernkompetenz ergänzt werden. Die wichtigsten Werkzeuge dazu stelle ich im Folgenden dar.

Kernelement: Selbstbeobachtung. Das Prinzip aller im Folgenden beschriebenen Trainingsverfahren – Strategietrainings, kognitive Trainings und Lernverträge – ist dasselbe: Die Teilnehmer der Trainings üben unter Anleitung angemessenes Lernverhalten ein und werden dabei zur Selbstbeobachtung angeregt. Diese verdeutlicht ihnen die Vorteile, die mit der Anwendung von Lern- und Kontrollstrategien verbunden sind, und legt damit die Grundlage für nachhaltige Veränderungen des Lernverhaltens. Zugleich wird die Wahrnehmung für eigene Lernschwierigkeiten geschärft, die im Rahmen des Trainings besprochen werden, dabei werden individuelle Möglichkeiten zu ihrer Überwindung gefunden. Die angeleitete Selbstbeobachtung und die Besprechung der aus ihr gewonnenen Einsichten sind also der Kern aller Trainings.

Der Hauptunterschied zwischen den drei Trainingsformen liegt lediglich in dem Punkt, an dem sie ansetzen. Der zwischen einem Lernbegleiter und einem Lernenden geschlossene Lernvertrag ist eine besonders explizite Form der 1:1-Betreuung. Das Gewähren eines besonderen Ausmaßes an sozialer Unterstützung nimmt den Hauptgrund ins Visier, der zu einer Lernverweigerung führte. Das Training an sich, das mit der Lernpartnerschaft im Rahmen eines Lernvertrags verbunden ist, unterscheidet sich ansonsten nicht fundamental vom Strategietraining. Ähnlich verhält es sich mit dem kognitiven Training. Zwar ist die Bearbeitung von Denksportaufgaben auf den ersten Blick etwas anderes als ein Strategietraining. Diese kognitiven Aufgaben sind aber nur der erste Schritt, Lernangst zu überwinden und das Vertrauen in das eigene Gedächtnis zu erhöhen. Dieses gewachsene Selbstvertrauen wird dann genutzt, um Teilnehmer an Strategietrainings heranzuführen – falls die Lernschwierigkeiten mit der Erhöhung der Gedächtniserwartung nicht ohnehin schon überwunden sind.

5.2.1 Strategietraining

So sehr informelles und arbeitsintegriertes Lernen mehr sind als elementares Auswendiglernen (vgl. Kap. 1.2), so wenig helfen bei Lernkompetenzdefiziten einfache Gedächtnistrainings (zu deren Stellenwert vgl. Kap. 5.1.3) und „Einpauktechniken", die im Mittelpunkt der Selbsthilfeliteratur und der Angebote vieler „Lernberater" zu stehen scheinen. Nicht aus der Welt zu schaffen sind auch Einteilungen von „Lerntypen", die auf mehr oder weniger plausiblen Überlegungen aus der Neuroanatomie oder der Tiefenpsychologie gründen. Hohenstein und Bußmann (2001) z. B. berufen sich auf Carl Gustav Jung bei ihrer Einteilung von vier Lerntypen. Sie unterscheiden den Lerntyp, der am besten an Hand genauer Instruktionen lerne, den, der gefühlsbestimmt und intuitiv vor allem im Austausch mit anderen gut lerne, den, der Probleme eigenständig von allen Seiten durchleuchten und sich mit ähnlich intellektuell veranlagten Menschen darüber austauschen wolle, und den Lerntyp, der ebenso phantasievoll wie wissbegierig sei und vorzugsweise in einer offenen, inspirierenden Atmosphäre lerne.

Dass in einer verschlossenen und uninspirierenden Atmosphäre niemand gut lernen wird, sollte inzwischen deutlich geworden sein. Ebenso klar dürfte sein, dass der Austausch mit Kollegen den Wissenserwerb fördert – nicht nur bei speziellen „Lerntypen", sondern bei allen. Genaue Instruktionen sind vor allem dann wichtig, wenn ein Wissensgebiet noch neu ist oder die Lernkompetenz gering ausgeprägt. Hinweise für ein Training der Lernkompetenz lassen sich aus solchen Überlegungen kaum ableiten.

Leitlinien für Kompetenztrainings

Gezielte Lernkompetenztrainings schließen sich an eine umfassende und differenzierte Lernkompetenzanalyse (vgl. Kap. 4.1) an, die eine Diagnose ermöglicht, auf welcher Ebene Kompetenzdefizite in erster Linie liegen. Auf diesen Befund lässt sich dann ein passendes Training abstimmen. Die Gestaltung eines Kompetenztrainings sollte sich an den drei Leitlinien von Zusammenhang, Ganzheitlichkeit und Unterstützung der Lernkompetenz orientieren.

Leitlinie 1: Zusammenhang herstellen. Bestandteil jedes Trainings sollte auf jeden Fall die Vermittlung des Lernkompetenzbegriffs sein. Die drei Kompetenzebenen, ihre Funktion und ihr Zusammenspiel sollten vorgestellt werden, unabhängig davon, auf welcher Ebene die Kompetenzdefizite liegen. Bereits das Bewusstsein um das Ineinandergreifen von Lern- und Kontrollstrategien und die Entstehung von Lernbarrieren aufgrund unangemessener Lernüberzeugungen oder ungünstiger Lernziele führt zu „Aha"-Erlebnissen und schafft die Grundlage für die Selbstbeobachtung beim Lernen, die für die Entwicklung der Lernkompetenz von zentraler Bedeutung ist. Aufgrund der Selbstbeobachtung können Lernergebnisse mit den angestrebten Lernzielen verglichen werden, was den Ausgangspunkt für Korrekturen bildet. Außerdem rückt das Wissen um die Ebenen der Lernkompetenz angemessenes Lernverhalten ins Bewusstsein, was für sich genommen schon dazu führt, dass sich Verhalten in die erwünschte Richtung verändert (Kanfer et al., 1996).

Leitlinie 2: Lernkompetenz ganzheitlich ansprechen. Die im zweiten Kapitel beschriebenen Lern- und Kontrollstrategien lassen sich im Sinne eines Handwerkszeugs zum Lernen mit spezifischen Übungen recht eingängig vermitteln. Dies mag dazu verführen, praktisch ausschließlich Strategien zu trainieren. Die Trainingsforschung zeigt aber, dass ein reines Lernstrategietraining nur kurzfristige Effekte bringt und auf neue Lernsituationen kaum übertragbar ist. Neuere Ansätze kombinieren deshalb das Training unterschiedlicher Kompetenzebenen miteinander, im Vordergrund stehen kombinierte Trainings metakognitiver und kognitiver Strategien oder metakognitiver und motivationaler Strategien (vgl. Leutner & Leopold, 2006).

Leitlinie 3: Transfer unterstützen. Ein Kompetenztraining endet nicht mit der Trainingssitzung. Wichtig ist, die im Training gelernten Strategien auf das Lernen außerhalb des Trainings zu übertragen. Umgesetzt wird dies mit Hilfe von Lerntagebüchern, deren Führung als Hausaufgabe erteilt wird. Lerntagebücher bringen die Teilnehmer zum Training der Selbstbeobachtung und Anwendung der trainierten Strategien auf neue Inhalte. Im Lerntagebuch halten die Teilnehmer relevante Erfahrungen fest, die sie während ihrer Lernepisoden außerhalb des Trainings machen. Hofer und Yu (2003) beispielsweise hielten ihre Teilnehmer an, alle Fragen und Probleme zu notieren, die im Rahmen ihrer Lernepisoden auftauchten, und die sie zum Nachdenken über die Möglichkeiten und Grenzen der Übertragung bestimmter Lern- und Kontrollstrategien anregten. Diese Fragen können dann als Fallarbeit in die nächste Sitzung eingebracht werden.

Workshop: Lernkompetenztraining

Lernkompetenztrainings bringen recht schnellen Erfolg, bereits vier bis fünf Sitzungen können die Lernkompetenz nachhaltig stärken. Die Sitzung dauert etwa 60 Minuten. Ein exemplarischer Trainingsplan könnte wie folgt aussehen (vgl. dazu auch Landmann et al., 2005; Schreiber, 1998).

Sitzung 1: Vorstellung der Lernkompetenzebenen. In dieser Eingangssitzung werden die Gruppenregeln eingeführt und allgemeine Informationen über das Training sowie über die Bedeutung der Hausaufgaben gegeben. Ausgewertet werden die Erwartungen der Teilnehmer, die idealerweise im Vorfeld gesammelt wurden (vgl. Kap. 5.1.1 Interaktive Lernzielformulierung).

Kern der Sitzung ist die Vorstellung der drei Lernkompetenzebenen und die Bedeutung der Lernkompetenz für den Lernerfolg. Betont werden sollte hier, dass Lernkompetenz eine Schlüsselkompetenz ist, das Training also die Grundlage für langfristige Verbesserungen schafft. Besprochen werden sollten lernförderliche und lernhinderliche Faktoren. Als erste Hausaufgabe wird den Teilnehmern mitgegeben, ihre individuellen Lernschwierigkeiten zu notieren und diese Aufzeichnungen zur nächsten Sitzung mitzubringen.

Sitzung 2: Schwerpunkte setzen. Die Inhalte des zweiten Termins richten sich danach, welche Ebene der Lernkompetenz schwerpunktmäßig gefördert werden soll. Ziel der Sitzung ist es, den Teilnehmern die Bedeutung der jeweiligen Teilkompetenz zu vermitteln und unter Bezug auf die individuellen Lernschwierigkeiten (1. Hausaufgabe) zu erarbeiten, wie die Stärkung dieser Teilkompetenz den Lernerfolg erhöhen kann.

Stehen Defizite bei den Lernstrategien im Vordergrund, dann sollte zunächst die Bedeutung von Lernstrategien erarbeitet werden. Betont werden sollte, dass Lernstrategien nicht dem Pauken dienen, sondern dass das oberste Ziel darin besteht, neues Wissen mit Vorwissen zu verknüpfen. Danach sollten die drei Typen von Lernstrategien (vgl. Kap. 3.1) vorgestellt werden. Konzentriert sich das Training auf die Einübung von Kontrollstrategien, dann sollten – analog zum Vorgehen bei den Lernstrategien – deren Funktion besprochen und die Strategiearten eingeführt werden. Kernelement der Lernkontrolle ist die Setzung von Lernzielen (vgl. Kap. 3.1), die im Mittelpunkt der Besprechung stehen sollten. Vermittelt werden sollte die Bedeutung von Zielen und Zielbindung, also die sinnvolle Unterteilung von langfristigen Zielen in funktionale mittel- und kurzfristige Teilziele und eine positive Zielformulierung. Liegt der Schwerpunkt auf der motivationalen Kompetenzebene, dann sollte besprochen werden, wie Selbstbeobachtung beim Lernen dazu genutzt werden kann, Motivationstiefs möglichst früh absehen zu können. Erarbeitet werden sollten Belohnungen, die sich die Teilnehmer bei Erreichung von Teilzielen gönnen und mit denen sie ihre Motivation aufrechterhalten und steuern können.

Als Hausaufgabe erhalten die Teilnehmer den Auftrag, ein Lernbeispiel zu suchen, das in der dritten Sitzung bearbeitet werden soll. Das Lernbeispiel sollte aus dem Arbeitsalltag der Teilnehmer stammen.

Sitzung 3: Lernpläne erstellen. Die dritte Sitzung hat die von den Teilnehmern eingebrachten Lernbeispiele zur Grundlage. Hauptziel der Sitzung ist die integrierte Anwendung der Teilkompetenzen auf das Lernen. Die Teilnehmer erhalten dazu die Aufgabe, einen Lernplan zu erstellen. Zu Beginn der Sitzung wird die Erstellung eines solchen Lernplans an einem exemplarischen Lernbeispiel im Plenum besprochen. Danach erarbeiten die Teilnehmer ihren eigenen Lernplan auf der Grundlage des von ihnen eingebrachten Lernbeispiels. Der Lernplan muss detaillierte Angaben darüber enthalten, welche Lernziele erreicht und welche Lernstrategien eingesetzt werden sollen. Hinzu kommt ein konkreter Zeitplan, bis wann diese Ziele erreicht werden sollen. Mögliche Lernhindernisse sollen benannt und Möglichkeiten aufgeführt werden, mit den Hindernissen umzugehen. Dies ist eine wichtige Voraussetzung, Lernhindernisse zu überwinden. Die gedankliche Vorwegnahme von Schwierigkeiten und das Durchspielen des Umgangs mit ihnen aktivieren die Bewältigungsfähigkeiten. Der Lernplan sollte sich auf die Zeit bis zur vierten Trainingssitzung erstrecken.

Als Hausaufgabe erhalten die Teilnehmer die Führung eines Lerntagebuchs (siehe Beispiel unten). Hier ist ein so genanntes halboffenes Format günstig, das freie Fragen und standardisierte Skalen kombiniert. Im offenen Teil können die Teilnehmer alle Lernschwierigkeiten, Gedanken und Fragen notieren, die sich während des Lernens zwischen der 3. und 4. Trainingssitzung auftun. Die standardisierten Abfragen sollten unmittelbar vor Beginn einer Lernepisode sowie direkt nach der Episode beantwortet werden. Sie sollten sich auf die für die bevorstehende Episode gesetzten Lernziele beziehen, auf die gewählten Lernstrategien, auf die Lernmotivation und die Stimmung. Das Ausmaß der Zielerreichung, der Erfolg bei der Anwendung von Lernstrategien und die beim Lernen aufgetretenen Stimmungsschwankungen sollten Gegenstand der Abfragen nach Abschluss der Lernepisode sein. Dieses Tagebuchformat erhöht die Selbstbeobachtung nachhaltig und fördert den Einsatz von Lern- und Kontrollstrategien (Landmann & Schmitz, 2007).

Sitzung 4: Eigenes Lernverhalten besprechen. In der vierten Sitzung wird die zwischen der dritten und vierten Sitzung absolvierte Lernepisode besprochen. Die Teilnehmer lassen ihr eigenes Lernverhalten anhand ihrer Tagebücher Revue passieren und bewerten es dabei. Aufgetretene Lernschwierigkeiten und der tatsächliche Umgang mit ihnen werden erörtert. Geklärt wird dabei, wie angemessen der Umgang war und ob es eine bessere Alternative gegeben hätte.

Besonders wichtig ist die Besprechung von Misserfolgserlebnissen bei Teilnehmern mit Kompetenzdefiziten in der Lernorientierung. Sie führen Misserfolge häufig auf mangelnde Fähigkeit zurück, wodurch sich eine negative Lernorientierung verstärken kann. Gelingt es solchen Teilnehmern hingegen, mangelnden Lernerfolg als Folge zu geringer oder ineffizienter Anstrengung zu sehen, dann steigt die Lernmotivation. Für solche Umbewertungen ist die Unterstützung der Gruppe besonders hilfreich, weil sie alternatives Umgehen mit Misserfolgen durch die Schilderungen anderer Gruppenmitglieder hautnah vor Augen führt und besser nutzbar macht.

Die Sitzung schließt mit der Zusammenfassung der wichtigsten Trainingsinhalte und einer Standortbestimmung aller Teilnehmer im Hinblick auf die Steigerung der eigenen Lernkompetenz. Ergeben sich noch gewichtige offene Fragen, oder wünschen die Teilnehmer eine weitere Übungsrunde, dann kann ein fünfter Termin angeschlossen werden. In diesem Fall würde eine Lernaufgabe analog der zwischen dem dritten und vierten Termin vereinbart und im fünften Termin besprochen. Einen Eindruck vom Aufbau eines Tagebuchs, das wir in Anlehnung an Landmann et al. (2005) und Dignath (2006) entwickelten und das wir in unseren eigenen Arbeiten einsetzen, vermittelt folgendes Beispiel.

Lerntagebuch   für den Tag _____.____._____   Uhrzeit: ____:____

Vor dem Lernen ausfüllen!

Ich habe mir für heute folgendes Ziel gesetzt:

_____

Um das zu erreichen, werde ich:

_____

Wie wichtig ist es Ihnen, dieses Ziel zu erreichen?

_____

Wenn Sie heute nicht lernen, nennen Sie bitte den Grund dafür:

_____

Ich fühle mich im Moment:

	stimmt gar nicht	stimmt eher nicht	stimmt eher	stimmt genau
tatkräftig	○	○	○	○
müde	○	○	○	○
begeistert	○	○	○	○
gut gelaunt	○	○	○	○
ärgerlich	○	○	○	○
zufrieden	○	○	○	○

Bitte konkretisieren Sie hier, was Sie sich für Ihre heutige Lernepisode vorgenommen haben!

Welche Themen möchten Sie heute bearbeiten und lernen?

_____

In welcher Reihenfolge werden Sie dabei vorgehen?

_____

Wie viel Zeit planen Sie dafür ein?   _____ Minuten

Bitte beziehen Sie sich bei den folgenden Aussagen auf Ihre Vorbereitung zum Lernen:

	stimmt gar nicht	stimmt eher nicht	stimmt eher	stimmt genau
Ich überlege mir genau, wie ich vorgehe.	○	○	○	○
Ich habe heute richtig Lust zu lernen.	○	○	○	○
Ich bin mir sicher, dass ich das, was ich mir vorgenommen habe, auch schaffen werde.	○	○	○	○

Beginnen Sie nun mit dem Lernen/der Bearbeitung Ihres Lernplans!

Bitte nur ausfüllen, wenn Sie Ihr Lernen *unterbrechen* oder *vorzeitig beenden!*

Warum unterbrechen Sie das Lernen?

○ Ich habe keine Lust mehr.

○ Ich wurde abgelenkt.

○ Sonstiges:_____

Was werden Sie tun, um sich zum *Weiterarbeiten* zu bewegen?

○ Die restlichen Aufgaben/Lernbereiche in Teilbereiche einteilen (Pausen einplanen).

○ Versuchen, meine Konzentration zu steigern (z. B. durch Fokussieren meiner Aufmerksamkeit auf einen bestimmten Punkt).

○ Ablenkungen „ausschalten" (Tür schließen, nicht telefonieren).

○ Sonstiges:_____

Bitte machen Sie hier weiter, wenn Sie die Vorbereitung/das Lernen beendet haben.

Welche (Teil-)Bereiche haben Sie heute gelernt?

_____

Wie lange haben Sie dafür gebraucht? ca. _____ Minuten

Wie viele Minuten davon haben Sie konzentriert gearbeitet? ca. _____ Minuten

Welches der folgenden Dinge hat Ihnen heute beim Lernen/der Vorbereitung geholfen?

○ Textverständnisstrategien (Wichtiges unterstreichen; zusammenfassen, nachschlagen etc.)

○ Ich habe mir heute ein konkretes Ziel gesetzt, was ich bis wann bearbeitet haben will.

○ Ich habe heute bewusst versucht, meine Konzentration aufrechtzuerhalten.

○ Ich habe heute versucht, mich selbst zu motivieren (z. B. mir eine Belohnung versprochen, wenn ich das Ziel erreicht habe).

○ Ich habe heute versucht, bewusst mit störenden Gedanken umzugehen (z. B. negative Gedanken wie „Das schaffst du eh nicht" durch positive Gedanken zu ersetzen).

○ Als ich einmal nicht weiter wusste, habe ich mir helfen lassen.

○ Strategien gegen Ablenkungen (z. B. nicht ans Telefon gehen etc.)

○ Nichts

○ Sonstiges:_____

	stimmt gar nicht	stimmt eher nicht	stimmt eher	stimmt genau
Ich habe mich heute beim Lernen nicht ablenken lassen.	○	○	○	○
Ich konnte mich dazu bringen weiter-zumachen, auch wenn es schwierig war.	○	○	○	○
Ich habe mich heute angestrengt.	○	○	○	○
Ich habe während der Vorbereitung darüber nachgedacht, wie ich vorgehe.	○	○	○	○
Ich habe darauf geachtet, dass ich kon-zentriert bei der Sache bin.	○	○	○	○
Ich habe heute alles geschafft, was ich mir vorgenommen habe.	○	○	○	○
Das Lernen hat mir heute Spaß gemacht.	○	○	○	○
Ich bin zufrieden mit dem, was ich heute erreicht habe.	○	○	○	○

Ich fühle mich im Moment:

	stimmt gar nicht	stimmt eher nicht	stimmt eher	stimmt genau
tatkräftig	○	○	○	○
müde	○	○	○	○
begeistert	○	○	○	○
gut gelaunt	○	○	○	○
ärgerlich	○	○	○	○
zufrieden	○	○	○	○

© Stamov Roßnagel: Mythos: „alter" Mitarbeiter. Weinheim: Beltz PVU, 2008.

5.2.2 Kognitives Training

Die oben beschriebenen Lernkompetenztrainings eignen sich für Beschäftigte, die grundsätzlich zum Lernen motiviert sind, aber ihren Lernerfolg durch Kompetenzdefizite eingeschränkt sehen. Mit Hilfe eines Kompetenztrainings können sie die Lerneffizienz erhöhen und mit weniger Aufwand mehr lernen. Neben den Kompetenzdefiziten sind die schon beschriebenen Lernvorbehalte eine wichtige Ursache für geringe Weiterbildungsteilnahme. Lernvorbehalte können mit Kompetenzdefiziten einhergehen, der wesentliche Unterschied liegt in der Lernmotivation und ihrer Veränderungsresistenz. Bei ausgeprägten Vorbehalten kann es zu einer echten Lernverweigerung kommen, die Lernmotivation ist dann gleich Null. Die der Verweigerung zugrunde liegenden Überzeugungen sind in der Regel so veränderungsresistent, dass ein Kompetenztraining wenig bewirken würde.

Unsere bisherige Forschung deutet darauf hin, dass Lernangst und geringe Nutzenüberzeugung die Hauptgründe für starke Vorbehalte sind. Lernangst schlägt sich in geringer Selbstwirksamkeitserwartung und hoher Misserfolgsmotivation nieder, das Lernen wird vor diesem Hintergrund gar nicht erst begonnen. Zum Abbau solcher Lernvorbehalte eignen sich kognitive Trainings. Bei Lernverweigerern scheint die fehlende soziale Unterstützung eine Rolle zu spielen, solche Beschäftigte nehmen wahr, dass es Vorgesetzten oder der Firma gleichgültig ist, ob jene an einer Weiterbildung teilnehmen. Lernvorbehalte dieser Art lassen sich mit Lernverträgen vermindern.

Vorbehalte wurzeln meist in geringer Gedächtniserwartung. Lernende schätzen ihre Merkfähigkeit als äußerst gering ein, zugleich wird eine große Gefahr gesehen, Neues schnell wieder zu vergessen. Häufig ist das Gedächtnis solcher Beschäftigter objektiv gesehen viel leistungsfähiger, als es deren eigenen negativen Gedächtniserwartungen entspricht. Dennoch wird die Schwierigkeit besonders hoch eingeschätzt, Neues zu lernen. Kognitive Trainings machen sich die Tatsache zunutze, dass sich Gedächtnis und Konzentrationsfähigkeit in jedem Alter deutlich steigern lassen. Erfolgserlebnisse sind relativ schnell zu erzielen. Diese lassen sich als Ansatzpunkt nutzen, negative Gedächtniserwartungen aufzubrechen und im Laufe systematischen Trainings durch eine angemessene Wahrnehmung des eigenen Gedächtnisses zu ersetzen.

Einstieg über Lernexperimente. Besonders wirkungsvoll ist der Einstieg in kognitive Trainings über Lernexperimente. Sie führen den Teilnehmern auf einfache Weise vor Augen, dass ihre Gedächtnisfähigkeit weit weniger eingeschränkt ist, als sie dies selbst wahrhaben wollen. Sie bewirken quasi eine „Initialzündung". Röhrig (2006) schlägt einfache Lernexperimente vor, die sich in weniger als 15 Minuten umsetzen lassen.

Lernexperiment mit Zeitungsbeilage

Die Teilnehmer erhalten eine Zeitungsbeilage mit den Sonderangeboten eines Kaufhauses. Sie haben fünf Minuten Zeit, die Beilage zu inspizieren. Danach sollen sie alle Angebote (Artikel und Preis) niederschreiben, an die sie sich erinnern. In der Regel erzielen auch ältere Teilnehmer bei diesem einfachen Test eine relativ hohe Gedächtnisleistung. Der Grund dafür: Es geht nicht um arbeitsbezogene Inhalte, sondern um alltägliche Sachverhalte. Dadurch sinkt die Gedächtnisangst, zugleich kann Alltagswissen beim Erinnern genutzt werden.

Lernexperiment mit Computer

Teilnehmer starten unter Anleitung einen Computer und rufen ein Textverarbeitungsprogramm auf. Dann schreiben sie eine einfache selbstbezogene Aussage auf, z. B. „Diesen Satz habe ich selbst geschrieben, obwohl ich computerängstlich bin!" Lässt man die Teilnehmer diesen Satz anschließend ausdrucken, haben sie schwarz auf weiß vor Augen, dass sie eine Leistung vollbracht haben, zu der sie sich zuvor nicht in der Lage wähnten.

Bei manchen Teilnehmern mag das Überwinden solcher Hürden bereits einen Motivationsschub auslösen, der die Lernmotivation nachhaltig steigert. Viel häufiger jedoch werden „Ja, aber ..."-Reaktionen sein. Sie werden sich darauf beziehen, dass das Lernexperiment mit der eigenen Arbeit nichts zu tun habe. Dort würden viel komplexere Fertigkeiten verlangt, für die das eigene Gedächtnis dann doch nicht ausreiche.

Leitlinien für kognitive Trainings

Vor diesem Hintergrund lassen sich drei Leitlinien für kognitive Trainings entwickeln. Das Lernexperiment ist nur der Einstieg ins kognitive Training, weil jenes oft noch keine nachhaltige Reduzierung negativer Gedächtniserwartungen bewirkt.

Leitlinie 1: Schrittweiser Aufbau. Eine tragfähige Überzeugung von der eigenen Lern- und Leistungsfähigkeit lässt sich mit dem „Aha"-Erlebnis aus Lernexperimenten alleine nicht aufbauen. Dem ersten Trainingsschritt in Form der Lernexperimente sollten weitere Schritte folgen, die zum Aufbau und zur Festigung einer günstigen Erwartung an das eigene Gedächtnis führen. Dabei lernen die Teilnehmer, dass das Gedächtnis auch von der „Tagesform" abhängt und Schwankungen in der Gedächtnisleistung genau als solche zu interpretieren sind, nicht aber als Rückschritt.

Leitlinie 2: Transfer herstellen. Kognitives Training soll den Transfer der Trainingsleistungen in den Arbeitsalltag fördern. Die zunächst arbeitsfremden Trainingsaufgaben müssen im Lauf des Trainings durch arbeitsnahe Aufgaben ersetzt werden. Kognitives Training, das immer nur „im Labor" stattfindet, kann diesen Transfer nur schwerlich leisten.

Leitlinie 3: Lernaufgaben einschätzen. Kognitives Training soll die auf das eigene Gedächtnis bezogene Kalibrierung der Teilnehmer entwickeln. Kalibrierung bedeutet in diesem Zusammenhang die Fertigkeit, die subjektive Schwierigkeit von Lernaufgaben angemessen einschätzen zu können. Diese Einschätzung ist für die Steuerung des eigenen Lernverhaltens von großer Bedeutung. Werden aufgrund unangemessener Kalibrierung Lernaufgaben als zu schwierig eingesetzt, wird das Lernen oft gar nicht begonnen oder zu früh abgebrochen, mit negativen Auswirkungen auf die eigene Lernorientierung. Wird eine Lernaufgabe fälschlicherweise als leicht eingeschätzt – was bei lernängstlichen Beschäftigten in der Regel kaum vorkommen dürfte – und entpuppt sich die Aufgabe im Verlauf der Bearbeitung als wesentlich schwieriger, dann hat auch dies negative Auswirkungen auf die Lernorientierung. Im besten Fall wird nur oberflächlich gelernt.

Workshop: Kognitives Training

Aus den Leitlinien lässt sich folgender Vorschlag für einen Trainingsplan entwickeln. Angesichts der konzeptuellen Gemeinsamkeiten aller kognitiven Trainings (vgl. Kap. 5.2 Kernelement: Selbstbeobachtung) überschneidet er sich in einigen Punkten mit dem Strategietraining. Auf diese Punkte nehme ich im Folgenden dann nur stichwortartig Bezug.

Sitzung 1: Vorstellung der Lernkompetenzebenen. Beginn der Sitzung wie beim Strategietraining: Gruppenregeln, allgemeine Informationen über Training und Bedeutung der Hausaufgaben. Interaktive Lernzielformulierung. Im Hauptteil der Sitzung Vorstellung der drei Lernkompetenzebenen, des Einfluss geringer Gedächtniserwartung auf den Lernerfolg und die Möglichkeiten, das Gedächtnis zu trainieren. Erste Hausaufgabe: Die Teilnehmer sammeln bis zur zweiten Sitzung Beispiele für berufsbezogene Lernaufgaben mit unterschiedlichen Schwierigkeitsgraden: leichtere, mittelschwierige und eher schwierige Aufgaben.

Sitzung 2: Neutrale Aufgaben einschätzen und lösen. In der zweiten Sitzung lösen die Teilnehmer unter Anleitung ihre ersten Trainingsaufgaben. Diese sind *nicht* arbeitsbezogen, sondern Grundaufgaben zum Training von Merkfähigkeit und Konzentration. Eine Quelle für Beispielaufgaben finden Sie im Anhang unter den Vertiefungsmöglichkeiten. Wichtig ist, die Teilnehmer nach der Vorstellung der Aufgaben schätzen zu lassen, wie viele Aufgaben sie ihrer Meinung nach richtig lösen werden. Die Teilnehmer sollen ihre Schätzung niemandem mitteilen, sondern nur für sich persönlich auf dem Übungsbogen notieren, dadurch werden tendenziell „ehrlichere" Schätzungen erzielt. Nach Abschluss der Aufgaben und Vorstellung der korrekten Lösungen sollen die Teilnehmer ihr Ergebnis mit ihrer Schätzung vergleichen. Die Bedeutung dieser Vorgehensweise (Trainingsleistung schätzen – Training durchführen – tatsächliche Leistung mit Schätzung vergleichen) soll zum Abschluss der Sitzung betont und als Muster für die Hausaufgaben festgehalten werden. Die Teilnehmer erhalten einen Satz von Übungsaufgaben für jeden Arbeitstag bis zur kommenden Sitzung. Hinzu kommt für alle Teilnehmer die Instruktion, sich bis zur nächsten Sitzung ein Ziel zu setzen, um wie viel sie ihre Leistung bis zur dritten Sitzung steigern wollen.

Der Trainingsleiter sammelt die Lernbeispiele und versucht, bis zur dritten Sitzung daraus Übungen zu erstellen, die den Übergang von arbeitsfremden zu arbeitsbezogenen Trainingsaufgaben ermöglichen. Erfahrungsgemäß werden viele Teilnehmer computerbezogene Aufgaben mitbringen. Eine Trainingsübung könnte in diesem Fall darin bestehen, Befehlskombinationen für die Bedienung einer bestimmten Software zum Lerngegenstand zu machen. Ob das Lernen von Befehlskombinationen („Um das Formular XYZ zu erstellen, muss ich im Menü auf ‚Datei' – ‚Öffnen' – ‚Vorlagen' – ‚Formulare' klicken.") dem tatsächlichen Lernverhalten in der Alltagsarbeit entspricht, spielt zunächst keine Rolle. Entscheidend ist, dass die Teilnehmer die höhere Zuversicht ins eigene Gedächtnis von emotional eher neutralen Trainingsaufgaben auf eher Lernangst auslösende arbeitsbezogene Inhalte übertragen und damit einen Ansatz zur Überwindung der Lernangst gewinnen.

Sitzung 3: Lernhindernisse besprechen. Der Inhalt der dritten Sitzung bestimmt sich in Abhängigkeit von den Ergebnissen der Hausaufgaben. In den meisten Fällen dürfte die Mehrzahl der Teilnehmer ihre Gedächtnis- und Konzentrationsleistung gesteigert haben. Ist dies nicht der Fall, sollte eine weitere Übungswoche eingeschoben werden. Kern der dritten Sitzung ist in diesem Fall der Umgang mit Misserfolgserlebnissen und die Zuschreibung von Ursachen für diese Misserfolge (vgl. weiter oben Sitzung 4 des Strategietrainings, Kap. 5.2.1).

Konnte die Mehrzahl der Teilnehmer die Leistung steigern, dann führt der Trainingsleiter die aus den Lernbeispielen der Teilnehmer entwickelten Trainingsaufgaben ein. Sie stellen dieselben Anforderungen wie die kontextfreien („künstlichen") bisherigen Trainingsaufgaben, beziehen sich aber auf arbeitsrelevante Inhalte.

Wie beim Strategietraining auch, ist die Selbstbeobachtung ein wichtiges Lernziel des kognitiven Trainings. Die Teilnehmer besprechen deshalb in der Sitzung ihre Vorgehensweise, aufgetretene Lernhindernisse und Umgehensweisen mit diesen Hindernissen. Hausaufgabe ist die Lösung weiterer Trainingsaufgaben wie in Sitzung 2, deren Pensum leicht erhöht werden kann. Die Teilnehmer sollen dabei das Muster „Lernleistung schätzen – lernen – Schätzung mit Lernleistung vergleichen" beibehalten.

Sitzung 4: Lernplan erstellen. In der Eingangsrunde dieser Sitzung berichten die Teilnehmer über die Veränderung ihrer Gedächtniserwartung. Diese dürfte sich bis zu diesem Zeitpunkt bei allen gesteigert haben. Diese Steigerung soll für die Übertragung auf komplexere arbeitsbezogene Lernbeispiele genutzt werden. Der Trainingsleiter lässt noch einmal kurz das Lernkompetenzkonzept Revue passieren und bespricht mit den Teilnehmern die Aufstellung eines Lernplans analog zu Sitzung 3 des Strategietrainings. Hausaufgabe ist die Umsetzung dieses Lernplans auf eines der Lernbeispiele, das aus der Hausaufgabe der ersten Sitzung hervorging.

Sitzung 5: Lernerfolge oder -misserfolge bewerten. In dieser Sitzung wird das Training analog zur 4. Sitzung des Strategietrainings nachbesprochen. Aufgetretene Lernschwierigkeiten und der tatsächliche Umgang mit ihnen werden erörtert. Geklärt wird dabei, wie angemessen der Umgang war und ob es eine bessere Alternative gegeben hätte. Die Teilnehmer bewerten ihren Fortschritt und ihre Einschätzung, das im Training Gelernte auf ihr Lernen in der Weiterbildung übertragen zu können. Bei Bedarf kann eine weitere Übungswoche eingeschoben werden. Es bietet sich an, eine Lernkompetenzanalyse durchzuführen (vgl. Kap. 4.1) und daraus den weiteren Trainingsbedarf zu bestimmen. Für Teilnehmer, deren Hauptproblem die Lernangst war und die ansonsten über angemessene Lernkompetenz verfügen, ist das Training mit Abschluss des kognitiven Trainings beendet. Tun sich über die Lernangst hinaus weitere Kompetenzdefizite auf, sollte mit den Teilnehmern die Fortsetzung des Trainings in Form eines Strategietrainings besprochen werden.

5.2.3 Lernverträge

Wendet sich das kognitive Training an Teilnehmer mit geringer Gedächtniserwartung und Tendenzen zur Lernangst, so richten sich Lernverträge vor allem an Beschäftigte, die eine geringe soziale Unterstützung für ihre Weiterbildungsbemühungen erleben und daraus die Überzeugung beziehen, Weiterbildung lohne sich nicht.

Im Rahmen eines Lernvertrags vereinbaren die Vertragspartner ein klar definiertes, arbeitsbezogenes Lernziel, zu dessen Erreichung umfassende Unterstützung gewährt wird. Vertragspartner können einzelne Beschäftigte oder ganze Arbeitsgruppen sein, die einen Lernvertrag mit Vorgesetzten schließen. Lernverträge können kurzfristiger Natur (2–4 Wochen) sein, wichtig ist, dass sie für Lernziele geschlossen werden, die sich unmittelbar auf den Arbeitsalltag der Vertragspartner beziehen.

Inhalt. Ein angemessener Lernvertrag orientiert sich an dem oben beim Strategietraining beschriebenen Lernplan. Festgehalten werden müssen die Lernziele. Sie müssen klar definiert sein und es müssen Kriterien angegeben werden, wann das Ziel als erreicht gilt. Festgelegt werden ein Zeitplan und die Lernstrategien, mit denen gearbeitet werden soll. Von besonderer Bedeutung ist, dass die Beschäftigten detailliert festhalten, welchen Unterstützungsbedarf sie während der Vertragslaufzeit benötigen. Die Vorgesetzten verpflichten sich im Gegenzug, diese Unterstützung zu geben. Die Führung eines Lerntagebuchs ist sinnvoll, mindestens aber sollten die im Tagebuch behandelten Fragen (siehe oben: Beispiel Lerntagebuch) während der Treffen der Lernpartner besprochen werden.

Hauptvertragspartner. Oben erwähnte ich, dass der Lernvertrag im Grunde eine (verkürzte) Variante des Kompetenztrainings ist. Während es jedoch beim Kompetenztraining keine Rolle spielt, ob es vollständig von externen Anbietern durchgeführt wird, ist beim Lernvertrag entscheidend, dass er zwischen Beschäftigten und Vorgesetzten als Hauptvertragspartnern geschlossen wird. Auf diese Weise geben Lernverträge genau die soziale Unterstützung, deren Fehlen in der Vergangenheit zum Aufbau der Lernverweigerung beigetragen hat. Wird der Lernvertrag auf externe Anbieter „abgewälzt", erleben Lernende unter Umständen, dass das Unternehmen sich einer unangenehmen Aufgabe entledigt hat. Selbstverständlich können zur Erfüllung des Lernvertrags, also der mit dem Lernvertrag verbundenen Trainings und ihren Besprechungen, Dritte hinzugezogen werden. Oftmals wird sogar der Hauptteil der Arbeit von ihnen übernommen, weil sie die entsprechende Trainingskompetenz besitzen. Entscheidend ist aber, dass Vorgesetzte und Beschäftigte die Hauptvertragspartner sind.

Die gemeinsam erarbeitete Setzung überschaubarer Lernziele stärkt die Kompetenzebene der Kontrollstrategien; die Unterstützung beim Erarbeiten des zu lernenden Wissens oder der zu erwerbenden Fertigkeiten verbessert die Lernstrategieseite der Lernkompetenz. Dadurch wird die Misserfolgsmotivation verringert und die Motivation für künftige Weiterbildung unterstützt.

Unter dem Strich

Zur direkten Förderung der Lernkompetenz bieten sich drei Werkzeuge an, die auf dem Prinzip der Selbstbeobachtung aufbauen:

▶ Strategietrainings wenden sich an Teilnehmer mit Kompetenzlücken auf der Ebene von Lern- und Kontrollstrategien.

▶ Kognitive Trainings sind für Teilnehmer mit ungünstiger Lernorientierung in Folge mangelnder Gedächtniserwartung geeignet.

▶ Lernverträge geben Beschäftigten die soziale Unterstützung, die ihnen in der Weiterbildung bislang gefehlt hat.

Fazit

Die Lernkompetenz älterer Beschäftigter kann im Zuge einer direkten Förderung aufgebaut und erhalten werden. Diese Förderung kann nur gelingen, wenn die spezifische Lernsituation dieser Gruppe berücksichtigt wird. Vielfach hegen ältere Beschäftigte unterschiedliche Lernvorbehalte, die häufig auf eigenen Erfahrungen beruhen. Sie können deshalb nicht mit einem einfachen Mitarbeitergespräch ausgeräumt werden. Besonders wichtig ist herauszufinden, ob Lernvorbehalte Zweifeln an der eigenen Lernfähigkeit, mangelndem Wissen über Lernstrategien oder Zweifeln am Nutzen von Weiterbildung generell entspringen. Je nach Art des Lernvorbehalts sollten dann unterschiedliche Förderwerkzeuge zum Einsatz kommen. Bei Zweifeln an der eigenen Lernfähigkeit können kognitive Trainings eine gute Möglichkeit sein, das Vertrauen in das eigene Gedächtnis und die eigene Lernfähigkeit zu stärken. Diese sind Grundvoraussetzungen für die Anwendung von Lernstrategien. Besteht zwar generelle Lernmotivation, fehlt es aber an Lernkompetenz, so dürften Strategietrainings die Methode der Wahl sein, um das Handwerkszeug für erfolgreiche Weiterbildung zu vermitteln. Zweifeln am Nutzen von Weiterbildung lässt sich mit Lernverträgen begegnen. Sie vermitteln Beschäftigten, dass ihre Weiterbildung als wichtig angesehen und direkt gefördert wird. Die enge Begleitung im Rahmen kurzfristiger Lernprojekte gibt die soziale Unterstützung, die bislang fehlte und zur Entstehung von Lernverweigerung beitrug.

Schlussbetrachtung

Ziel dieses Buchs war es, Ihnen Strategien und Werkzeuge an die Hand zu geben, mit denen sich die Weiterbildungsbeteiligung älterer Beschäftigter erhöhen und das Lernen im Rahmen der Weiterbildung erfolgreicher gestalten lassen. Grundannahme war, dass ältere Beschäftigte in jeder Phase ihrer Karriere zum Lernen fähig sind. Ihre Lernbereitschaft kann aber durch eine wenig lernförderliche Umgebung gemindert werden. Außerdem tragen Lücken in der Lernkompetenz dazu bei, die Lernbereitschaft zu senken. Wie jede Kompetenz lässt sich auch die Lernkompetenz durch Training und Förderung steigern; Werkzeuge zu dieser Förderung stellte ich in diesem Buch vor. Es dürfte deutlich geworden sein, dass dieses Buch keine fertigen Rezepte enthält. Ich habe Ihnen Handlungsanstöße gegeben, Weiterbildung für ältere Beschäftigte so zu gestalten, dass erfolgreiches Lernen möglich wird. Natürlich ist es mit den sehr am einzelnen Mitarbeiter orientierten Strategien alleine nicht getan. Die Gestaltung der Weiterbildung für ältere Beschäftigte setzt Veränderungen und Interventionen auf verschiedensten Ebenen voraus. Sie reichen vom Einzelnen über das Bildungssystem zur Wirtschaft und der Gesellschaft. Die Betrachtung der Stärken und Schwächen älterer Beschäftigter ist nur ein Aspekt. Hinzu kommen muss die entsprechende Qualität der Weiterbildung und hier ist es nicht allein mit Geld getan (vgl. z. B. Faulstich, 2004). Vier Aufgaben sind zentral:

(1) Es bedarf der Etablierung eines flächendeckenden Modells der Qualitätskontrolle in der Weiterbildung. Nur eine solche kann den Einzelnen und den Unternehmen verdeutlichen, was sie für ihr Geld bekommen. Bestehen hier Unsicherheiten, wird die Investition verständlicherweise eher ausbleiben.

(2) Es muss eine übersichtlichere Form der Organisation und des Zugangs zu Angeboten an Weiterbildung gefunden werden. Für den Einzelnen wie für Betriebe herrscht gegenwärtig immer noch Unübersichtlichkeit vor. Fortschritte auf diesen beiden Handlungsfeldern können zur Beantwortung des für Unternehmen wichtigen finanztechnischen Fragenkomplexes beitragen.

(3) Es muss ein Modell zur Finanzierung des erhöhten Bedarfs an Weiterbildung geschaffen werden. Bislang fehlt dieses, obwohl in 2004 eine vom Bundesministerium für Bildung und Forschung eingesetzte Expertenkommission ihren Abschlussbericht vorgelegt hat, der hier sehr praktikable Vorschläge unterbreitet (Expertenkommission Finanzierung lebenslangen Lernens, 2004). Außerdem schlagen für Unternehmen die Kosten für Weiterbildung und Training von Mitarbeitern ausschließlich auf der Ausgabenseite zu

Buche. Diese Kosten gelten nicht als Investitionen in Humanvermögen, die man abschreiben kann und die dem Vermögen des Unternehmens hinzuzurechnen sind. Gegenwärtig sind erste Ansätze in der Entwicklung, wie man zu einer Quantifizierung solcher so genannter „intangibles" kommen könnte (vgl. Ewerhart, 2001).

(4) Weiterbildung muss wissenschaftlich besser erschlossen werden. Es fehlt an systematischem und empirisch abgesichertem Wissen über adäquate altersdifferenzierte Didaktik. Das Berufsbild des Erwachsenenbildners muss weiter professionalisiert werden.

Die Lösung dieser vier Aufgaben hängt großenteils von der Schaffung passender politischer Rahmenbedingungen ab. Dennoch stehen Unternehmen schon heute davon unabhängige Lösungsansätze zur Verfügung, deren konsequente Umsetzung den Ertrag aus Investitionen in die Weiterbildung Älterer deutlich steigern kann. Von grundlegender Bedeutung ist die sorgfältige Entwicklung von Anreizstrukturen für Weiterbildung und Qualifizierung aller Altersgruppen von Beschäftigten. Hier spielen die Unternehmensklimata zu den Themen Lernen und Alter eine zentrale Rolle. Ängste vor Lernversagen können durch den Einsatz adäquater Lernformen und den Abbau des negativen Altersstereotyps bei den Betroffenen behoben werden (Staudinger, 2003). Die Befunde verweisen aber auch darauf, dass wir in der Grundausbildung darauf achten müssen, dass die nachwachsenden Kohorten mit einem Begriff von Lernen aufwachsen, der nicht mit dem ersten Bildungsabschluss ad acta gelegt werden kann, sondern uns ein Leben lang begleitet.

Anhang

Vertiefungsmöglichkeiten

In der Einleitung erwähnte ich, dass dieses Buch keine fertigen Rezepte bietet, sondern Anregungen, die Lernsituation älterer Beschäftigter zu verbessern und ihre Lernkompetenz zu fördern. Der passgenaue Zuschnitt der beschriebenen Strategien und Werkzeuge ist Einzelfallarbeit und kann nur vor dem Hintergrund Ihrer spezifischen Erfordernisse und Rahmenbedingungen gelingen. Dementsprechend werden Sie an unterschiedlichen Stellen Vertiefungsbedarf haben. Anstöße dazu finden Sie in diesem letzten Teil des Buchs. Eine vollständige Übersicht über Informationsquellen ist naturgemäß nicht annähernd möglich. Sie finden aber selbstverständlich unter allen Internetadressen weiterführende Links.

1 Informationen über Rahmenbedingungen, Fallbeispiele, Praxisanregungen

Die folgenden Stellen können für Sie interessant sein, wenn Sie weiterführende Statistiken, Informationen zu künftigen politischen Initiativen oder Förderungsmöglichkeiten für Arbeitgeberinitiativen suchen. Auch finden Sie hier kommentierte Bibliographien, Datenbanken zur Recherche von Good-Practice-Beispielen und Praxisleitfäden.

Institut für Arbeitsmarkt- und Berufsforschung (IAB)
Das IAB erforscht den Arbeitsmarkt im Hinblick auf Lage und Entwicklung der Beschäftigung, differenziert nach Berufen, Wirtschaftszweigen und Regionen. Daraus werden Analysen der Wirkungen der aktiven Arbeitsförderung erstellt. Das IAB unterhält ein Betriebspanel, das aus regelmäßigen Befragungen von Unternehmen umfangreiche Daten liefert. Diese können vom IAB angefordert und für eigene Analysen genutzt werden. Weitere Informationen unter http://www.iab.de, Stand 11. 1. 2008.

Bundesinstitut für Berufsbildung (BIBB)
Das BIBB ergänzt die Arbeitsmarktperspektive des IAB um die spezifische Sicht auf alle Fragen, die mit der beruflichen Bildung zu tun haben. Die Forschung des BIBB schließt regelmäßige Beschäftigten- und Unternehmensbefragungen ein, deren Ergebnisse über die Website abgerufen werden können. Hinzu kommen

Praxisanregungen für Ausbilder für spezielle Ausbildungssituationen. Diese können vor allem aus einer längerfristigen Perspektive interessant sein, die nicht nur die älteren Beschäftigten von heute im Blick hat, sondern berücksichtigt, dass die Ausbildungsdefizite von heute die Weiterbildungsprobleme von morgen sind. Das BIBB bietet auch eine Übersicht über Förderprogramme für Aus- und Weiterbildungsinitiativen. Weitere Informationen unter http://www.bibb.de, Stand 11. 1. 2008.

Kompetenz, Erfahrung, Beschäftigungsfähigkeit 40plus (KEB40plus)

Im Mittelpunkt dieser Initiative steht die Entwicklung und Erprobung eines Weiterbildungskonzepts für Menschen ab der Lebensmitte, um durch eine alterssensible Arbeits- und Personalpolitik den demographischen Wandel aktiv zu gestalten. Das Projekt wird gefördert vom Bundesministerium für Bildung und Forschung. Zum Angebot gehören regelmäßige bundesweite Informationsveranstaltungen, eine umfangreiche Bibliographie und eine Sammlung von Fallbeispielen. Weitere Informationen unter http://www.keb40plus.arbeitundleben.de, Stand 11. 1. 2008.

European Foundation for the Improvement of Working and Living Conditions

Diese von der EU-Kommission ins Leben gerufene Stiftung nimmt über die unmittelbaren Arbeitsbedingungen hinaus auch sozialpolitische Rahmenbedingungen in den Blick und gibt über den Vergleich europäischer Länder erweiterte Anregungen zur Gestaltung des Altersmanagements. Die Site bietet unter anderem Zugriff auf eine reichhaltige Sammlung von Best-Practice-Beispielen vieler Unternehmen. Eine Sammlung von mehr als 150 Fallbeispielen aus dem Altersmanagement europäischer Unternehmen ist auf deutsch abrufbar. Weitere Informationen unter http://www.eurofound.europa.eu, Stand 11. 1. 2008.

2   Unternehmensnetzwerke und Forschungsverbünde

Die unternehmensübergreifende Zusammenarbeit ermöglicht die Nutzung vielfältiger Synergien und erleichtert die Umsetzung der in diesem Buch und in zahlreichen Good-Practice-Sammlungen vorhandenen Handlungsempfehlungen. Die Mitgliedschaft in einem Forschungsverbund ermöglicht Ihnen die effiziente und kostengünstige Durchführung eigener Analysen in Ihrem Unternehmen, ohne dass Sie das Rad neu erfinden müssen.

Initiative Neue Qualität der Arbeit (INQA)

Die INQA ist eine Gemeinschaftsinitiative aus Bund, Ländern, Sozialpartnern, Sozialversicherungsträgern, Stiftungen und Unternehmen. Ihr Ziel ist, gute Arbeitsbedingungen zu schaffen und dabei die Interessen der Beschäftigten und der Unternehmen miteinander zu verbinden. Angeregt werden sollen die öffentliche Debatte und der Wissenstransfer zu relevanten Themen und Praxisbeispielen. Die INQA unterstützt innovative Projekte und erleichtert den Kontakt zwischen praxisorientierten Forschungsgruppen und Unternehmen. In „Thematischen Initiativkreisen" (TIK) werden innovative Aktivitäten initiiert und das gewonnene Gestaltungswissen für die Praxis aufbereitet und umgesetzt. Von besonderem Interesse sind in diesem Zusammenhang die TIKs „30, 40, 50plus – Älter werden in Beschäftigung" und „Lebenslanges Lernen". Weitere Informationen unter http://www.inqa.de, Stand 11. 1. 2008.

Demographie-Netzwerk (ddn)

Das Demographie-Netzwerk e. V. ist ein Netzwerk „von Unternehmen für Unternehmen". Diese haben sich zusammengeschlossen, um sich gemeinsam den Herausforderungen des demographischen Wandels zu stellen. Gegründet wurde ddn im März 2006 auf Initiative des Bundesministeriums für Arbeit und Soziales (BMAS) und der Initiative Neue Qualität der Arbeit (INQA). Das Netzwerk hat über 100 Mitglieder – Unternehmen aller Branchen und Größenklassen, aber auch öffentliche Institutionen, Wissenschaftler und Privatpersonen. Weitere Informationen unter http://www.demographie-netzwerk.de, Stand 11. 1. 2008.

WISE-Demographie-Netzwerk (WDN)

Im WDN des Jacobs Centers on Lifelong Learning (Jacobs University Bremen) arbeiten Wissenschaftler und Unternehmen gemeinsam an unternehmensspezifischen, durch aktuelle Forschung gestützten Lösungen für demographiebedingte Personalprobleme in Unternehmen. Regelmäßige Netzwerktreffen dienen dem Wissens- und Erfahrungsaustausch der Partner. Selbstverständlich bietet Ihnen das Jacobs Center Unterstützung bei der Umsetzung aller in diesem Buch beschriebenen Strategien, vom Lernkompetenztraining bis zum dynamischen Personalmanagement. Zu den Besonderheiten des Angebots von WDN und Jacobs Center zählen:

▶ forschungsbasiertes Consulting
▶ umfassender Ansatz, der über Befragungen hinaus auch experimentelle Evaluationsstudien einschließt
▶ modulare Seminare und Trainings für spezifische personalrelevante Themen bis hin zum Studiengang „Master in Dynamic Personnel Management"

Weitere Informationen unter http://www.wiseresearch.org und http://www.jacobs-university.de/schools/jacobscenter/, Stand 11. 1. 2008.

3   Materialien für Analyse, Beratung und Trainings

Wenn Sie aufgrund der in diesem Buch enthaltenen Anregungen selbst aktiv werden und interne Analyse-, Trainings- und Beratungsprojekte umsetzen möchten, dann könnten die im folgenden Abschnitt genannten Stellen gute Dienste leisten (siehe auch Jacobs Center der Jacobs University im vorigen Abschnitt).

Werkzeuge für eine demographieorientierte Personalpolitik (Demowerkzeuge)

Diese vom Bundesministerium für Bildung und Forschung betriebene Website hält 20 ausgewählte praxiserprobte Vorgehensweisen, Verfahren und Instrumente bereit, zudem über 100 betriebliche Einsatzfälle aus den drei Vorhaben zur Demographie-Initiative als Wissens- und Erfahrungsbasis. Es werden Referenzbetriebe genannt als Nachweis für eine erfolgreiche betriebliche Anwendung der aufgeführten Werkzeuge. Alle Werkzeuge sind frei verfügbar über Bestellungen bei (Selbst-)Verlagen und über Downloads. Mit wenigen Ausnahmen sind die Werkzeuge direkt ohne Einschaltung Externer einsetzbar. Weitere Informationen unter http://www.demowerkzeuge.de, Stand 11. 1. 2008.

Gesellschaft für Gedächtnistraining (GfG)

Die Gesellschaft für Gedächtnistraining stellt auf ihrer Website Übungsaufgaben vor, die im Rahmen des kognitiven Trainings zum Einsatz kommen können. Alle Aufgaben sind wissenschaftlich fundiert und kommen im Rahmen des Programms zur Förderung intellektueller Fähigkeiten älterer Arbeitnehmer (PFIFF) am Institut für Arbeitsphysiologie an der Universität Dortmund zum Einsatz (nähere Information unter http://www.pfiffonline.de, Stand 11. 01. 2008). Die GfG gibt eine eigene Zeitschrift heraus, in der regelmäßig Trainingsaufgaben veröffentlicht werden. Außerdem vermittelt sie auch Gedächtnistrainer. Weitere Informationen unter http://www.gfg-online.de, Stand 11. 1. 2008.

Praxishilfen der Bundesanstalt für Arbeitsschutz und Arbeitsmedizin (BAuA)

Auf den Seiten der BAuA gibt es eine umfangreiche kommentierte Liste wissenschaftlich fundierter Erhebungsverfahren (in der Regel auf Fragebogen beruhend) samt Bezugsquellennachweisen, die für eigene Untersuchungen eingesetzt werden können und die Analyse unterschiedlichster Dimensionen von Arbeitstätigkeiten und der mit ihnen verbundenen kognitiven, physischen und emotionalen Belastungen erlauben. Weitere Informationen unter http://www.baua.de/Informationen-fuer-die-Praxis, Stand 11. 1. 2008.

Literatur

Allmendinger, J. & Ebner, C. (2006). Rückgrat der Betriebe oder altes Eisen? Strategien zur Kompetenzförderung älterer Beschäftigter. In: Konzertierte Aktion Weiterbildung (Hrsg.), Weiterbildung – (K)eine Frage des Alters? Demografische Entwicklung und lebenslanges Lernen. Dokumentation des Jahreskongresses der Konzertierten Aktion Weiterbildung e. V. (KAW) vom 11. Mai in Berlin (S. 36–47). http://www.bibb.de/dokumente/pdf/Dokumentation_KAW-Fachtagung_2006-Internet.pdf, Stand 11. 1. 2008.

Aretz, H.-J. (2001). Diversity und Diversity Management im Unternehmen: Eine Analyse aus systemtheoretischer Sicht. Hamburg: Lit.

Argyris, C. (1974). Personality vs. organization. Organizational Dynamics, 3 (2), 2–17.

Artelt, C. (2000). Strategisches Lernen. Münster: Waxmann.

Ausubel, D.P. (1968). Educational psychology: a cognitive view. New York: Holt, Rinehart and Winston.

Baddeley, A.D. (1986). Working Memory. Oxford, England: Oxford University Press.

Ballstaedt, S.-P. (2006). Zusammenfassen von Textinformationen. In H. Mandl & H.F. Friedrich (Hrsg.), Handbuch Lernstrategien. (S. 117–126). Göttingen: Hogrefe.

Baltes, P.B. & Baltes, M.M. (1990). Psychological perspectives on successful aging: The model of selective optimization with compensation. In P.B. Baltes & M.M. Baltes (Eds.), Successful aging: Perspectives from the behavioral sciences (pp. 1–34). Cambridge, England: Cambridge University Press.

Baltes, P.B., Baltes, M.M., Freund, A.M. & Lang, F.R. (1996). Measurement of selective optimization with compensation by questionnaire. Berlin: Max Planck Institute for Human Development and Education.

Baltes, P.B. & Lindenberger, U. (1997). Emergence of a powerful connection between sensory and cognitive functions across the adult life span: A new window at the study of cognitive aging? Psychology and Aging, 12, 12–21.

Baltes, P.B., Lindenberger, U. & Staudinger, U.M. (2006). Lifespan theory in developmental psychology. In R.M. Lerner (Ed.), Handbook of Child Psychology, Vol. 1 (6th ed.) (pp. 569–664). New York: Wiley.

Baltes, P.B. & Nesselroade, J.R. (1979). The developmental analysis of individual differences on multiple measures. In J.R. Nesselroade & H.W. Reese (Eds.), Life-span developmental psychology: Methodological issues (pp. 1–40). New York: Academic.

Bandura, A. (1986). Social foundations of thought and action. Englewood Cliffs, NJ: Prentice Hall.

Bandura, A. (1997). Self-efficacy: The exercise of control. New York: Freeman.

Bauer, J., Festner, D., Gruber, H., Harteis, C. & Heid, H. (2004). The effects of epistemological beliefs on workplace learning. Journal of Workplace Learning, 16, 284–292.

Bayley, N. & Oden, M.H. (1955). The maintenance of intellectual ability in gifted adults. Journal of Gerontology, 10, 91–107.

Bergmann, B. (2003). Lernen im Prozess der Arbeit – wie funktioniert es, wie ist es zu unterstützen? In B. Bergmann & U. Pietrzyk (Hrsg.), Kompetenzentwicklung und Flexibilität in der Arbeitswelt. Dresden: Technische Universität Dresden.

BIBB (2006). Erwerbstätigenbefragung 2006 – Arbeit und Beruf im Wandel: Erwerb und Verwertung beruflicher Qualifikationen. Bonn: Bundesinstitut für Berufsbildung.

Bjork, R.A. (1988). Retrieval practice and the maintenance of knowledge. In M.M. Gruneberg, P.E. Morris & R.N. Sykes (Eds.), Practical aspects of memory: Current research and issues, Vol. 1: Memory in everyday life (pp. 396–401). Chichester: Wiley.

BLK (2004). Strategie für Lebenslanges Lernen in der Bundesrepublik Deutschland (Materialien zur Bildungsplanung und zur Forschungsförderung, Heft 115). Bonn: Bund-Länder-Kommission. http://www.bmbf.de/pub/strategie_lebenslanges_lernen_blk_heft115.pdf, Stand 11. 1. 2008.

Bloom, B.S. (1984). Taxonomy of Educational Objectives. Boston, MA: Allyn & Bacon.

BMBF (2006). Berichtssystem Weiterbildung: IX. Integrierter Gesamtbericht zur Weiterbildungssituation in Deutschland. Berlin: Bundesministerium für Bildung und Forschung.

Boekaerts, M. (1999). Self-regulated learning: Where we are today. International Journal of Educational Research, 31, 445–457.

Boekaerts, M. & Corno, L. (2005). Self-regulation in the classroom: A perspective on assessment and intervention. Applied Psychology: An International Review, 54 (2), 199–231.

Börsch-Supan, A., Düzgün, I. & Weiss, M. (2006). Altern und Produktivität: Zum Stand der Forschung. Personalführung, 7, 74–81.

Borkowski, J.G., Estrada, T.M., Milstead, M. & Hale, C.A. (1989). General problem-solving skills: Relations between metacognitive and strategic processing. Learning Disability Quarterly, 12, 57–60.

Botwinick, J. (1970). Age differences in self-ratings of confidence. Psychological Reports, 27 (3), 865–866.

Brewer, W.F. & Nakamura, G.V. (1984). The nature and functions of schemata. In R.S. Wyer & T.K. Krull (Eds.), Handbook of social cognition (pp. 119–160). Hillsdale, NJ: Erlbaum.

Brooks, L.W. & Dansereau, D.F. (1983). Effects of structural schema training and text organization on expository prose processing. Journal of Educational Psychology, 75 (6), 811–820.

Bryans, P. & Smith, R. (2000). Beyond training: reconceptualising learning at work. Journal of Workplace Learning, 12 (6), 228–35.

Buck, H. & Schletz, A. (2002). Sensibilisierungs- und Beratungskonzepte für eine altersgerechte Arbeits- und Personalpolitik. In Projektverbund Öffentlichkeits- und Marketingstrategie demographischer Wandel (Hrsg.), Handlungsanleitungen für eine altersgerechte Arbeits- und Personalpolitik – Ergebnisse aus dem Transferprojekt (S. 9–14). Stuttgart. IRB-Verlag.

Butler, R.N. (1969). Ageism: Another form of bigotry. Gerontologist, 9, 243–252.

Buzan, T. & Buzan, B. (1995). The mind map book. London: BBC Books.

Carstensen, L.L. (2006). The Influence of a Sense of Time on Human Development. Science, 312, 1913–1915.

Carstensen, L.-L., Isaacowitz, D.-M. & Charles, S.-T. (1999). Taking time seriously: A theory of socioemotional selectivity. American Psychologist, 54 (3), 165–181.

Casale, R., Oeltkers, J. & Tröhler, D. (2004). Lebenslanges Lernen in historischer Perspektive – Drei Beispiele für ein altes Konzept. Zeitschrift für Pädagogik, 50 (1), 21–37.

Charness, N. & Schaie, K.W. (2003). Impact of technology on the aging individual. New York: Springer.

Christ, M. & Röhrig, R. (2006). Ältere in Unternehmen und Weiterbildung: Probleme und Lösungsperspektiven. In D. Schemme (Hrsg.), Qualifizierung, Personal- und Organisationsentwicklung mit älteren Mitarbeiterinnen und Mitarbeitern (S. 47–62). Bielefeld: Bertelsmann.

Christmann, U. & Groeben, N. (1999). Psychologie des Lesens. In B. Franzmann, K. Hasemann, D. Löffler & E. Schön (Hrsg.), Handbuch Lesen (S. 145–223). München: Saur.

Clarke, N. (2004). HRD and the challenges of assessing learning in the workplace. International Journal of Training and Development, 8 (2), 140–156.

Cleveland, J.N. & Landy, F.J. (1987). Age perceptions of jobs: Convergence of two questionnaires. Psychological Reports, 60, 1075–1081.

Cleveland, J.N. & Shore, L.M. (1992). Self- and supervisory perspective on age and work attitudes and performance. Journal of applied Psychology, 68, 609–619.

Connell, N.A.D., Klein, J.H., Powell, P.L. (2003). It's tacit knowledge but not as we know it: redirecting the search for knowledge. Journal of Operational Research Society, 54, 140–152.

Connor, L.T., Dunlosky, J. & Hertzog, C. (1997). Age-related differences in absolute but not relative metamemory accuracy. Psychology and Aging, 12, 50–71.

Craik, F.I.M. & Byrd, M. (1982). Aging and cognitive deficits: The role of attentional resources. In F.I.M. Craik & S. Trehub (Eds.), Aging and cognitive processes (pp. 191–211). New York: Plenum Press.

Creß, U. (2006). Lernorientierungen, Lernstile, Lerntypen und kognitive Stile. In H. Mandl & H.F. Friedrich (Hrsg.), Handbuch Lernstrategien (S. 365–377). Göttingen: Hogrefe.

Cropley, A.J. (Ed.). (1979). Lifelong Education: A Stocktaking. Hamburg: UNESCO Institute for Education.

Cross, J. (2007). Informal learning: Rediscovering the natural pathways that inspire innovation and performance. San Francisco, CA: Pfeiffer/John Wiley & Sons.

Cumming, E. & Henry, W.E. (1961). Growing old – the process of disengagement. New York: Basic Books Inc.

Czaja, S.J. (2001). Technological change and the older worker. In J.E. Birren & K.W. Schaie (Eds.), Handbook of the psychology of aging (5th ed.) (pp. 547–568). San Diego, CA: Academic.

Dehnbostel, P. (2002). Modelle arbeitsbezogenen Lernens und Ansätze zur Integration formellen und informellen Lernens. In M. Rohs (Hrsg.), Arbeitsprozessintegriertes Lernen: Neue Ansätze für die berufliche Bildung. Münster: Waxmann.

Deutscher Bildungsrat (1970). Empfehlungen der Bildungskommission: Strukturplan für das Bildungswesen. Stuttgart: Klett.

Dignath, C. (2006). Tagebuch zum Seminar „Selbstreguliertes Lernen – Theorie und Praxis aus psychologischer Perspektive" (SoSe 2006) an der Johann Wolfgang Goethe Universität Frankfurt, Institut für Psychologie, Arbeitsbereich Pädagogische Psychologie unter der Leitung von Prof. Dr. Gerhard Büttner. http://www.psychologie.uni-frankfurt.de/ abteilungen_und_bereiche/pp/personen/dignath/lehre/srl_ss06/Lerntagebuch.doc, Stand 11. 1. 2008.

Dweck, C.S. & Leggett, E.L. (1988). A social-cognitive approach to motivation and personality. Psychological Review, 95, 256–273.

Ebbinghaus, H. (1885). Memory: A Contribution to Experimental Psychology. New York: Teachers College, Columbia University.

Ellström, P.-E. (2001). Integrating learning and work: Problems and prospects. Human Resource Development Quarterly, 12 (4), 421–435.

Emmons, R.A. (1996). Striving and feeling: Personal goals and subjective well-being. In P.M. Gollwitzer & J.A. Bargh (Eds.), The psychology of action: Linking cognition and motivation to behavior (pp. 313–337). New York: Guilford.

Eraut, M. (2000). Non-formal Learning and Tacit Knowledge in Professional Work. British Journal of Educational Psychology, 70, 113–36.

Erpenbeck, J. (1997). Selbstgesteuertes, selbstorganisiertes Lernen. In Arbeitsgemeinschaft Qualifikations-Entwicklungs-Management (Hrsg.), Berufliche Weiterbildung in der Transformation – Fakten und Visionen (S. 14–23). Münster: Waxmann.

EU-Kommission (2001). Einen europäischen Raum des lebenslangen Lernens schaffen. Mitteilung der Kommission KOM (2001) 678. Brüssel: EU-Kommission. http://eur-lex.europa.eu/LexUriServ/LexUriServ.do?uri=COM:2001:0678:FIN:DE:PDF, Stand 11. 1. 2008.

EU-Kommission (2006). Erwachsenenbildung: Man lernt nie aus. Mitteilung der Kommission KOM (2006) 614. Brüssel: EU-Kommission. http://eur-lex.europa.eu/LexUriServ/LexUriServ.do?uri=COM:2006:0614:FIN:DE:PDF, Stand 11. 1. 2008.

Evans, K., Hodkinson, P. & Unwin, L. (2002). Working to Learn. London: Kogan Page.

Ewerhart, G. (2001). Humankapital in Deutschland: Bildungsinvestitionen, Bildungsvermögen und Abschreibungen von Bildung. Beiträge zur Arbeitsmarkt- und Berufsforschung, 12, 247–255.

Expertenkommission Finanzierung lebenslangen Lernens (2004). Schlussbericht. Bielefeld: Bertelsmann.

Faulstich, P. (2004). Ressourcen der allgemeinen Weiterbildung in Deutschland. Bielefeld: Bertelsmann.

Filipp, S.-H. & Mayer, A.-K. (1999). Bilder des Alters: Altersstereotype und die Beziehungen zwischen den Generationen. Stuttgart: Kohlhammer.

Finkelstein, L.M., Burke, M.J. & Raju, M.S. (1995). Age discrimination in simulated employment contexts: An integrative analysis. Journal of Applied Psychology, 80, 625–663.

Foster, J.C. & Taylor, G.A. (1920). The applicability of mental tests to persons over fifty years of age. Journal of Applied Psychology, 4, 39–58.

Foster, S.W., McMurray, J.E., Linzer, M., Leavitt, J.W., Rosenberg, M. & Carnes, M. (2000). Results of a gender-climate and work-environment survey at a midwestern academic health center. Academic Medicine, 75, 653–660.

Friedrich, H.F. & Mandl, H. (1997). Analyse und Förderung des selbstgesteuerten Lernens. In F.E. Weinert & H. Mandl (Hrsg.), Psychologie der Erwachsenenbildung (S. 237–293). Göttingen: Hogrefe.

Frieling, E. (2000). Kompetenzmessung – ein urwüchsiger Prozess? In Arbeitsgemeinschaft Qualifikations-Entwicklungs-Management (Hrsg.), Flexibilität und Kompetenz: Schaffen flexible Unternehmen kompetente und flexible Mitarbeiter? (S. 13–19). Münster: Waxmann.

Frieling, E., Bernard, H., Schäfer, E. & Fölsch, T. (2005). Lebensbegleitendes Lernen im Unternehmen: Strukturierte Kompetenzentwicklung und lernförderliche Arbeitsplätze als Grundlagen einer innovativen Unternehmens- und Personalpolitik (Personalführung 01/2005). Hamburg: DGfP.

Frühwald, W. (1996). Die Informatisierung des Wissens. Stuttgart: Alcatel SEL-Stiftung.

Fuller, A. & Unwin, L. (2003). Learning as Apprentices in the Contemporary UK Workplace: Creating and managing expansive and restrictive participation. Journal of Education and Work, 16 (4), 407–426.

Garcia, T. & Pintrich, P.R. (1994). Regulating motivation and cognition in the classroom: The role of self-schemas and self-regulatory strategies. In D.H. Schunk & B.J. Zimmerman (Eds.), Self-regulation of learning and performance: Issues and educational applications (pp. 127–154). Hillsdale: Erlbaum.

Gentner, D. (1983). Structure-mapping: A theoretical framework for analogy. Cognitive Science, 7, 155–170.

Gerstner, C.R. & Day, D.V. (1997). Meta-Analytic review of leader-member exchange theory: Correlates and construct issues. Journal of Applied Psychology, 82 (6), 827–844.

Gordon, R.A. & Arvey, R.D. (1986). Perceived and actual ages of workers. Journal of Vocational Behavior, 48, 26–34.

Griffiths, A. (1999). Work Design and Management – The Older Worker. Experimental Aging Research, 25, 411–420.

Grünewald, U. & Moraal, D. (1996). Betriebliche Weiterbildung in Deutschland: Gesamtbericht – Ergebnisse aus drei empirischen Erhebungsstufen einer Unternehmensbefragung im Rahmen des EG-Aktionsprogramms FORCE. Bielefeld: Bertelsmann.

Gunning-Dixon, F.M. & Raz, N. (2003). Neuroanatomical correlates of selected executive functions in middle-aged and older adults: A prospective MRI study. Neuropsychologia, 41, 1929–1941.

Hacker, W. & Skell, W. (1993). Lernen in der Arbeit. Bonn: Bundesinstitut für Berufsbildung.

Hackman, J.R. & Oldham, G.R. (1976). Motivation through the design of work: Test of a theory. Organizational Behavior and Human Performance, 16 (2), 250–279.

Hager, P. (2004). Conceptions of learning and understanding learning at work. Studies in Continuing Education, 26 (1), 3–15.

Hale, N. (1990). The older worker: Effective strategies for management and human resource development. San Francisco, CA: Jossey-Bass.

Hansson, R.O., DeKoekkoek, P.D., Neece, W.M. & Patterson, D.W. (1997). Successful Aging at Work: Annual Review 1992–1996: The Older Worker and Transitions to Retirement. Journal of Vocational Behavior, 51, 202–233.

Hasher, L. & Zacks, R.T. (1988). Working memory comprehension, and aging: A review and a new view. In G.H. Bower (Ed.), The psychology of learning and motivation, Vol. 2 (pp. 193–225). San Diego, CA: Academic Press.

Hassell, B.L. & Perrewe, P.L. (1993). An examination of the relationship between older workers' perceptions of age discrimination and employee psychological states. Journal of Management Issues, 5, 109–120.

Hasselhorn, M. (2001). Metakognition. In D.H. Rost (Hrsg.), Handwörterbuch Pädagogische Psychologie (2. Aufl.) (S. 466–470). Weinheim: Beltz PVU.

Havighurst, R.J., Munnichs, J.M., Neugarten, B.L. & Thomae, H. (1969). Adjustment to retirement: A cross-national study. Assen: Van Gorcum.

Hedge, J.W., Borman, W.C. & Lammlein, S.E. (2006). The aging workforce – realities, myths, and implications for organizations. Washington: APA Press.

Hofer, B. & Yu, L.S. (2003). Teaching Self-Regulated Learning Through a „Learning to Learn" Course. Teaching of Psychology, 30, 30–33.

Hohenstein, A. & Bußmann, N. (2001). Erfolgreiche Lernstrategien: Lernen leicht gemacht. ManagerSeminare, 50 (9), 50–60.

Horn, J.L. & Cattell, R.B. (1966). Refinement and test of the theory of fluid and crystallized general intelligence. Journal of Educational Psychology, 57 (5), 253–270.

Illeris, K. (2003). The Three Dimensions of Learning. Fredericksberg, DK: Roskilde University Press.

Johnson, R.E. (2003). Aging and the Remembering of text. Developmental Review, 23, 261–346.

Jones, H.E. & Conrad, H.S. (1933). The growth and decline of intelligence: A study of a homogeneous group between the ages of ten and sixty. Genetic Psychology Monographs, 13, 223–298.

Kanfer, R. & Ackerman, P.L. (2004). Aging, Adult Development, and Work Motivation. Academy of Management Review, 29, 440–458.

Kanfer, F.H., Reinecker, H. & Schmelzer, D. (1996). Selbstmanagement-Therapie. Ein Lehrbuch für die klinische Praxis. Berlin: Springer.

King, A. (1994). Guiding knowledge construction in the classroom: Effects of teaching children how to question and how to explain. American Educational Research Journal, 31 (2), 338–368.

Kirchhöfer, D. (2001). Widersprüche in der Herausbildung einer neuen Lernkultur. In Landesinstitut für Schule und Weiterbildung (Hrsg.), Eine neue Lernkultur: Tor zur Wissensgesellschaft (S. 11–15). Soest: Kettler.

Klieme, E. & Leutner, D. (2006). Kompetenzmodelle zur Erfassung individueller Lernergebnisse und zur Bilanzierung von Bildungsprozessen: Beschreibung eines neu eingerichteten Schwerpunktprogramms der DFG. Zeitschrift für Pädagogik, 52, 876–903.

Kluge, A. (2002). Organizational culture. In R.F. Ballestros (Ed.), Encyclopedia of psychological assessment, Vol. 2 (pp. 649–657). London: SAGE.

Knowles, M. (1975). Self-directed learning: A guide for learners and teachers. New York: Association Press.

Kolev, V., Falkenstein, M. & Yordanova, J. (2006). Motor-response generation as a source of aging-related behavioural slowing in choice-reaction tasks. Neurobiology of Aging, 27 (11), 1719–1730.

Kramer, A.F., Hahn, S., Cohen, N.J., Banich, M.T., McAuley, E., Harrison, C.R. et al. (1999). Aging, fitness and neurocognitive function. Nature, 400, 418–419.

Krapp, A. (1992). Das Interessenkonstrukt. In A. Krapp & M. Prenzel (Hrsg.), Interesse, Lernen, Leistung (S. 297–330). München: Aschendorff.

Krause, U.M. & Stark, R. (2006). Vorwissen aktivieren. In H. Mandl & H.F. Friedrich (Hrsg.), Handbuch Lernstrategien (S. 38–49). Göttingen: Hogrefe.

Kruse, A. & Lehr, U. (2006). Verlängerung der Lebensarbeitszeit – eine realistische Perspektive? Zeitschrift für Arbeits- und Organisationspsychologie, 50, 240–247.

Kubeck, J.E., Delp, N.D., Haslett, T.K. & McDaniel, M.A. (1996). Does job-related training performance decline with age? Psychology and Aging, 11, 92–107.

Kühnlein, G. (1999). Arbeits- und Lernformen im Wandel: Folgen für die betriebsbezogene Weiterbildung. In T. Hoffmann, H. Kohl & M. Schreurs (Hrsg.), Weiterbildung als kooperative Gestaltungsaufgabe (S. 16–28). Neuwied: Luchterhand.

Kunzmann, U., Little, T. & Smith, J. (2002). Perceiving control: A double-edged sword in old age. Journals of Gerontology (Series B: Psychological Sciences and Social Sciences), 57B (6), 484–491.

Kuwan, H. & Waschbüsch, E. (1998). Delphi-Befragung 1996/1998: Potentiale und Dimensionen der Wissensgesellschaft – Auswirkungen auf Bildungsprozesse und Bildungsstrukturen, Abschlußbericht zum „Bildungs-Delphi", München: BMBF. http://www.bmbf.de/pub/delphi-befragung_1996_1998.pdf, Stand 12. 12. 2007.

Landmann, M., Pöhnel, A. & Schmitz, B. (2005). Ein Selbstregulationstraining zur Steigerung der Zielerreichung bei Frauen in Situationen beruflicher Neuorientierung und Berufsrück-kehr. Zeitschrift für Arbeits- und Organisationspsychologie, 49, 12−26.

Landmann, M. & Schmitz, B. (2007). Selbstregulation erfolgreich fördern. Praxisnahe Trainingsprogramme für effektives Lernen. Stuttgart: Kohlhammer.

Laschalt, M. & Möller, H. (2005). Der ältere Arbeitnehmer − ein vernachlässigtes Subjekt in der Personalentwicklung: Der demographische Wandel und seine Herausforderungen für eine zeitgemäße Mitarbeiterführung. Journal für Psychologie, 13, (1/2), 127−146.

Latham, G.P. & Pinder, C.C. (2005). Work motivation theory and research at the dawn of the twenty-first century. Annual Review of Psychology, 56, 485−516.

Lawrence, B.S. (1996). Interest and indifference: The role of age in the organizational sciences. In G.R. Ferris (Ed.), Research in personnel and human resources management (pp. 1−59). Greenwich, CT: JAI Press.

Lehr, U. (2003). Psychologie des Alterns. Wiebelsheim: Quelle und Meyer.

Leibold, M. & Voelpel, S. (2006). Managing the Aging Workforce: Challenges and Solutions. New York: John Wiley.

Leutner, D. & Leopold, C. (2006). Selbstregulation beim Lernen aus Sachtexten; Self-regulated learning from texts. In H. Mandl & H.F. Friedrich (Hrsg.), Handbuch Lernstrategien (S. 162−171). Göttingen: Hogrefe.

Liddle, B.J., Luzzo, D.A., Hauenstein, A.L. & Schuck, K. (2004). Construction and validation of the lesbian, gay, bisexual, and transgendered climate inventory. Journal of Career Assessment, 12 (1), 33−50.

Liden, R.C., Sparrowe, R.T. & Wayne, S.J. (1997). Leader-member exchange theory: The past and potential for the future. Amsterdam: Elsevier.

Lindenberger, U. & Baltes, P.B. (1994). Sensory functioning and intelligence in old age: A strong connection. Psychology and Aging, 9, 339−355.

Maddox, G.L (1965). Fact an artefact: Evidence bearing on disengagement theory. Human development, 8, 117−130.

Magill, R.A. & Hall, K.G. (1990). A review of the contextual interference effect in motor skill acquisition. Human Movement Science, 9, 241−289.

Mandl, H., Schnotz, W. & Tergan, S.-O. (1983). Zur Funktion von Beispielen in Texten. In L. Kötter & H. Mandl (Hrsg.), Jahrbuch für Erziehungswissenschaft: Kognitive Prozesse und Unterricht (S. 45−75). Düsseldorf: Schwann.

Mannix, E. & Neale, M.A. (2005). What differences make a difference? The promise and reality of diverse teams in organizations. Psychological Science in the Public Interest, 6, 31−55.

Marton, F., Dall'Alba, G. & Beaty, E. (1993). Conceptions of Learning. International Journal of Educational Research, 19, 277−300.

Masterson, S.S., Lewis, K., Goldman, B.M. & Taylor, M.S. (2000). Integrating justice and social exchange: The differing effects of fair procedures and treatment on work relationships. Academy of Management Journal, 43 (4), 738−748.

Maurer, T.J. (2001). Career-relevant learning and development, worker age, and beliefs about self-efficacy for development. Journal of Management, 27 (2), 123−140.

Maurer, T.J. & Palmer, J.K. (1999). Management development intentions following feedback: Role of perceived outcomes, social pressures, and control. Journal of Management Development, 18 (9), 733–751.

Maurer, T.J. & Tarulli, B.A. (1994). Investigation of perceived environment, perceived outcome, and person variables in relationship to voluntary development activity by employees. Journal of Applied Psychology, 79 (1), 3–14.

Maurer, T.J., Wrenn, K.A., Pierce, H.R., Tross, S.A. & Collins, W.C. (2003). Beliefs about 'improvability' of career-relevant skills: Relevance to job/task analysis, competency modelling, and learning orientation. Journal of Organizational Behavior, 24 (1), 107–131.

Mayer, R.E. (1979). Twenty years of research on advance organizers: Assimilation theory is still the best predictor of results. Instructional Sciences, 8, 133–167.

McClelland, D.C., Atkinson, J.W., Clark, R.A. & Lowell, E.L. (1953). The achievement motive. New York: Appleton-Century-Crofts.

Metzger, Ch. (1995). Wie lerne ich? Eine Anleitung zum erfolgreichen Lernen. Aarau: Sauerländer.

Morgeson, F.P. & Campion, M.A. (2003). Work design. In W.C. Borman, D.R. Ilgen & R.J. Klimoski (Eds.), Handbook of Psychology, Vol. 12: Industrial and Organizational Psychology (pp. 423–524). New York: Wiley.

Naegele, G. (1992). Zwischen Arbeit und Rente: Gesellschaftliche Chancen und Risiken älterer Arbeitnehmer. Augsburg: Roderer.

Nuissl, E. (2006). Vom Lernen zum Lehren: Lern- und Lehrforschung für die Weiterbildung. Bielefeld: Bertelsmann.

Nelson, T.D. (2002). Ageism: Stereotyping and prejudice against older persons. Cambridge, MA: MIT Press.

Noack, C.M.G. & Staudinger, U.M. (2007). Altersklima in Organisationen – Vorstellung eines Messinstrumentes. Poster präsentiert auf der 5. Tagung der Fachgruppe Arbeits- und Organisationspsychologie der Deutschen Gesellschaft für Psychologie. Trier, 19.–21. September.

Noe. R.A & Wilk S.L. (1993). Investigation of the factors that influence employees' participation in development activities. Journal of Applied Psycholoav, 78 (2), 291–302.

Ortony, A. (1978). Remembering, understanding, and representation. Cognitive Science, 2, 53–69.

Osborn, A.F. (1963). Applied imagination. New York: Scribner.

Palmer, D.J. & Goetz, E.T. (1988). Selection and Use of Study Strategies: The Role of the Studier's Beliefs about Self and Strategies. In C.E. Weinstein, E.T. Goetz & P.A. Alexander (Eds.), Learning and Study Strategies: Issues in Assessment, Instruction and Evaluation (pp. 41–61). San Diego: Academic Press.

Park, D.C. (2000). The Basic Mechanisms accounting for Age-Related Decline in Cognitive Function. In D.C. Park & N. Schwarz (Eds.), Cognitive Aging: A Primer (pp. 211–235). Philadelphia: Taylor & Francis.

Park, D.C., Smith, A.D. & Cavanaugh, J.C. (1990). The metamemories of memory researchers. Memory and Cognition, 18, 321–327.

Paulsson, K., Ivergard, T. & Hunt, B. (2005). Learning at work: Competence development or competence-stress. Applied Ergonomics, 36 (2), 135–144.

Pekrun, R. (1993). Facets of adolescents' academic motivation: A longitudinal expectancy-value-approach. In M.L. Maehr & P.R. Pintrich (Eds.), Advances in motivation and achievement, Vol. 8 (pp. 139–189). Greenwich, CT: JAI Press.

Pew, R.W. & Van Hemel, S.B. (Eds.). (2004). Technology for adaptive aging. Washington, DC: National Academy Press.

Phillips, L.H., Kliegel, M. & Martin, M. (2006). Age and planning tasks: The influence of ecological validity. International Journal of Aging and Human Development, 62, 175–184.

Pillay, H., Boulton-Lewis, G., Wilss, L. & Rhodes, S. (2003). Older and Younger Workers' Conceptions of Work and Learning at Work: A Challenge to emerging Work Practices. Journal of Education and Work, 16 (4), 427–444.

Pinder, C.C. (1998). Work motivation in organizational behavior. Upper Saddle River, NJ: Prentice Hall.

Pintrich, P.R. (2000). The role of goal orientation in self-regulated learning. In M. Boekaerts, P.R. Pintrich & M. Zeidner (Eds.), Handbook of self-regulated learning (pp. 451–502). San Diego, CA: Academic Press.

Price, E.G., Gozu, A., Kern, D.E., Powe, N.R., Wand, G.S., Golden, S. & Cooper, L.A. (2005). The role of cultural diversity climate in recruitment, promotion, and retention of faculty in academic medicine. Journal of General Internal Medicine, 20 (7), 565–571.

Puhlmann, A. (2006). Weiterbildung Älterer – ein Faktor gesellschaftlicher und betrieblicher Entwicklung. In D. Schemme (Hrsg.), Qualifizierung, Personal- und Organisationsentwicklung mit älteren Mitarbeiterinnen und Mitarbeitern (S. 9–27). Bielefeld: Bertelsmann.

Puustinen, M. & Pulkkinen, L. (2001). Models of self-regulated learning: A review. Scandinavian Journal of Educational Research, 45 (3), 269–286.

Raelin, J.A. (2000). Work-based Learning: The New Frontier of Management Development. New York: Prentice-Hall.

Reber, A.S. (1967). Implicit Learning of artificial grammars. Journal of Verbal Learning & Verbal Behavior, 6 (6), 855–863.

Reber, A.S. (1969). Transfer of syntactic structure in synthetic languages. Journal of Experimental Psychology, 81, 115–119.

Rebok, G. & Offerman, L. (1983). Behavioral competencies of older college students: A self-efficacy approach. The Gerontologist, 23, 428–432.

Reinmann-Rothmeier, G. & Mandl, H. (2000). Individuelles Wissensmanagement: Strategien für den persönlichen Umgang mit Informationen und Wissen am Arbeitsplatz. Bern: Huber.

Reinmann-Rothmeier, G. & Mandl, H. (1998). Wissensvermittlung: Ansätze zur Förderung des Wissenserwerbs. In F. Klix & H. Spada (Hrsg.), Enzyklopädie der Psychologie, Themenbereich C: Theorie und Forschung, Serie II Kognition, Band 6 Wissen (S. 457–500). Göttingen: Hogrefe.

Rheinberg, F. (2002). Motivation. Stuttgart: Kohlhammer.

Ribisi, K.M. & Reischl, T. (1993). Measuring the climate for health at organizations. Journal of Occupational Medicine, 35, 812–824.

Richter, F. (2005). Lernförderlichkeit der Arbeitssituation und Entwicklung beruflicher Handlungskompetenz. Hamburg: Kovac.

Richter, F. & Wardanjan, B. (2000). Die Lernhaltigkeit der Arbeitsaufgabe – Entwicklung und Erprobung eines Fragebogens zu lernrelevanten Merkmalen der Arbeitsaufgabe (FLMA). Zeitschrift für Arbeitswissenschaft, 54, (3/4), 175–183.

Riediger, M. & Freund, A.M. (2004). Interference and facilitation among personal goals: Differential associations with subjective well-being and persistent goal pursuit. Personality and Social Psychology Bulletin, 30, 1511–1523.

Riediger, M. & Freund, A.M. (2006). Focusing and Restricting: Two Aspects of Motivational Selectivity in Adulthood. Psychology and Aging, 21, 173–185.

Riediger, M., Freund, A.M. & Baltes, P.B. (2005). Managing life through personal goals: Inter-goal facilitation and intensity of goal pursuit in younger and older adulthood. Journals of Gerontology: Psychological Sciences, 60B, 84–91.

Rix, S.E. (2001). Toward active ageing in the 21st century: Working longer in the United States. Paper prepared for the Japanese Institute of Labour Millenium Project, Tokyo, Japan. http://www.jil.go.jp/jil/seika/us2.pdf, Stand 12. 12. 2007.

Röhrig, R. (2006). Stichwort Motivation. In D. Schemme (Hrsg.), Qualifizierung, Personal- und Organisationsentwicklung mit älteren Mitarbeiterinnen und Mitarbeitern (S. 83–88). Bielefeld: Bertelsmann.

Rosen, B. & Jerdee, T.H. (1976). The influence of age stereotypes on managerial decisions. Journal of Applied Psychology, 61, 128–132.

Rosenstiel, L.v., Pieler, D. & Glas, P. (2004). Strategisches Kompetenzmanagement. Wiesbaden: Gabler.

Roßnagel, C. (2001). Revealing Hidden Covariation Detection: Evidence for Implicit Abstraction at Study. Journal of Experimental Psychology: Learning, Memory & Cognition, 27, 1276–1288.

Roßnagel, C., Hilsebein, U. & Hertel, G. (2007). Age-contingent changes in work motives. Presentation at the XXIIIrd EAWOP Congress, Stockholm, 9.–12. May.

Roßnagel, C. & Kordonowska, M. (2007). Age discrimination in personnel decisions: Evidence for stereotype editing. Poster at the 23rd European Congress of Work and Organisational Psychology, Stockholm, 9.–12. May.

Roßnagel, C., Picard, M. & Voelpel, S. (2008). Lernen jenseits der 40. Personal, 60, 40–42.

Roßnagel, C. & Schulz, M. (2007). Beschäftigungsfähigkeit erfahrener Mitarbeiter sichern – welche Rolle spielt die betriebliche Weiterbildung? Ergebnisse einer Befragung von Unternehmen in Ostwestfalen-Lippe. Bielefeld: Bertelsmann.

Roßnagel, C. & Voelpel, S. (2007). Qualifizierung älterer Mitarbeiter: Keine Einheitsweiterbildung. Persorama, 31, 24–29.

Runco, M.A. & Chand, I. (1994). Problem finding, evaluative thinking, and creativity. In M.A. Runco (Ed.), Problem Finding, Problem Solving, and Creativity (pp. 40–76). Norwood, NJ: Ablex Publishing Company.

Ryan, E.B., Hummert, M.L. & Boich, L.H. (1995). Communication predicaments of aging: Patronizing behavior toward older adults. Journal of Language and Social Psychology, 14, 144–166.

Salthouse, T.A. (1984). Effects of age and skill in typing. Journal of Experimental Psychology: General, 113, 345–371.

Salthouse, T.A. (1996). The processing-speed theory of adult age differences in cognition. Psychological Review, 103, 403–428.

Schaie, K.W. (1965). A general model for the study of developmental problems. Psychological Bulletin, 64, 91–107.

Schaie, K.W. (1994). The course of adult intellectual development. American Psychologist, 49, 304–313.

Schaie, K.W. (2005). Developmental influences on adult intelligence: The Seattle Longitudinal Study. New York: Oxford University Press.

Schaie, K.W. & Schooler, C.E. (Eds.). (1998). Impact of the work place on older persons. New York: Springer.

Schein, E.H. (1990). Organizational culture. American Psychologist, 45, 109–119.

Schein, E.H. (1996). Culture: The missing concept in organization studies. Administrative Science Quarterly, 41, 229–240.

Schemme, D. (2006). Qualifizierung, Personal- und Organisationsentwicklung mit älteren Mitarbeiterinnen und Mitarbeitern. Bielefeld: Bertelsmann.

Schmidt, F.L. & Hunter, J.E. (1998). The validity and utility of selection methods in personnel psychology: Practical and theoretical implications of 85 years of research findings. Psychological Bulletin, 124, 262–274.

Schneider, B. (1990). The climate for service: An application of the climate construct. In B. Schneider (Ed.), Organizational climate and culture (pp. 383–412). San Francisco: Jossey-Bass.

Schommer, M. (1998). The influence of age and education on epistemological beliefs. British Journal of Educational Psychology, 68, 551–562.

Schreblowski, S. & Hasselhorn, M. (2006). Selbstkontrollstrategien: Planen, Überwachen, Bewerten. In H. Mandl & H.F. Friedrich (Hrsg.), Handbuch Lernstrategien (S. 151–161). Göttingen: Hogrefe.

Schreiber, B. (1998). Selbstreguliertes Lernen. Münster: Waxmann.

Schunk, D.H. (1983). Reward contingencies and the development of children's skills and self-efficacy. Journal of Educational Psychology, 75, 511–518.

Schwarz, N. (1985): Theorien konzeptgesteuerter Informationsverarbeitung in der Sozialpsychologie. In: D. Frey & M. Irle (Hrsg.), Theorien der Sozialpsychologie, Bd. 3: Motivations- und Informationsverarbeitungstheorien (S. 269–291). Bern: Huber.

Sfard, A. (1998). On two metaphors for learning and the dangers of choosing just one. Educational Researcher, 27 (2), 4–13.

Simon, R. (1996). Too Damn Old. Money, 25, 118–126.

Simons, P.R.J. (1992). Lernen, selbständig zu lernen – ein Rahmenmodell. In H. Mandl & H.F. Friedrich (Hrsg.), Lern- und Denkstrategien. Analyse und Intervention (S. 251–264). Göttingen: Hogrefe.

Skirbekk, V. (2004). Age and individual productivity: A literature survey. In G. Feichtinger (Ed.), Vienna yearbook of population research (pp. 133–153). Vienna: Austrian Academy of Sciences Press.

Skule, S. (2004). Learning conditions at work: A framework to understand and assess informal learning in the workplace. International Journal of Training and Development, 8 (1), 8–20.

Sonntag, K., Stegmaier, R., Schaper, N. & Friebe, J. (2004). Dem Lernen auf der Spur: Operationalisierung von Lernkultur. Zeitschrift für Unterrichtswissenschaft, 32, 104–127.

Spörer, N. & Brunstein, J.C. (2006). Assessing Self-Regulated Learning with Self-Report Measures: A State-of-the-Art Review. Zeitschrift für Pädagogische Psychologie, 20 (3), 147–160.

Spiro, R.J., Feltovich, P.J., Jacobson, M.J. & Coulson, R.L. (1991). Cognitive flexibility, constructivism and hypertext: Random access instruction for advanced knowledge acquisition in ill-structured domains. Educational Technology, 31, 24–33.

Stadler, M. & Frensch, P. (1998). Handbook of implicit learning. Thousand Oaks, CA: Sage Publications.

Stark, R., Gruber, H., Renkl, A. & Mandl, H. (1998). Instructional effects in complex learning: Do objective and subjective outcomes converge? Learning and instruction, 8 (2), 117–129.

Staudinger, U.M. (2003). Die Zukunft des Alterns und das Bildungssystem. In S. Pohlmann (Hrsg.), Der demografische Imperativ: Von der internationalen Sozialpolitik zu einem nationalen Aktionsplan (S. 65–81). Hannover: Vincentz.

Staudinger, U.M. & Kunzmann, U. (2005). Positive adult personality development: Adjustment and/or growth? European Psychologist, 10, 320–329.

Staudinger, U.M., Roßnagel, C. & Voelpel, S. (2008). Strategische Personalentwicklung und demographischer Wandel: Eine interdisziplinäre Perspektive. In K. Schwuchow. & J. Gutmann (Hrsg.), Jahrbuch Personalentwicklung 2008 – Ausbildung, Weiterbildung, Management Development (S. 295–304), München: Luchterhand.

Staudinger, U.M., Godde, B., Kunzmann, U., Renner, B., Roßnagel, C., Schömann, K. et al. (2006). Auswirkungen von Passung/Nichtpassung zwischen Aspekten des Human- und Sozialvermögens, der Unternehmensstrategie und der Arbeitsorganisation auf körperliche und psychische Gesundheit am Arbeitsplatz. Forschungsprojekt, genehmigt vom BMBF 2007–2010. Bremen: Jacobs University.

Steiner, G. (2006). Wiederholungsstrategien. In H. Mandl & F. Friedrich (Hrsg.), Handbuch Lernstrategien (S. 101–113). Göttingen: Hogrefe.

Stine-Morrow, E.A.L., Shake, M.S., Miles, J.R. & Noh, S.R. (2006). Adult Age Differences in the Effects of Goals on Self-Regulated Sentence Processing. Psychology and Aging, 21 (4), 790–803.

Streumer, J. (Ed.). (2004). Work-related learning. Dordrecht: Kluwer.

Sveiby, K.E. (1997). The New Organizational Wealth: Managing and Measuring Knowledge-Based Assets. San Francisco: Berrett-Koehler.

Tartler, R. (1961). Das Alter in der modernen Gesellschaft. Stuttgart: Enke.

Terman, L.M. (1916). The measurement of intelligence. Boston: Houghton.

Tharenou, P. & Conroy, D. (1994). Men and women managers' advancement. Applied Psychology: An International Review, 43 (1), 5–31.

Thornton, J.E. (2002). Myths of aging or ageist stereotypes. Educational Gerontology, 28, 301–312.

Tjepkema, S., Stewart, J., Sambrook, S., Mulder, M., ter Hoerst, H. & Scheerens, J. (Eds.). (2002). HRD and Learning Organisations in Europe. London: Routledge.

Tornstam, L. (1992). The Quo Vadis of Gerontology: On the Scientific Paradigm of Gerontology. Gerontologist, 32, 318–326.

Touron, D.R. & Hertzog, C. (2004). Distinguishing age differences in knowledge, strategy use, and confidence during strategic skill acquisition. Psychology and Aging, 19, 452–456.

Tsui, A.S. & O'Reilly, C.A. (1989). Beyond simple demographic effects: The importance of relational demography in superior-subordinate dyads'. Academy of Management Journal, 32, 402–423.

Tulving, E. & Pearlstone, Z. (1966). Availability and accessibility of information in memory for words. Journal of Verbal Learning and Verbal Behavior, 5, 381–391.

Tynjälä, P. (2007). Research on workplace learning: Approaches, findings and challenges. In B. Csapó & C. Csíkos (Eds.), Developing Potentials for Learning: 12th European Conference for Research on Learning and Instruction (p. 470). Budapest, Hungary, August 28–September 1. Budapest: EARLI.

Van Dijk, T.A. & Kintsch, W. (1983). Strategies of discourse comprehension. New York: Academic Press.

Van Knippenberg, D., De Dreu, C.K.W. & Homan, A.C. (2004). Work group diversity and group performance: An integrative model and research agenda. Journal of Applied Psychology, 89, 1008–1022.

Vaupel, J.W. & Loichinger, E. (2006). Redistributing work in aging Europe. Science, 312, 1911–1913.

Volkswagen (2006). Job Family Development. http://www.vw-personal.de/www/de/durchstarten/management-entwicklung/job_familiy_development.html, Stand 11. 1. 2008.

Vollmeyer, R. (2006). Ansatzpunkte für die Beeinflussung von Lernmotivation. In H. Mandl & H.F. Friedrich (Hrsg.), Handbuch Lernstrategien (S. 223–231). Göttingen: Hogrefe.

Vroom, V. H. (1964). Work and Motivation. New York: Wiley.

Wadsworth Denney, N. (1982). Aging and cognitive changes. In B.B. Wolman (Ed.), Handbook of Developmental Psychology, Vol. 1 (pp. 807–827). Englewood Cliffs, N.J.: Prentice-Hall.

Warr, P.B. (1994). Age and Employment. In H.C. Triandis, M.D. Dunnette & L.M. Hough (Eds.), Handbook of industrial and organizational psychology, Vol. 4 (2nd ed.) (pp. 485–550). Palo Alto, CA: Consulting Psychology Press.

Warr, P.B. (2001). Age and work behaviour: Physical attributes, cognitive abilities, knowledge, personality traits and motives. In C.L. Cooper & I.T. Robertson (Eds.), International Review of Industrial and Organizational Psychology (pp. 1–36). London: Wiley.

Warr, P.B. & Birdi, K. (1998). Employee age and developmental activity. International Journal of Training and Development, 2, 190–214.

Watts, R.J. & Carter, R.T. (1991). Psychological aspects of racism in organizations. Groups & Organization Studies, 16, 328–344.

Wechsler, D. (1944). The measurement of adult intelligence. Baltimore: Williams & Wilkins.

Weinert, F.E. (1982). Psychology and instruction: Historical perspectives. In: R. Glaser & J. Lompscher (Eds.), Cognitive and motivational aspects of instruction (pp. 14–21). Berlin: Deutscher Verlag der Wissenschaften.

Weinert, F.E. (1999). Concepts of competence: Contribution within the OECD project Definition and Selection of Competencies: Theoretical and Conceptual Foundations (DeSeCo). München: Max Planck Institute for Psychological Research.

Weinstein, C.E., Husman, J. & Dierking, D.R. (2000). Self-regulation intervention with a focus on Learning strategies. In M. Boekaerts, P. Pintrich & M. Zeidner (Eds.), Handbook of Self-regulation (pp. 728–749). San Diego, CA: Academic Press.

Weinstein, C.E. & Mayer, R.E. (1986). The teaching of learning strategies. In M.C. Wittstock (Ed.), Handbook of research on teaching (3rd ed.) (pp. 315–327). New York: Macmillan.

Weiss E.M. & Maurer T.J. (2004). Age discrimination in personnel decisions: A reexamination. Journal of Applied Social Psychology, 34 (8), 1551–1562.

Wenke, J. (2006). Berufliche Weiterbildung für ältere Arbeitnehmer. In D. Schemme (Hrsg.), Qualifizierung, Personal- und Organisationsentwicklung mit älteren Mitarbeiterinnen und Mitarbeitern (S. 63–82). Bielefeld: Bertelsmann.

Wentura, D. & Rothermund, K. (2005). Altersstereotype und Altersbilder; Age stereotypes and images of the aged. In S.-H. Filipp & U.M. Staudinger (Hrsg.), Entwicklungspsychologie des mittleren und höheren Erwachsenenalters (S. 625–654). Göttingen: Hogrefe.

Whittlesea, B.-W. & Dorken, M.-D. (1993). Incidentally, things in general are particularly determined: An episodic-processing account of implicit learning. Journal of Experimental Psychology, 122 (2), 227–248.

Wild-Wall, N., Hohnsbein, J. & Falkenstein, M. (2007). Effects of ageing on cognitive task preparation as reflected by event-related potentials. Clinical Neurophysiology, 118 (3), 558–569.

Wild, K.-P. & Schiefele, U. (1994). Lernstrategien im Studium: Ergebnisse zur Faktorenstruktur und Reliabiltät eines neuen Fragebogens. Zeitschrift für Differentielle und Diagnostische Psychologie, 15, 185–200.

Wild, K.-P., Schiefele, U. & Winteler, A. (1992). Ein Verfahren zur Erfassung von Lernstrategien im Studium (Arbeiten zur Empirischen Pädagogik und Pädagogischen Psychologie, Nr. 20). München: Universität der Bundeswehr.

Wilkens, I. (2005). Weiterbildung/lebenslanges Lernen und soziale Segmentation. In Soziologisches Forschungsinstitut, Göttingen; Institut für Arbeitsmarkt- und Berufsforschung, Nürnberg; Institut für Sozialwissenschaftliche Forschung, München; Internationales Institut für empirische Sozialökonomie, Stadtbergen (Hrsg.), Berichterstattung zur sozioökonomischen Entwicklung in Deutschland: Arbeit und Lebensweisen: Erster Bericht (S. 505–521). Wiesbaden: VS Verlag für Sozialwissenschaften.

Winiarski, R. (2004). Beratung und Kurztherapie mit Kognitiver Verhaltenstherapie. Weinheim: Beltz PVU.

Wolters, C.A. (2003). Regulation of motivation: Evaluating an underemphasized aspect of self-regulated learning. Educational Psychologist, 38, 189–205.

Yerkes, R.M. (1921). Psychological examining in the United States Army. Memoirs of the National Academy of Sciences, 15, 1–890.

Zenger, T.R. & Lawrence, B.S. (1989). Organizational demography: The differential effects of age and tenure distributions on technical communication. Academy of Management Journal, 32 (2), 353–376.

Zimmerman, B.J. (2000). Attaining self-regulation: A social cognitive perspective. In M. Boekaerts, P.R. Pintrich & M. Zeidner (Eds.), Handbook of self-regulated learning (pp. 13–39). San Diego, CA: Academic Press.

Zimmerman, B.J. & Martinez-Pons, M. (1990). Student differences in self-regulated learning: Related grade, sex, and giftedness to self-efficacy and strategy use. Journal of Educational Psychology, 82, 51–59.

Zohar, D. (2000). A group-level model of safety climate: Testing the effect of group climate on microaccidents in manufacturing jobs. Journal of Applied Psychology, 85, 587–596.

Sachregister

DAS Standardwerk

Die rasche technologische Entwicklung, zunehmende (globale) Konkurrenz, wirtschaftlicher Druck und sich verändernde Rollen und Werte – die Veränderungen für Organisationen und das Arbeitsleben sind fundamental; die Wissenschaft und ein modernes Lehrbuch müssen dem Rechnung tragen.

Wie werden die „klassischen Kernthemen" der Organisations- und Personalpsychologie durch die wirtschaftlichen, gesellschaftlichen und technologischen Veränderungen beeinflusst und verändert? Welche neuen Entwicklungen entstehen infolge dieser Veränderungen?

An diesen Fragestellungen orientiert, legt Weinert ein modernes, grundlegend überarbeitetes Lehrbuch zur Organisations- und Personalpsychologie vor, das nicht nur durch Aktualität und exzellente Didaktik besticht. Ein Spezifikum des Lehrbuchs ist der Stellenwert, der dem Faktor „Kultur", der Interkulturalität im Zeitalter der Globalisierung eingeräumt wird. Alle relevanten neuen Trends in den Arbeitsbeziehungen und Organisationsstrukturen wie 360°-Feedback, Franchise-System, TQM, Benchmarking, boundaryless Karrieren und E-Learning kommen zur Sprache.

Ein Lehrbuch, nicht nur fürs Studium von Psychologie oder Betriebswirtschaft.

Ansfried Weinert
Organisations- und Personalpsychologie
Lehrbuch
5. Auflage 2004
Gebunden. XXVI, 827 Seiten.
ISBN 978-3-621-27490-6

Verlagsgruppe Beltz • Postfach 100154 • 69441 Weinheim • www.beltz.de

Das Nachschlagewerk zur Wirtschaftspsychologie: umfassend und kompakt

Dieter Frey • Lutz von Rosenstiel •
Carl Graf von Hoyos (Hrsg.)
Wirtschaftspsychologie
2005. Gebunden. XII, 472 Seiten.
ISBN 978-3-621-27523-1

**Das umfassende Handbuch zur Wirtschafts-
psychologie deckt ein breites Spektrum an
Wirtschaftsthemen ab, wobei der Schwerpunkt
immer auf dem spezifisch Psychologischen
liegt. Die Beiträge sind kurz und prägnant, aber
umfassend und informativ – auch für Fach-
fremde verständlich geschrieben.**

Es geht – um nur einige Beispiele zu nennen –
um Arbeitszeiten und Arbeitslosigkeit, um Preis-
wahrnehmung, Markenbildung und Konjunk-
turindikatoren, um Einstellungsmessung in der
Marktforschung, das Verhalten von Klein- und
Großaktionären an der Börse oder Investitions-
entscheidungen, um Kunden-zufriedenheit,
Werbewirkung oder Technikfolgenabschätzung.
Das Spektrum ist breit, das Handbuch immer
von Nutzen, ob für Studium oder Praxis, ob für
Leser von der Psychologie oder der Wirtschaft
her kommend, denn ein Glossar in der Art eines
Minilexikons zu psychologischen Fachbegriffen
sowie ein ausführliches Sachwortverzeichnis und
zahlreiche Querverweise ermöglichen das
schnelle Nachschlagen und erleichtern es, sich
fachlich Zusammenhänge zu erarbeiten.

Verlagsgruppe Beltz • Postfach 100154 • 69441 Weinheim • www.beltz.de

Ein Lehrbuch auf psychologischer Grundlage

Leo Montada • Elisabeth Kals
Mediation
Ein Lehrbuch auf
psychologischer Grundlage
2., vollst. überarb. Auflage 2007
Gebunden. XII, 346 Seiten.
ISBN 978-3-621-27589-7

Mediation ist ein Verfahren, das für Juristen und Psychotherapeuten immer wichtiger wird und mittlerweile in vielen weiteren Arbeitsbereichen Anwendung findet: Unternehmensberater, Personalentwickler, Erwachsenenbildner, Seminarleiter und Trainer werden Montada/Kals mit Gewinn lesen.

Mediation hilft nicht nur, Konflikte beizulegen – sie entwickelt nachhaltig tragfähige Übereinkünfte, z. B.: Wie können die künftigen Beziehungen für alle Seiten produktiv gestaltet werden?

In der Mediations-Praxis stecken häufig noch ungenutzte Möglichkeiten – dazu hinterfragen die Autoren einige Mythen der Mediationsliteratur. Sie betrachten etwa den Umgang mit Emotionen neu. Ihren Blick werfen sie auch auf viele aus der psychologischen Forschung bekannte Urteilsfehler, die in der Praxis gute Konfliktlösungen verhindern.

Mediation endet häufig mit Verträgen, in denen Übereinkünfte festgeschrieben und so Nachfolgekonflikte vermieden werden: Der Gerechtigkeit von Verträgen schenkt das Buch deshalb besondere Beachtung. Auch der Kommunikationspraxis ist ein eigenes Kapitel gewidmet.

Ein unverzichtbares Lehrbuch für alle, die sich mit Mediation befassen.

Verlagsgruppe Beltz • Postfach 100154 • 69441 Weinheim • www.beltz.de

Psychologie lernen: die Arbeits- und Organisationspsychologie

Sie suchen einen Einstieg in die Arbeits- und Organisationspsychologie, ohne vier Bücher in die Hand nehmen zu müssen? Dieses Buch hilft! Kompakt, übersichtlich und prüfungsrelevant richtet es sich an Studierende der Psychologie und Wirtschaftswissenschaften – aber auch an alle, die psychologische Fragen in der Arbeitswelt bearbeiten und lösen.

Das Arbeitsleben unterliegt einem steten Wandel, der die Arbeits- und Organisationspsychologie vor viele Herausforderungen stellt: Welche Schwachstellen bzgl. humaner und ökonomischer Kriterien lassen sich im Arbeitssystem ausmachen? Und wie lassen sich diese verringern? Was bedeutet eine gute Führung? Wie sehen eine treffsichere Personalauswahl und eine förderliche Personalentwicklung aus?
Und warum sind diese Fragen so wichtig?

Welche Antworten auf diese und weitere Fragen die Arbeits- und Organisationspsychologie gibt, zeigt das Workbook. Zu allen zentralen Themen der Disziplin werden psychologische Fragestellungen und Lösungsansätze vorgestellt. Wichtige Modelle und Theorien werden ebenso diskutiert wie einschlägige Befunde und ihre Bedeutung zur Lösung konkreter Probleme „vor Ort".

Ein Buch zum Studieren und zum Überblick. Gut didaktisch aufbereitet – mit Kernpunkten und Übungsaufgaben.

Elisabeth Kals
Arbeits- und Organisationspsychologie
Workbook
2006. XIV, 209 Seiten. Broschiert.
ISBN 978-3-621-27584-2

Verlagsgruppe Beltz • Postfach 100154 • 69441 Weinheim • www.beltz.de

Kosten-Nutzen-Analysen und Human Resources

Personalverantwortliche begegnen verstärkt Fragen wie: Wo sollen wir vorrangig investieren? Welchen Wertbeitrag leisten unsere Bildungsaktivitäten? Dieses Buch zeigt, wie sich schlüssige Kosten-Nutzen-Analysen für Personalmaßnahmen aufstellen lassen.

Die akademischen Hintergründe von Personalmanagern sind heterogen: Auch Juristen, Psychologen, Pädagogen, Soziologen und Theologen sind im Human-Resources-Bereich tätig. Sie können den Nutzen der Personalarbeit oft nur unzureichend „in dollars" angeben.

Für sie ist dieses Buch geschrieben: ein Lehrbuch mit Glossar, Angaben zu weiterführender Literatur und vielen Basisbeispielen. Besonders pfiffig: In die Excel-Files, die sich aus dem Internet herunterladen lassen, können die Leser eigene Daten hineinkopieren und so selbst zu aussagefähigen Ergebnissen gelangen.

Augustin Süßmair · Jens Rowold (Hrsg.)
Kosten-Nutzen-Analysen und Human Resources
2007. Broschiert. 192 Seiten.
ISBN 978-3-621-27619-1

Verlagsgruppe Beltz · Postfach 100154 · 69441 Weinheim · www.beltz.de

Schluss
mit dem ewigen Aufschieben!

Hoffmann · Hofmann
Arbeitsstörungen
Ursachen, Selbsthilfe,
Rehabilitationstraining

BELTZPVU

Nicolas Hoffmann · Birgit Hofmann
Arbeitsstörungen
Ursachen, Selbsthilfe,
Rehabilitationstraining
2004. Gebunden. XIII, 178 Seiten.
ISBN 978-3-621-27558-3

Wer kennt das nicht? Ein Berg von Arbeit liegt auf dem Schreibtisch, aber man kann sich einfach nicht aufraffen, ihn abzutragen. Fehlen die nötigen Kompetenzen? Sind die Aufgaben nicht klar formuliert? Hindern Krankheiten am effektiven Arbeiten? Gibt es Sorgen oder soziale Probleme am Arbeitsplatz? Oder ist es ganz einfach zu viel? Dieses Buch hilft Helfen.

Arbeit nimmt einen breiten Raum in unserem Leben ein. Viele psychische und körperliche Erkrankungen ebenso wie Lebenskrisen gehen mit gravierenden Störungen im Arbeitsleben einher, sind sogar oft direkt mit ihnen verknüpft. Das Buch liefert eine differenzierte Analyse der Ursachen von Arbeitsstörungen bei Erwachsenen – es bietet auf der Grundlage der Kognitiven Verhaltenstherapie:

▶ eine Beschreibung der Formen, Ursachen und besonderen Probleme von Arbeitsstörungen,
▶ die Module einer wirkungsvollen Selbsthilfe sowie Anleitungen zu Selbstbeobachtung und praktischen Übungen,
▶ Arbeitsmaterial für die therapeutische Praxis und
▶ ein Rehabilitationstraining für Personen, die aufgrund von Erkrankungen oder anderer Umstände längere Zeit aus dem Arbeitsleben ausgeschieden waren.

Für Betroffene, Therapeuten in Klinik und Praxis, Betriebspsychologen und Berufsberater, Ärzte und Sozialpädagogen.

Verlagsgruppe Beltz · Postfach 100154 · 69441 Weinheim · www.beltz.de

Selbstbewusst = unverschämt?
Das Patientenbuch zum Fachbuch

Rüdiger Hinsch · Simone Wittmann
Soziale Kompetenz kann man lernen
2003. Gebunden. VIII, 175 Seiten.
ISBN 978-3-621-27529-3

Sozial kompetent sind wir, wenn wir unsere Rechte durchsetzen, soziale Beziehungen aktiv gestalten, eigene Gefühle und Bedürfnisse sympathisch äußern – die meisten von uns haben allerdings an irgendeiner Stelle Schwierigkeiten, die uns deutlich im Miteinander oder im „Ganz-Ich-Sein" hemmen. An dieser Stelle setzt das Buch an.

Hilflose Wut, hilflose Zärtlichkeit – wer kennt das nicht? Wer hat noch nicht erfahren, wie schwer es sein kann, auf andere zuzugehen oder sich von ihnen abzugrenzen?

Das Zauberwort „Kommunikation" hat in der psychologischen Forschung zu einer Flut von Veröffentlichungen geführt, deren Ergebnisse in diesem Buch verständlich und leicht umsetzbar aufbereitet werden.

▶ In einem 3-Schritt-Programm üben Sie zunächst, Ihre Rechte durchzusetzen und zu reklamieren.
▶ Die zweite Stufe bildet die bessere Kommunikation in der Partnerschaft und bei bestehenden Kontakten.
▶ Zuletzt wird die Kontaktaufnahme und -vertiefung mit Unbekannten trainiert, um auf andere zugehen zu können, ohne sich selbst aufzugeben.

Das Buch ist zum Selbststudium geeignet. Für Trainer und Therapeuten dürfte es interessant sein, da sie es ihren Klienten begleitend zum Gruppentraining Sozialer Kompetenzen empfehlen können.

Verlagsgruppe Beltz · Postfach 100154 · 69441 Weinheim · www.beltz.de

Das Handbuch der Gruppenleitung

Unsere Fähigkeit und Bereitschaft, uns in immer neue Gruppenzusammenhänge einzufügen und sie ertragreich zu gestalten, wird heute stärker denn je gefordert: Immer mehr Menschen müssen immer häufiger in kurzlebigen Gruppen arbeiten oder müssen innerhalb kurzer Zeit Projektgruppen „ans Laufen" bringen.

Wo es immer weniger einengende und verlässliche Schablonen für das Miteinander gibt, müssen Gruppen sich weitgehend selbst erfinden. Vor dem Hintergrund dieser Entwicklungen hat die Frage nach dem Wesen und Funktionieren von Gruppen an Aktualität gewonnen – vor allem für jene von uns, die als Vorgesetzte, Lehrer oder in der Rolle des Supervisors und Coaches Leitungsfunktionen in Gruppen wahrnehmen.

Ihnen bietet das Buch eine schlüssige theoretische Grundlage und ein darauf abgestimmtes Repertoire an Interventionen zur Entstörung und Entwicklung von Gruppen. Eine verständliche, lebendige Sprache erleichtert den Zugang zu den Grundgedanken, die konkret und praxisnah, auch anhand vieler Praxisbeispiele dargestellt werden.

Neu ist ein Kapitel zur Eigendynamik: Was passiert in Gruppen, wenn sie nicht geleitet werden? Und neu ist, dass der Autor in allen Kapiteln auf die in seinen Seminaren häufig gestellten Praxisfragen (FAQs) eingeht. – Ein Gruppen-Handbuch aus der Praxis für die Praxis!

Eberhard Stahl
Dynamik in Gruppen
Handbuch der Gruppenleitung
Mit einem Geleitwort von
Friedemann Schulz von Thun
2., vollst. überarb. Auflage 2007
Gebunden. XXVI, 422 Seiten.
ISBN 978-3-621-27610-8

Verlagsgruppe Beltz • Postfach 100154 • 69441 Weinheim • www.beltz.de

Das Lehrbuch der Angewandten Gruppendynamik

Wolfgang Rechtien
Angewandte Gruppendynamik
Ein Lehrbuch für Studierende
und Praktiker
4., vollst. überarb. Auflage 2007
Broschiert. X, 157 Seiten.
ISBN 978-3-621-27608-5

Sie suchen einen Einstieg in das weite Feld der Angewandten Gruppendynamik? Dieses Buch hilft! Es richtet sich an Studierende der Psychologie, Pädagogik und Sozialwissenschaften – aber auch an alle, die mit Gruppen arbeiten.

Die Verfahren der Angewandten Gruppendynamik gehören zu den wichtigsten Trainingsformen in der beruflichen und sozialen Weiterbildung. Sie werden in einem breiten Spektrum von Situationen eingesetzt, weil sie an unterschiedlichste Wünsche, Ziele und Bedürfnisse ihrer Nutzer angepasst werden können:
- ▶ zur Optimierung betrieblicher Arbeits- und Kooperationsabläufe,
- ▶ zur Verbesserung zwischenmenschlicher Kommunikation,
- ▶ zur Selbsterfahrung und vielem mehr.

Das Buch informiert über die Entstehung der Gruppendynamik und ihre Anwendung in den verschiedenen Arbeitsbereichen. Übungsaufgaben und Studienhilfen erleichtern die Aufarbeitung des Stoffs.

Neu:
- ▶ Thema Gruppenentwicklungsprozesse und Beziehungsformen
- ▶ kommentierte weiterführende Literatur
- ▶ Glossar

Verlagsgruppe Beltz · Postfach 100154 · 69441 Weinheim · www.beltz.de